SHAPAN
SHANG DE
MINGYUN

沙盘上的命运

李 菁著

团结出版社
UNITY PRESS

图书在版编目（C I P）数据

沙盘上的命运 / 李菁著. -- 北京 : 团结出版社,
2021.7（2025.9 重印）

ISBN 978-7-5126-8577-2

Ⅰ. ①沙… Ⅱ. ①李… Ⅲ. ①中国历史－近代史－史
料 Ⅳ. ①K250.6

中国版本图书馆 CIP 数据核字(2021)第 027749 号

责任编辑：张　阳

封面设计：阳洪燕

出　　版：团结出版社

（北京市东城区东皇城根南街 84 号　邮编：100006）

电　　话：（010）65228880　65244790（出版社）

（010）65238766　85113874　65133603（发行部）

（010）65133603（邮购）

网　　址：http://www.tjpress.com

电子邮箱：zb65244790@vip.163.com

经　　销：全国新华书店

印　　装：三河市东方印刷有限公司

开　　本：150mm×227mm　16 开

印　　张：24.75　　字　　数：342 千字

版　　次：2021 年 7 月 第 1 版　　印　　次：2025 年 9 月 第 2 次印刷

书　　号：978-7-5126-8577-2

定　　价：68.00 元

序

沙盘是战场的地理模型，常用来进行兵棋推演。在沙盘上的一切，均被有力的手摆布着。这有力的手既可能是有形的，比如运筹帷幄的将军们；更有可能是看不见的巨手，比如一个人所处的时代。李菁的这本以人物特写为主的作品集，主要写了三类人物："一寸山河一寸血"，写的是抗战和内战战场上的国民党军人；"家国风云事"，写的是民国时代的重要军政人物；"落幕的政治家族"，则聚焦于公众熟悉而陌生的"蒋宋孔陈"。这三类人物，有的从一开始就处在被操控的地位，有的原本是主宰他人命运的，但最终均被更为强大的力量所改变。

李菁多年来供职于《三联生活周刊》，是这家名刊的操盘手之一。该刊所做的历史报道之所以广受赞誉，首先是因为其所下功夫之深。在文献调查方面，即记者、编辑们所做的"案头工作"，每每与专业历史研究者做论文所投入的努力相当，虽然他们做选题的准备时间可能并不优裕。对此，我感受最深的是李菁带队所做的远征军缅甸作战报道，以及她后来因此而拓展出的远征军人物系列。我十余年来一直研究抗日战争滇缅战场，且以"微观战史"研究为定位，自然很熟悉这段历史所留下的文献，也因此做过一些田野调查。在这个背景下读李菁所写的该题材文章，常常有共鸣与叹服交织的阅读体验：共鸣是基于共同认识所达到的层次，而叹服则是因她常能提供给我尚未涉猎的视界。因我尚未有机会去缅甸，通过她的文字进入远征军首次入缅作战的历史现场，就与我通过卫星地图和军用地图爬梳史实所获得的认知完全重叠，且能经由其精彩的文笔穿越时空，被带入彼时彼地的血火硝烟与凄风苦雨。军事活动中有“参谋旅行”的概念，指参谋人员带着作战想定和军用地图进入战地，为战事进行“头脑风暴”式的专业考察。李菁和同事们在缅甸的采访活动，实际上已接近这样的境界。我从其文字中所获得的信息量，超过了很多浮光掠影式的电视纪录片，可知一支准备充分的笔远胜过聚焦不甚清晰的镜头。

作为受过系统新闻学训练的优秀记者，李菁多年来又为自己开辟出一个做历史人物口述史的专业领地，并因此赢得广泛关注，拥有众多拥趸。李菁在《三联生活周刊》开设的历史人物专栏，成为这家著名期刊的品牌栏目之一，而很多做专业历史研究的人，也被吸引成为它的读者。能成为品牌自然是以“品质”为支撑，但李菁的历史人物系列文章并不需要历史学家来鉴定；在很多方面，她通过历史人物所发掘到的历史“增量”，已超越了专业历史研究者的努力。比如，通过对历史人物及其后人的深度访问，李菁就为“以新闻介入历史”搭起了一个平台，打开了一条切入历史深层的通道，而这一点却被一般历史学者所忽视。研究远去的历史，文献调查是直接接触，人物访问是间接接触，但却是鲜活而有温度的介入。我们既然愿意相信“故纸堆”，就更有理由相信“活的人”；实际上，不论通过何种途径，都需要一种抵达历史真相的能力（经过训练的）甚或天赋（先天的本能），而李菁显然是此中佼佼者。近年来口述史忽然成为“热学”，但很多人看到的只是它似乎门槛很低的表象。李菁以自己十余年的耕耘和成果，已经提供了教科书式的实操经验，成为该领域绕不开的重要实践者。

“做历史”久了，会觉得成为一名历史“导游员”，是一个极有吸引力、但又深邃无边的境界。这样的人往往不是被安排的，而是天生就对远去的时空和人物有“瘾”，否则难以想象名校毕业以写新闻作品出身的李菁何以沉浸于历史不能自拔，而开拓出“用新闻做历史”的独特领地。李菁所做的历史导游，是带有其鲜明的个人特色的，即在专业精神之上的人文关怀。她探究于事，着眼却在人，那些牺牲者、幸存者甚或畸零者。在缅甸的访问中，同古仅存的远征军阵亡将士墓碑及在莫的村失踪的千余名远征军士兵，是她的重要关注点，并为此一直走到了缅北的偏僻之地，直到确认当地法律禁止外国人继续西行。她写道，那些战后流落在缅甸的老兵讲起自己的战斗经历时没有伤心，“可是提到后来无法回到家乡回到父母身边时，他们会像孩子一样痛哭不已”；“他们虽然在异域找到了栖身之地，在精神上却永远流浪着”。在漫漫的寻访之旅中，她与尤广才、赵振英等著名远征军老兵成了忘年交，与远在大洋彼岸的史迪威、陈纳德的后人建立了友情，打入了远征军将士的后人、关爱抗战老兵志愿者和研究者的圈子，成为深受大家尊敬和信赖的人物。她与那些历史人物及其后人沟通的能力是无与伦比的，这在采写那些曾是历史“反面”或“负面”人物的文章中表现尤为出色。可以想见，他们以及他们后人创伤累累的个人遭际，让很多人产生了强烈的心理应激反应，警觉、质疑、抗拒是常态，难以打开心扉。了解他们的复杂阅历、触及他们的隐秘内心世界是何其之难，而坐在眼前的访问者却是一个与那些沉重题材反差巨大的温婉女子。

“做历史”追求的是信史标准，要求历史书写者做到睿智、洞明、公正。李菁的文字有感情有温度，但绝非完全被感性左右，理性、深邃、独立的思考和价值判断，构成了其历史书写的基本质地。很多人因为偶然因素接触到一些历史人物，因为常识不足、理性缺失、滥施同情，常常很肤浅地将自己写成了忠实“粉丝”，把文章写成了简单“翻案”。从李菁及其所供职的《三联生活周刊》的追求来说，这首先是专业精神不足的表现。处理“情与理”关系，实际上是做历史的人的常态课题和职业伦理，个中分寸、层次、水准最堪以“格局”二字来界定。李菁与她的那些复杂的访问对象的关系，达到了一种极为高超的境界。你能清晰地感受到：她通过自己的友善、真诚、知性及良好的沟通能力，感染和带动了受访者的精神状态，使他们很大程度上摆脱私情困扰，与自己一道成为历史的敬畏者和探究者，并共同确信：只有客观、公正地还原历史，让尘归于尘、土归于土，一切归于自然，才是对于我们自己真正的尊重；这也是人文关怀最高层次的意义。

在《远征军记忆》一文中，李菁曾如此表达对于历史书写的诉求：“我们踏访滇缅战场，用文字努力恢复那段记忆，对于他们个人来说，这是把本应属于他们的荣誉和尊严还给他们；对我们民族来说，是把属于这个国家的记忆还给我们自己。”实际上，这一诉求贯穿于李菁全部历史书写之中。

余戈

2021 年 4 月 13 日厢红旗军事科学院

目录

一寸山河一寸血

家国风云事

落幕的政治家族

一寸山河一寸血

20世纪30年代，在北京卢沟桥上玩耍的孩童

1937年7月，宛平县长王冷斋（中）举行记者会，说明日军攻击卢沟桥的情形。王冷斋同时担任河北省行政督察专员，为此重大历史事件的亲历者

1937年7月，北平丰台附近，从高粱地旁经过的日军河边部队士兵

1937年7月28日，北平南苑，日军德川部队军官在查看空袭报告

1937年8月，“卢沟桥事变”发生后，日军集中北平的日侨准备开战

1937年8月7日，英国《伦敦新闻画报》关于“七七事变”的报道。图为29军的一支骑兵部队，士兵们持步枪、背大刀在作战区域附近侦察

抗战期间，一名中国守军与一名中国童子军的合影

1937年“卢沟桥事变”后的第二天，在宛平城门口警戒的中国守军和入城的民众

点燃战争：1937 年的卢沟桥现场

7 月 7 日 22: 00 饯行之宴

也许是因为前一天刚刚下了一场大雨，1937 年 7 月 7 日这一天的北平，“已是不堪忍受的酷热”。“寒暑表上的水银柱从大清早就直线上升，即使夜间也不轻易下降。”时任日本驻华大使馆驻北平陆军助理武官的今井武夫后来在自己的回忆录里还清清楚楚地记得这一天的情形。

晚上 10 点多，时任第 29 军副军长兼北平市市长的秦德纯刚刚结束了一场特殊的会议。当天下午，他在市政府邀请胡适、梅贻琦、张怀九、傅斯年等 20 多位北平文化界的负责人开会，一方面向其报告局势之紧张，另一方面，也想听一听这些文化人对局势的应对意见，“诸先生亦均开诚布公恳切指示”。

44 岁的秦德纯是山东人，早年毕业于保定军官学校，曾先后效力于皖系和直系、投靠冯玉祥，后来又追随宋哲元。秦德纯虽出身行伍，却颇有文化修养和政治能力，因而一直被宋哲元所倚重。宋哲元成为驻守华北的实力派人物之后，蒋介石与宋哲元之间的交涉与联络，也多由秦德纯负责。

1935 年夏秋之交，秦德纯被蒋介石召到庐山。听完秦德纯对华北态势的报告后，蒋介石告诉秦德纯，日本眼下的侵略目标在华北，“但我国统一未久，国防准备尚未完成，未便即时与日本全面作战”，因此把维持华北的重责交给宋哲元。据秦德纯回忆，蒋介石当时还表示，希望宋哲元“忍辱负重，委曲求全”，“以便中央迅速完成国防”。“宋军长在北方维持的时间越久，即对国家之贡献愈大”，所以在不妨碍国家主权领土完整的大原则下，可以“妥密应付”，南京中央政府一定会给予支持。末了，蒋介石又嘱咐秦德纯，除了宋哲元之外，这番话不要向他人透露。

秦德纯回北平后，与日方表面上的酬酢比以前增多，周旋各方，努力“维持华北”。虽然秦德纯因后来在“七七”事变中表现出来的坚定的民族主义立场而备受赞扬，但是在那个时候，身边许多人对他的行为表示不解和责难。苦于无法向他人说明真相的秦德纯，后来在回忆里坦承，“精神痛苦确达极点”。

可是这些隐忍与周旋并未换来安宁，尤其是在1936年日本增兵之后，中日军人之间的冲突越来越多。每有冲突发生，日方必以“头号人物”宋哲元为交涉对象，使得宋哲元烦乱不堪。1937年2月，宋哲元以为父亲修墓为由，回到山东乐陵老家。这样一来，北平的一切事务都交给秦德纯处理，他也更加小心地应对。

“1937年春天，华北局势忽而非常平静”，民国时期著名记者曹聚仁后来在他的《采访本记》里这样描述。联系到后来那场旷日持久而异常惨烈的战争，竟觉得“在回忆上，很难相信那些和平的日子是真的”。西安事变和平解决之后，国共关系有了实质性的转变。1937年2月，国民党在南京召开了五届三中全会，基本确定停止内战、一致对外的政策。随即国民党代表顾祝同与张冲，在潘汉年陪同下到达西安，与周恩来举行首次正式谈判。不久，周恩来又与国民党代表举行杭州谈判，之后又去庐山会晤蒋介石，展开国共合作谈判。这样的局面给了曹聚仁以乐观之感，“新春给中国带来了一个新生；它最后的严重内部危机，获得和平解决，产生了全国团结的希望”。不过略显奇怪的是，应该最不期望见到这种局面的日本，似乎没什么特别反应。

自从“九一八”事变之后，在北平，“每一个春天总要重新发现一次战争的阴霾的”。可是1937的春天，“一种稀有的平静空气”弥漫于中日之间。3月，日本一个由实业家和银行家组成的经济使团来中国访问，还得到蒋介石接待，他们后来也做了一个非常乐观的报告。

不过，还是有人从这平静得有些诡异的空气中嗅到了令人不安的气息。1937年5月，英国记者詹姆斯·贝特兰（James Bertram）从华北出发去日本。临行之前，那位后来曾担任蒋介石政治顾问的著名的中国通欧文·拉铁摩尔，有些忧心忡忡地对贝特兰说：“这太像1931年了，太平静了，平静得不能让我们放心，我们怕又要见到一个‘九一八’！”两个月后，他的预言竟然成了现实。

秦德纯与胡适等人的会面也有饯行之意。6月中旬，胡适、傅斯年等人接到邀请，让他们7月中旬赶到庐山，参加“庐山谈话会”。邀请是蒋介石发出的。1937年5月27日，蒋介石、汪精卫等大批党政军要员上了庐山，商讨抗日之事。为了广泛听取意见，国民党决定，以中央政治委员会主席汪精卫和国民政府行政院长蒋介石名义，邀请各党派、各民主团体、各界名人前来庐山。按照会议安排，第一期谈话会以华北代表为主，所以胡适等人在先期邀请名单里。

日军在丰台一带频频演习，华北局势将走向何处？所以秦德纯决定在胡适等人动身之前宴请这些文化界名流们，也借此探测一下南京中央的态度。当时参加宴请的还有北平法商学院教授陈豹隐、《益世报》社论主笔兼南开大学政治系教授罗隆基等人。胡适后来回忆，他与罗隆基当时还因为一些看法不同而产生争执。虽然天气酷热，但这些忧虑时局的学者们还是从下午一直讨论到夜色深沉。从这场饯行宴回来不到两个小时，卢沟桥事变就爆发了。平汉线不通车，胡适就由津浦路南下，到南京，最终辗转到了庐山。

时光拉回到1937年7月的北平，也是一副“山雨欲来风满楼”之势。背景迥异的各派人士，纷纷通过各种渠道打探消息。7月6号这一天，今井武夫受邀出席前国务总理靳云鹏秘书陈子庚的家宴。陈子庚的家在鼓楼附近，没想到宴会刚开始，便来了一位不速之客——时任冀北保安总司令的石友三穿着中式长袍翩然而至。不邀自来的石友三显然是冲着今井武夫来打探消息的。他见到今井武夫劈头就问："武官！日华两军今天下午 3 点左右在卢沟桥发生冲突，目前正在交战，武官知道这情况吗？"今井武夫矢口否认，然后追问石友三消息来源，石友三不肯透露，只关心保存自己实力的他匆忙表态："即使日华两军果真发生全面战争的话，驻在北平北郊黄寺鄙人的部下，对日军是不怀战意的，所以请你务必尽力不叫日军攻打他们。"未久就告辞而去。这位被讥为"倒戈将军"的石友三以善投机钻营、反复无常著称，一生中三次背叛冯玉祥、二次背叛蒋介石，一直到 1940 年公开投敌，最终被诱捕，活埋于黄河边。

7 月 7 日 22：40 神秘枪声

当秦德纯在面临中海的一个亭轩上与胡适、傅斯年等人忧心忡忡地讨论北平局势的时候，一支日本军队正在北平郊区丰台一带进行军事演习，而正是他们的军事活动引燃了持续八年之久的中日全面战争的引线。

"这天晚上，天空晴朗，没有月光。星空下，可以隐约看到远处宛平的城墙和附近不时移动的中国士兵的影子。这是一个寂静的夜晚。"在 1937 年 7 月 7 日的日记里写下这段话的人叫清水节郎，他是驻丰台日军第一联队第三大队第八中队中队长。

其实早在 1901 年，日本便已"合法"进入驻军。义和团运动失败后，1901 年 9 月 7 日，清政府被迫与诸列强签订了中国近代史上最屈辱的《辛丑条约》。除了 4.5 亿两白银的巨额赔款外，条约还规定，列强们可在自北京至山海关沿铁路重要地区的 12 个地方——山海关、秦皇岛、昌黎、滦州、唐山、芦台、塘沽、军粮城、天津、杨村、廊坊和黄村，驻扎军队，每国驻军不超过 2000 人。作为列强之一，日本当然堂而皇之地在北平、天津等地驻屯日军。这支军队当时被称为"清国驻屯军"，1912 年改名为“中国驻屯军”，有1700余人，司令部设于天津，北平驻屯军总部在东交民巷。

1936年4月17日，日本内阁决定向华北增兵，由原来的1700余人增至5700余人；不仅如此，裕仁天皇还亲自任命原第1师团师团长田代皖一郎中将出任新司令官。“这支部队后来直接属于天皇指挥，表明其地位非常高；天皇将其司令官升格为中将，也说明在日本人心目中华北地位很重要。”抗战史专家、北大历史系教授臧运祜评价说。扩张后的日军，增加了炮兵、装甲兵等兵种，由过去的守备型部队转变为战略型部队。

《辛丑条约》里规定的12个驻兵地点里其实并无丰台。丰台位于北平南郊，是连接北宁线和平汉线的交通枢纽，日军自然不愿意放过这样一个战略要地。1936年5月15日，首批新增日军3000人抵达平津，次日日本任命河边正三为驻屯军步兵旅团长，在北平设立旅团司令部，其第1联队驻北平丰台。日军在没有征得中国任何方面同意的情况下，即开始在丰台车站东侧建筑营房。自此，他们与守在丰台一带的中国第29军不断发生冲突。

6月26日，中国第29军第37师一部赴丰台驻防，由于火车鸣笛，军马受惊，其中一匹军马奔入丰台正在建筑中的日本兵营，被日军扣留。中国士兵前去交涉时双方发生纠纷，并引起械斗。日方要求第29军向日方道歉、赔款、惩戒当事军官，并从丰台撤兵。宋哲元大体上同意了日军的要求，但拒绝撤兵，只同意换防。

1936年9月18日下午6点，丰台中国驻军第6连，在野外演习的归途中，与一个中队的日军迎面相遇，双方各不相让。日军小队长岩牛少尉策马冲进中国军队队列，一个中国士兵用枪托击马。日军中队长当即下令包围中国军队，并扣留了前来交涉的中国军队连长，从而引起两军对峙。在日方的压力下，中方被迫达成协议：中国军队指挥官向日军道歉，中国军队全部撤离丰台两公里以外，19日上午，中国军队被迫撤出丰台，丰台遂完全落入日军之手。

自向丰台增兵之后，日军便时常在附近演习，时任宛平县县长王冷斋回忆，“由昼间演习渐至夜间演习，由虚弹射击渐至实弹射击”。中方已经数次提出抗议。后几经交涉，日军允诺如有实弹演习，则通知中方。

自此北平已处于日军的三面包围之中：东有日本扶植的“冀东防共自治政府”和日本天津驻屯军，北有关东军驻扎在热河的重兵进行策应，西北有日本控制下的李守信、王英等伪武装，只有北平的西南面尚有中国第29军驻防。这样，宛平城便成了北平的唯一门户，宛平一旦失守，平汉线被切断，北平便成了一座孤城，日军就能轻取北平，控制平津地区。当时，北宁铁路沿线已为日军所控制，而在平汉路上的卢沟桥就成了北平这一门户上的插销。如果卢沟桥为日军所占领，则北平就成了一座孤立无援的死城。扼守卢沟桥已不是保卫北平而是守住北平与中原之间的通道。深谙此义的日军的演习也毫不掩饰地围绕着卢沟桥展开。

1937年7月7日，日本军人又出现在卢沟桥以北地区。演习前，中队长清水节郎大尉说明这次演习的主要内容是：“从龙王庙附近到东面的大瓦窑，向敌人的主阵地前进，利用夜幕接近敌人，然后黎明时进行突击。”晚上7时30分，清水节郎下令部队开始夜间演习。部分军官和假想敌旋即到东面活动。天完全黑下来以后，清水率600名官兵向假想敌所在的东方移动起来。

22时40分，不知从什么地方传来的一阵枪响令清水节郎紧张起来，他马上下令集合，清点人数。这时他发现少了一名士兵，有人称看见这名士兵进到宛平县城里。清水节郎感到失踪一名士兵是件大事，便立即向大队长一木清直报告，一木清直没有耽搁，又直接报告给了联队长牟田口廉也。之后，一木清直亲率一个中队士兵急赴现场，与中国方面进行交涉。

7 月 7 日 23：40 深夜来电

一阵急促的电话铃声骤然划破了夜的沉寂，刚与胡适、傅斯年等人告别回来的秦德纯尚未来得及好好休息，便被电话惊起。此时是 7 月 7 日深夜 11 点 40 分。

电话是冀察政务委员会外交委员会主任魏宗瀚和负责对日交涉的专员林耕宇打来的。他们告诉秦德纯，日方在今天晚上的军事演习中发现丢了一名士兵，有人称见他进了宛平城，日方要进城搜查。秦德纯回答，卢沟桥是中国领土，日本军队事前未得我方同意在该地演习，已违背国际公法，不得进城检查。不过为了避免激化矛盾，秦德纯还是缓和了一下，提议等天亮后，让本地的军警代为寻找。如果发现了这名日本士兵，即行送还。

放下这个电话之后，秦德纯又立即打电话找宛平县县长王冷斋交代此事。45 岁的王冷斋与秦德纯是保定陆军军官学校同学，曾做过记者的他 1935 年受邀到北平做事。因为王冷斋还身兼北平新闻检查所所长，每天晚上要到北平市里的新闻检查所办公，所以平时并不住宛平县里。接到秦德纯的电话后，王冷斋立即离开南长街的家，奉命来到日本特务机关部松井太久郎那里，交涉此事。在此之前，他命令宛平城里驻军营长金振中查询此事，王冷斋又让警察各处搜索，也没有发现所谓失踪士兵。

见到松井之后，王冷斋首先告知对方中方调查结果：枪声方向是在宛平城东门外，中方在这里并无驻军，可知绝不是中方所发，城内守兵也查明并无开枪之事，每个守兵所带子弹也一枚不少。可是松井仍然强调说，确有一名士兵失踪，城外搜索无着，必须进城搜索。这一无理要求当然遭到王冷斋拒绝。眼看争执不下，后来双方商议，“决定第一步先由中日两方面派员同往宛平城调查，等调查情况明了后再商谈处理办法”。中日双方各出 3 人，分乘两辆车，在夜色茫茫中向宛平城方向驶去。这时，王冷斋得到报告说：驻丰台日军一大队约 500 多人并炮 6 门，由大队长一木清直率领向卢沟桥出发，事态颇为严重。

后来的事实证明，那位“失踪”的士兵叫志村菊次郎，其实很快就已经回到队伍。日本联合通讯社驻上海分社的负责人松本重治的回忆录《上海时代》中“卢沟桥畔的枪声”一节记述，“实际上，约 3 小时（注：另一说 20 分钟）之后，下落不明的士兵归了队，并非被中国方面绑架去了。这个新兵担任传令兵，在离队解手返回时，在黑暗中走了相反的方向，因此延误了归队时间”。

而一直在宛平直接处理此事的是第八大队大队长一木清直，他在 1938 年 6 月 30 日接受东京《朝日新闻》采访中明确承认：“当时接到报告士兵（志村）已经回来了，没有异状。但是，我的想法是联队长（牟田口）让我就此事（和中国方面）进行交涉，如果就这样算了，中国方面会怎样宣传就不知道了。此前的‘丰台事件’就是例子，也许会让他们产生——只要敢真枪实弹地对付日本军队，就可以让演习的日本军队逃跑这样的概念吧。如果真是这样的话，对日本来说是一件很遗憾、丢脸的事情。所以，我方决定占领一文字山（卢沟桥和北平之间的中方阵地今沙岗），然后再进行交涉……”

战后有人问当天带队的中队长清水节郎，为什么不马上报告志村归队之事。清水支支吾吾地说：“这是一件不可想象的事故，是我的失策，现在记不清楚了。”并说：“接到不法行为（指枪声）的报告，感到很紧急，所以不等充分搜索的结果就下令了。”那位“失踪”的传令兵志村菊次郎很快就被退出现役，遣送回国。不过他并没有逃出战争的魔爪。1941 年太平洋战争爆发后，他再次应召入伍，1944 年 10 月，在缅甸战场被新编第 1 军孙立人部打死。

也许意识到“失踪士兵”的理由站不住脚，战后很多当事日军后来的回忆，又将矛头转移到他处。今井武夫称，就在王冷斋与日方前往宛平县城进行实地调查时，“到达之前又得知中国军队从长辛店向龙王庙增援了部队，并再次向日军射击”。而据王冷斋回忆，“当车到达离（宛平）城约两里的地方，见公路右侧及铁路涵洞一带都被日军占据，枪炮摆列”，日方显然开始做战斗准备。这时，同车的日本特务机关辅佐官寺平中辅突然请王冷斋下车，称来不及调查，让他“速令城内中国驻军向西门撤出，日军进至东门城内约数十米地带，再商量解决办法，以免冲突”。王冷斋拒绝此议，坚持先进行调查。一行人遂进了宛平县城。

7 月 8 日凌晨 2：00 剑拔弩张

凌晨 2 点，电话再一次响起。秦德纯接起电话，还是北平市外交委员会打来的。对方告诉秦德纯：日方对他的答复不满意，强要派队进城检查，否则就包围宛平。第 29 军一共有 4 个师，其中分布在北平南苑、西苑、丰台、保定一带的是冯治安的第 37 师；具体负责守卫卢沟桥的是 219 团，团长吉星文。所以闻听此讯后的秦德纯连忙电话联系冯治安师长和吉星文团长，要他们严密戒备，做好应战准备。正在保定的冯治安师长，马上起程往北平赶。

因为卢沟桥战略地位非常重要，所以宋哲元的第 29 军，除了把主力部队 37 师布防在卢沟桥地区之外，还把军部设在距卢沟桥不到 10 公里的南苑。第 29 军虽有 10 万人之多，却担负着平津两市和察哈尔、河北两省的守备任务，这一带地域广阔，因此驻扎比较分散。

回首七八十年前的华北，其政治格局之复杂与微妙，令人感慨。清王朝结束之后，华北一度属于北洋军阀的势力范围。“九一八”事变之后，张学良的东北军一度进入华北；而 1933 年 3 月，因为热河迅速溃败而受到国内各方舆论谴责的张学良引咎辞职，之后，由国民党中央系的何应钦代理北平军分会委员长职务。

一直对华北有所图谋的日本后来通过一系列偶发事件，开始驱逐国民党势力。在日方压力下，1935 年 7 月，何应钦与日本中国驻屯军司令官梅津美治郎签了一份协议。这份史称《何梅协定》的文件，最核心内容是日方要求国民政府中央部队和宪兵撤出北平和河北省。条约签订后，中央军关麟征部第 25 师移驻洛阳，黄杰第 2 师部移驻安徽。

蒋介石嫡系的中央军撤走以后，出面填补中国兵力空白的，是第 29

军军长宋哲元。宋哲元原属于冯玉祥的西北军。1930 年在反蒋的中原大战失败后，西北军的一些零散部队退到了山西，经张学良整编，组成了第 29 军。但是据说张学良给了第 29 军 50 万元的安置费以后就撒手不管。晋东南是阎锡山经营多年的地盘，第 29 军驻扎在此寄人篱下，军费无着，穷困潦倒，士兵们衣衫褴褛，如同乞丐。一年多后第 29 军移防察哈尔，不得不夜间行军，就是怕被人当作土匪。这段困顿与羞辱加交的经历，使宋哲元得到一块自己的地盘的愿望特别强烈。

另一方面，深知地方实力派与南京中央政府矛盾的日本人，也不反对宋哲元来主持局面。于是作为地方派系，宋哲元一方面和蒋介石彼此心存戒备，想保持自己的地方实力，有时不得不有求于日本人。而另一方面，在民族矛盾面前，“中国人”的身份又成了宋哲元决策的第一考虑。所以在日本和南京中央政府之间的宋哲元一直苦心经营着，对活跃着的中共地下组织，他也态度相对温和。

“从蒋介石来讲，签订《何梅协定》也实属无奈。不过他想的是：中央军退出来，但还是退给中国人，毕竟不是退给日本人。1935 年还不到跟日本人抗衡的时候，所以能撤出去就撤出去，撤出去给宋哲元也没有关系。”中日共同历史研究委员会成员，专门从事抗战史研究的北京大学教授臧运祜评价说。

1935 年 8 月 28 日，国民政府任命第 29 军军长宋哲元为平津卫戍总司令，次日裁撤早已名存实亡的北平政务整理委员会，这样一来，华北地区只残留着 29 军。不久又明令河北外交均归河北省政府办理。这样，华北重现出长城抗战以前地方实力派拥兵自重的局面。29 军有 10 万部队，单从这一点上也可以看出其地位之特殊。

对华北面临的危机，蒋介石其实也心知肚明。10 月，他给何应钦去电说：“以中（蒋自称），此时日（军）必不要有伪组织，只要华北经济财政与中央断绝，以制中央死命”；“华北将领只要对中央保全统一面子，而截留一切税收，则亦乐得为之，此势必然。”但此时的蒋介石将更多的精力放在“追剿”红军上，无意抽身北顾。

与忍辱负重、小心翼翼维持华北局面的宋哲元不一样，第 29 军的普通士兵们却都盼着能早日与敌人痛快地杀上一场。当年在喜峰口战斗中，第 29 军士兵以大刀和手榴弹对抗日军的先进武器，歼敌 5000，喜峰口防线经历多次激战始终屹立不倒。当时记录第 29 军的新闻电影在全国各大城市的影院上映，电影中每每出现宋哲元的镜头时，观众们都要起立鼓掌。战后宋哲元、张自忠、冯治安、赵登禹、刘汝明等人被授予“青天白日”勋章。29 军大刀队因长城抗战而名扬天下，作曲家麦新为此创作的《大刀进行曲》，至今被传唱不衰。

据第 29 军一些老兵回忆，当时这些极度压抑的中国士兵都有着强烈的作战欲望，无论吃饭还是睡觉，都要高唱军歌，提醒自己莫忘国耻。“七七”事变之前，根据华北剑拔弩张的形势，第 29 军也开始进行有针对性的训练。每个兵都背一支枪，配一把 3 尺长 7 斤重的大刀，还邀请河北的民间武术家前来传授武术。后来在卢沟桥争夺战中，这些大刀们也令日军胆战心惊。

7 月 8 日凌晨 3：30 宛平危急

凌晨 3 点 30 分，北平市内焦急等待消息的秦德纯又接到电话，电话是团长吉星文打来的，他告诉秦德纯：“约有日军步兵一营，附山炮 4 门及机关枪一连，正由丰台向卢沟桥前进。我方已将城防布置妥当。”大约 10 分钟之前，一直密切关注对方动态的中国士兵突然发现，日军散开成为散兵线，以宛平县城为目标，向西急进，于是急忙将情况报告给秦德纯。

秦德纯当即向守卫卢沟桥的 219 团团长吉星文指示：“保卫领土是军人天职，对外战争是我军人的荣誉，务即晓谕全团官兵，牺牲奋斗，坚守阵地，即以宛平城与卢沟桥为吾军坟墓，一尺一寸国土，不可轻易让人。”

吉星文当即回答：“请长官放心，吾团全体官兵已经做好一切战斗准备，誓与宛平城共存亡，卢沟桥不是吾人坟墓就是敌人坟墓。”吉星文信守一名军人的承诺，后来在守卫卢沟桥战役中，率敢死队出击果然表现英勇。

王冷斋与日方经过一番交锋而一起进入宛平县城。他们正在商议调查办法时，忽听城外枪声大作。中国守军予以还击。

“(日军)至距离约百米时，竟发炮鸣枪，冲锋前进，于是事件之冲突，遂即开始。”这是天津《益世报》在卢沟桥事变发生后第一时间所写报道里描述的细节。当日兵向城内开枪时，中方军人起初还以为仍是演习，“及见其愈迫愈近，有意挑衅，始知系抢夺县城，当即起而应付，为正当防卫计，予以还击”。见遭到抵抗，日军用小钢炮和山炮轰击，以掩护步兵前进。

发生在1937年的“七七”事变距今已几十年了，这期间无论从宏观局势还是微观战史，中日两国历史学家，都进行了无数详尽研究。对于卢沟桥事变核心事件之一的“士兵失踪”，目前中日历史学家都毫无争议；可是对另一个核心事件“第一枪”的看法却争议不断。

事件直接当事人清水节郎曾在其笔记中作了如下记述：晚上10时半左右，传令休息，“我站起来看了一下集合情况，骤然间假想敌（日军）的轻机关枪开始射击起来。我以为是那边的部队不知道演习已经中止，看到传令兵而射击起来了。这时，突然从后方射来几发步枪子弹，凭直觉知道的确是实弹。可是，我方的假想敌，好像对此还没有注意到，仍然进行着空弹射击。于是，我命令身旁的号兵，赶紧吹集合号。这时，从右后方靠近铁路桥的河堤方向，又射来十几发子弹。回顾前后，看到卢沟桥的城墙上和河堤上有手电似的东西一明一灭（似乎打什么信号）。中队长正分别指挥逐次集合起来的小队作好应战准备的时候，听到了一名士兵行踪不明的报告，就一面开始搜索，一面向丰台的大队长报告这种情况，等待指示”。今井武夫回忆录里，也引用了清水节郎这个说法，大意是说，日方在演习过程中错误地弄响了对假想敌人（中国守军）射击的轻机枪空弹，引来了龙王庙那边打来的十几发实弹。

第一枪究竟是谁放的？一些日本人认为有可能是中国29军里反日情绪激烈的下级军官放的；也有人认为是日军阵营里的好战分子挑起的，甚至连首相近卫文麿也有这种怀疑。北平警备司令部军法处和保定绥靖公署军事法庭1946年6月审判战犯茂川秀和的问答笔录上记载，当被问及“第一枪是谁先放的”时，茂川答：“是日本放的。”

臧运祜教授说，关于“七七”事变这部分历史研究，最大的问题在于“第一手的档案及文书全被毁掉了”。臧运祜说，日本中国驻屯军这支部队，从1901年进入中国，一直到1937年全面战争爆发后被正式改编为华北方面军，在中国时间最长，有将近40年的历史，“但是有关这支部队的材料——比如当时他们是怎么向东京军部汇报的、军部又怎么指示的——完全都找不到，反倒是关东军还保留了很多资料”。从某种意义上讲，“第一枪”的问题也并不是那么重要。有人形容，这场战争就像一块被推上悬崖的巨石，什么时候落下来都是必然的事。

7月8日凌晨4：23点燃战火

凌晨1点左右，得知冲突消息之后非常震惊的今井武夫，急忙跑到隔壁的联队本部。他看到，联队长牟田口廉也大佐以及主要军官们，个个身穿整齐军装，围在办公室中央的一张长方形桌子旁。这些面色阴沉的军官们，都仔细听着从卢沟桥附近部队陆续送来的一个个情报。

因为时任驻屯军步兵旅团长的河边正三少将不在北平，联队长牟田口廉也便成了当天日方最高指挥官。

过了一会儿，大队长一木清直从前线打来电话，并特地要求联队长牟田口亲自接电话。一木在电话里称，中国军队再次开枪射击，向牟田口询问怎么处理。今井武夫看到牟田口斩钉截铁地说：“被敌攻击，当然还击！”然后“他避开话筒，独自嘀咕着：‘受敌攻击，不知所措，还等指示，天下哪有这样的军人？’”

站在牟田口身边的今井武夫事后回忆，目睹这一幕，他已预感到这个命令将会导致的严重后果。电话那一头的一木似乎也感到事态的严重性，他又不放心地追问了一句：“是可以开枪吗？”接着又慎重地说：“既是这样，事关重大，请对一下时间吧！”

“凌晨4时23分。”这个时间就这样定格在历史上。

今井武夫在回忆录里写道：“事后一木和我谈及他当时的心情时说：‘得到联队长的射击命令时，我大吃一惊。’”这位发动对宛平攻击的直接指挥官，1942年在瓜达尔卡纳尔和美军战斗死于自杀式冲锋。

其实时隔几十载再重新回顾这段历史，我们不难发现：华北战火的燃起，只是时间问题。

“九一八”事变发生的第二天，1931年9月19日6点左右，关东军便迅速占领奉天。1932年2月，东北重镇哈尔滨陷落。短短4个月内，东三省百万平方公里的大好河山，落入他人手里。

日本的下一步目标是什么？占领了广袤而肥沃的东三省，是否已经让这个野心勃勃的岛国贪婪的欲望得到满足？这不仅仅是当时的中国人、也是关心远东局势的国际观察者们的疑问。

“日本对满洲完成军事与经济征服后，远东的诸多乐观人士相信，此后至少可保半个世纪以上的和平。他们认为，日本要‘消化并开发’吞下的广袤疆域，至少需耗时50年。因为日本新到手的土地面积达50万平方英里，可以支撑7000万人口，而当时的总人口只有3200万。于是这些乐观者便对自己说，这一来，日本人进攻与扩张的贪欲，便可大大消停了。”《纽约时报》驻华首席记者哈雷特·阿班（Hallett Abend）早在1926年就来到中国，他后来在自己的回忆录这样描述当时一些人的心态。

后来的历史证明，这种想法大大低估了那些欲壑难填的战争狂人们。东三省根本满足不了他们的胃口。

其实早在1931年12月，《纽约时报》记者阿班采访关东军总司令本庄繁时，这位野心勃勃的日本军人便毫不掩饰地对阿班说：“若不控制平津地区，若不控制北平至绥远铁路，日本将永无宁日。”平绥铁路长 400 多英里，从北平向西北进入察哈尔及绥远，所经处铁矿丰富。本庄繁又告诉阿班，除非日本控制黄河以北的华北全部，平津地区亦难获“安全”。为解释局势，在奉天的办公室里接受采访的本庄繁，不断在身后墙上挂着的巨幅地图上画圈。在那个地图上，在这些好战分子的眼里，东北与华北，也许不过一步之遥。

“日本想拿下华北的主要原因，是掠夺华北的资源——日本人当时讲的叫‘三白两黑’。‘三白’，就是羊毛、棉花和盐，‘两黑’指煤和铁。日本在侵略华北的同时，就是要获得对它有利的国防资源，所以对华北是必欲取之。”臧运祜教授评价说。

日本很快将这一野心付诸军事行动。1933 年 2 月 21 日，日军分三路向热河省进犯，当时国民政府中央力促张学良抵抗，并协助调动 8 个军组编为 8 个集团军，未料汤玉麟弃守热河，逃到滦平。3 月 4 日，一支仅百余人的小部队轻而易举地占领了热河省会城市承德。不久，热河也被归入了“满洲国”的领地。

关东军占领承德后，乘势向长城一线推进。中国军队在古北口、喜峰口、冷口等要隘与日军浴血奋战。但因装备落后，敌我火力悬殊较大，以致汪精卫在致中国驻国联代表团的电报中坦承，“一切反攻收复失地均谈不到”。4 月 17 日，长城各口和滦东地区全部失守。时任山西省主席徐永昌在致汪精卫的电报中直言，“平津之失与不失”，全在于“敌之来与不来”。而何应钦在给蒋介石的电报中说：“敌精我窳，终少胜算，平津若失，敌必利用汉奸，组伪政府，复演东北之故事；或移溥仪来平，再作扩大侵略，亦在意中。”何应钦向蒋介石建议：在军事处于劣势的情况下，为了保全平津，先寄希望于“外交之救济”，走外交渠道以作“缓兵”之计。蒋介石虽然心有不甘，但在敌我实力悬殊的残酷现实面前，只好决定“先行缓和华北之局势”。

5 月 13 日，日军进逼长城的冷口、古北口、喜峰口等地，兵锋直指平津。在此情势下，南京中央政府被迫同意与日本签订停战协定。

5 月 31 日早晨，天气湿热无比。塘沽火车站的侧线上，停着长长一列专列，却不见车头。列车两端为铁甲车，中间是一长串豪华卧铺车厢，窗帘低垂。这辆列车里坐的就是南京国民政府代表熊斌、北平军分会总参谋，他带着中国代表团走过塘沽窄窄的街道，走到日本领事馆。在阳光下等了近 10 分钟之后，才被放行。

对中方代表来说，这次签字仪式处处隐含着羞辱之意——在门口迎接中方代表的日本官员个个经过精心挑选，以确保级别都低于中方代表；日方代表、关东军参谋副长冈村宁次是少将，级别也低于中方首席代表熊斌中将。不仅如此，正式会议开始后，冈村宁次提出停战协定文本，声明中方必须在限定时间内决定诺否，不许讨论，不许修改。

当时的情势下，中方无任何与对方较量的砝码。所以两个小时之后协定就这样一字不动地签订了。双方代表明显心情迥异。现场采访的《纽约时报》记者阿班记录了当时的情形：“签署完毕，日本人端来了香槟和葡萄酒庆祝”，而这杯酒对中国人而言实在难以下咽，因为他们等于把整个华北拱手让给了日本。所以签完字后，这几位中国人冒着尘土，一路蹒跚地回到专列。

《塘沽协定》的签订，等于在事实上承认了日本侵占中国东北、热河的既成事实，并放弃了长城防线，将察北、冀北大片国土拱手让给日军，使其随时可以进占冀察，直取平津，从而形成了对平津的战略包围态势，为日军向华北扩张敞开了大门。

1933 年 5 月，《塘沽协定》签订后，日本暂时停止了对中国大规模军事进攻，获得了暂时的“和平”局面。可是这一局面并未持续多久，1935 年《何梅协定》的签订，使华北又陷入更深一重的危机。日本方面开始着力于“华北五省自治”，力图使华北也像“满洲国”一样“特殊化”。

1935 年 11 月 1 日，是国民党四届六中全会召开的日子。上午 9 点 35 分，开幕式刚一结束，一个身着西装的青年人突然跨出人群，高呼“打倒卖国贼”，向站在第一排的汪精卫连开三枪，汪精卫应声倒下。行刺者叫孙凤鸣，曾在 19 路军里任排长，后来做了南京晨光通讯社记者。在审讯中孙凤鸣态度激昂地说：“请你们看看地图，整个东北和华北那半个中国还是我们的吗？！再不打，要亡国，做亡国奴了！”

那时候蒋介石面临的国内舆论压力可见一斑。可是他手里也没有什么可以和日本相抗衡的砝码，也只能看着华北在日本的挟持下，离中央政府渐行渐远。

1935 年 11 月 25 日，在北平东面相距不过数公里远的通州，成立了“冀东防共自治政府”，殷汝耕为政务长官。这个“冀东防共自治政府”，公然挂起了象征中国旧军阀的五色旗。实行了比国民政府关税少 1/4 的特殊关税，推行所谓“日满友好”。12 月以宋哲元为领导的冀察政务委员会在北平成立。南京中央政府随即解散北平军分会，北平实际上自此处于半自治状态。而声势浩大的“一二·九”运动也正是在这个背景下爆发的。半自治的冀察政务委员会既同国民党政府有联系，又同日本有联系，是一个不折不扣的“怪胎”，给日军进一步侵入华北以可乘之机。

华北与中央政府分离的局面已经造成，1936 年日本陆军本部不失时机地推出《处理华北纲要》，明确提出通过对冀察政务委员会的支持，逐步完成华北五省的“自治”。“中国驻屯军”的升格、扩兵，也正是在此背景下发生的。

卢沟桥事变发生时，握有最大部队指挥权的旅团长河边正三少将，正赶往山海关附近，督导驻屯军与关东军的协同演习。从这一点上来看，卢沟桥事变本身缺乏“精心策划”的依据。所以一些日本历史学家一直强调“偶然性”，声称是一个误会接着一个误会，导致全面战争的爆发。对此，臧运祜也毫不犹豫地反驳：“枪响也许是个偶发事件，但不应是日军发动大规模侵略的借口。日本对华北政策早在 1936 年就确定了，这是谁也不能否认的。从这个背景看，即便没有‘七七’，也会在别的日子发生；即便不在卢沟桥，也会是别的地点。”

牟田口廉也在“七七”事变之后获天皇裕仁亲授金鵄三级勋章，晋升为少将。1943 年以“赫赫战功”升任驻缅甸的第 15 军司令官。而在 1944 年对盟军的英帕尔战役中，牟田口廉也带领部队遭遇惨败。被解除军职的牟田口羞怒自杀却未死。日本投降后在新加坡受审，1948 年 3 月被释放回国。牟田口迷恋所谓的“成吉思汗”式战术，后来在东京开了一家料理店，并起名为“成吉思汗饭馆”。

对于卢沟桥事变，牟田口廉也时常对人说：“大东亚战争，要说起来的话，是我的责任，因为在卢沟桥射击第一颗子弹引起战争的就是我，所以我认为我对此必须承担责任。”他在笔记中也写道：“我挑起了卢沟桥事件，后来事件进一步扩大，导致卢沟桥事变，终于发展成这次大东亚战争。”牟田口正式下令向中国军队打了第一枪，这的确是事实，不过挑起战争却非他一人之力。他只是日本战争机器上的一枚棋子，恰巧被利用了。

7月8日7：50“此其时乎？”

凌晨3点20分开始的枪声，一直持续至7点50分左右才停下来。之前秦德纯曾叮嘱吉星文团长：日军未射击前，我方不先射击，待他们射击而接近我最有效射程距离内，以“快放”“齐放”猛烈射击。所以交战之初，日军伤亡颇重。

这天上午，还在牯岭召开会议的中国军政最高统帅蒋介石，接到北平事变经过的报告。蒋介石闻讯，大惊，继而对日军制造这一事变的真实意图，以及中国将如何采取应对策略，做了反复思考与细致推敲，其焦虑、矛盾、痛苦、犹豫之神情，从蒋氏本人当天的日记中可以看出：“一、倭寇已在卢沟桥挑衅，彼将乘我准备未完之时使我屈服乎？二、与宋哲元为难乎？使华北独立乎？三、决心应战，此其时乎？”

专门研究蒋介石的著名民国史专家杨天石说，身为浙江人的蒋介石对越王勾践卧薪尝胆的故事非常熟悉，而在处理对日关系上，他时时以这一故事自励。“九一八”事变发生后的第二天，他就在日记中写道：“卧薪尝胆，生聚教训，勾践因之霸越，此正我今日之时也。”而且自“九一八”事变之后，蒋介石在日记里就一直称日本侵略者为“倭寇”，并在每天的日记开首一行都写着醒目的“雪耻”二字，以示不忘国耻。

虽然“雪耻”心切，但对蒋介石来说，他也清楚地意识到，远不是与日本做对手的时候，所以只能忍。在国民党势力被逐出华北的《塘沽协定》签订后，蒋介石曾在日记里写下这样一段话：“我屈则国伸，我伸则国屈。忍辱负重，自强不息，但求于中国有益，于心无愧而已。”

对待“忍”要承受的屈辱之感，蒋介石不是没有体会。但是这一选择背后，是对彼时中日两国实力巨大悬殊的无奈。所以他也想尽量将这场战争向后推迟。这种心态不仅仅是蒋介石有，一些知识界人士中间也弥漫着一股悲观情绪。“当时胡适还写信给蒋介石，认为割让满洲可以换30年和平”。

“‘九一八’事变以后，蒋介石对日本一忍再忍，先是东三省被占，后来再加上热河省，然后连冀东22县也被划出去了。可是蒋介石的忍，也是有底线的。他认为国民政府在1935年与日本划的线，就是底线。华北不能再退，日本不能再打过长城来。这个我们是不能让步的，这就是所谓‘最后关头’。如果平津可以丢，那么将来中国什么地方都可以丢。长城就是我们最后一个国界。”抗战史专家臧运祜说。

其实对此时的蒋介石来说，“内”“外”之间，孰轻孰重，他内心深处显然已有了明确答案。6月28日，他在庐山接待了《纽约时报》驻华首席记者哈雷特·阿班。听罢阿班讲完他在东北的见闻之后，蒋介石并没有马上向这位美国记者透露什么计划。“但从他的样子看，这一次，他已下定决心，不会屈服于日本的压力，而将战斗到底。”蒋介石告诉阿班，自己意识到，如果任由日本占领华北而不做抵抗，他将失去中国的民心，也会失去手下大多数将领的支持。

1933年，蒋介石在江西南昌开办了一个军官训练团，1935年移驻庐山，成为著名的庐山暑期训练团，每位毕业学员都会得到蒋介石赠送的一把刻有“中正”二字的短剑。蒋介石亲任团长，而具体事务则由他信赖的陈诚负责。训练内容最初几年还以“反共”“剿共”为主。1937年6月26日，新一期庐山暑期训练团如期开班。此时，国内政治环境和当年大不相同，两广、西南归顺，南京中央对全国的控制力进一步加强，国共关系出现明显转机。所以这一次的训练内容，已不再有针对中共的内容，以“抵御外侮”为目标的训练内容明显增多。参加这一期训练的郭汝瑰后来留在了大陆，他后来也公允地说：“这次训练中，没有再讲‘剿共’战术，而主要是宣传抗日了。”而具体主事的陈诚在7月6号这一天，给训练团学员谈话中更是明确地说：“现在我们到此来训练，也就是建国救国的训练，我们要建国救国，将来非同日本一战不可，换句话说，就是抗日训练。”“七七”事变第二天，陈诚更是激励这些青年军官们说：“我辈军人，只有马革裹尸，为国牺牲，来保卫祖国！”

那时候蒋介石的态度，正如后来在著名的庐山谈话里说的那样，“不求战必应战”。当牟田口在7月8日凌晨下令开枪时，日本军国主义已像匹野马，向着战争深渊疾驰。而中国最高领导人蒋介石，也做出了他最重要的决定。“此其时乎？”此其时矣！

1937年8月13日，蒋介石亲临淞沪战场前线督战

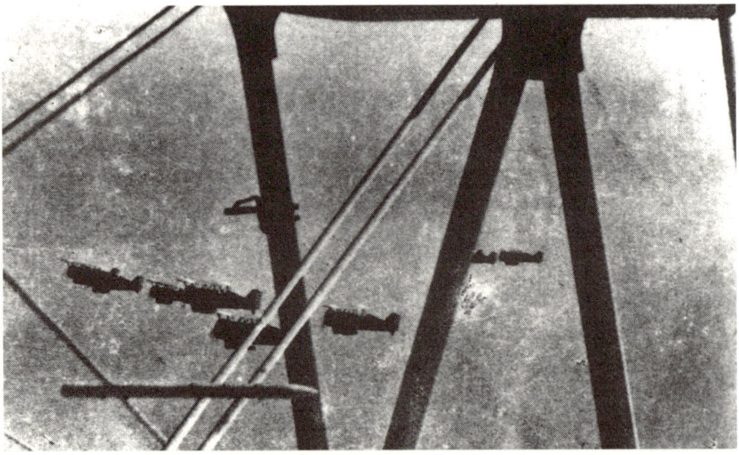

1937年8月，淞沪抗战，中国空军出动

空军英雄高志航（左）少怀大志，加入空军击落多架日机，后以身殉国

空军英雄雷炎司

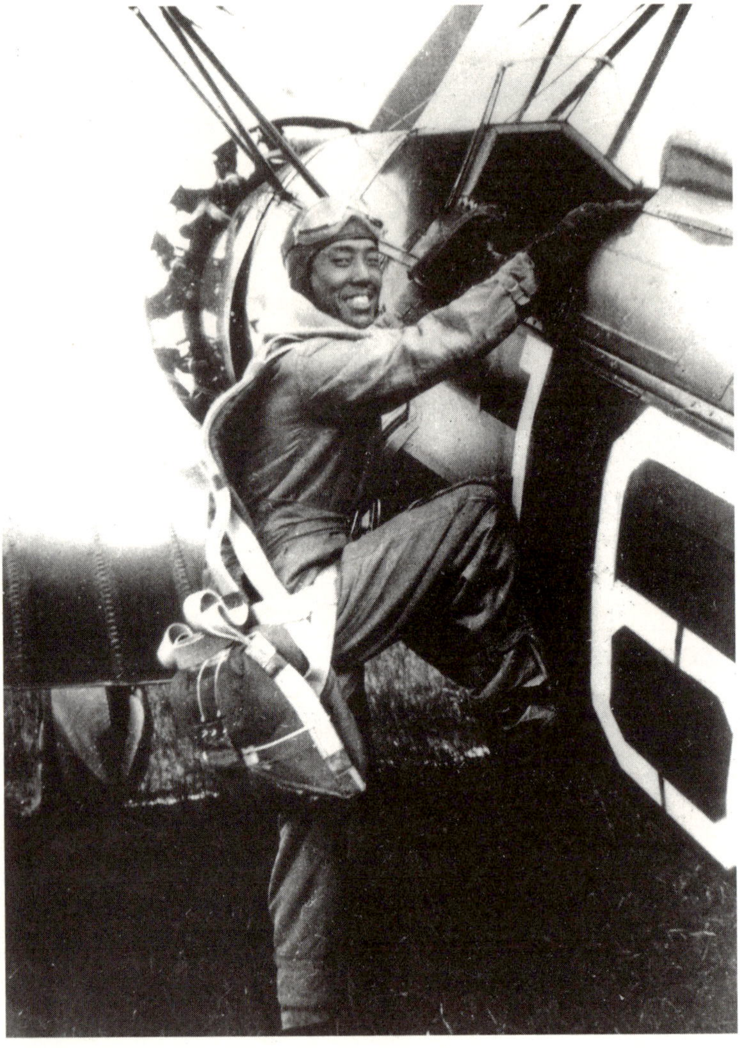

空军英雄刘粹刚登机杀敌

1937年8月，中国军队测量来袭日机的高度

1937年11月12日，淞沪战役，日军登陆杭州湾，渡苏州河

1937年11月19日，日军片冈部队攻占嘉兴车站

淞沪会战：中国的血与火

“一寸山河一寸血”是曾率军参加“八一三”淞沪抗战的国民党军师长黄维的感叹。事隔 80 年，可惜我们仅能通过文字来记载那种大气磅礴的悲壮与惨烈。

作为抗日战争中国正面战场 22 次会战中少数规模庞大的战役之一，淞沪会战中，中日双方参战的兵员总数达近百万。在两个多月时间内，中国方面先后投入地面部队包括 78 个师、7 个独立旅、3 个暂编旅、财政部税警总团、中央军校教导总队、炮兵 7 个团、宪兵 1 个团，以及上海市保安总团、上海市警察总队、江苏省保安团 4 个团，兵力总数 75 万人以上。还有空军的第 2 至第 9 大队等 8 个大队和 1 个暂编大队，几乎调动了当时全国所有兵力的 1/3。而随着日本军队的不断增兵，其参战部队总兵力达到 25 万人左右，包括陆军共 9 个师团又 2 个支队（相当于 1 个旅团），另有从华北的第 5 师团分遣出来的国崎支队，以及海军第 3 和第 4 舰队。其调动规模也是史无前例。

“我们一天要消耗一个师！”参加过淞沪会战的劳声寰说，“我们装备不如他，我们的空军有 250 架（飞机），对方是 3000 多架，在上海的黄浦江上、长江口，日军有 4 艘航空母舰，黄浦江和长江有 100 多条军舰。我们 250 架飞机对 3000 多架飞机，怎么打啊？”

“头一仗我们的旅长就阵亡了，除了师长以外就剩下旅长，一个旅管两个团，师长都要到前面督战，后来他们都牺牲了……你想想，我们的牺牲有多大……”当年淞沪会战的军官易谨与劳声寰都已是耄耋老人，回忆往事，两位老人都泣不成声。

88 师师长、后升任 72 军军长的孙元良后来回忆，他们一个师 15000 人左右，到最后，只剩下不到 1/3。“我们的部队，每天一个师又一个师地投入战场，有的不到 3 个小时就死了一半，有的支持了 5 个小时死了 2/3，这个战场就像大熔炉一般，填进去就熔化了！”这是曾任第三战区司令长官冯玉祥的一段话。

战争其实是两国总体实力的较量，参战的第 26 师副连长何聘儒战后回忆说，当时他们所在师里，一个步兵连只有 3 挺机枪，50 多支汉阳造步枪，而且枪支时有残缺不全，有的甚至没有来复线，乃至用麻绳捆绑避免枪栓脱落。我们欠缺的也不仅是装备。劳声寰后来回忆一个很小的细节：埋锅造饭。“行军锅在那里做饭，烧得满天烟火冲天，这等于告诉敌人，‘我在这里你来啊’，我们很多的部队，没有跟敌人见面就垮了，就这样被日本的炮兵、飞机给炸了。”

在沿江平原上的淞沪战场，几乎没有任何可以防守的天然屏障。从全国各地仓促赶来的中国军队几乎连像样的工事都无法修筑，全凭血肉之躯作战，就这样常常整连整营战死，而后继部队的士气并未有任何的消退，依然一往无前。

以中国军队中最精锐的第 98 师为例，在仅仅 18 天的作战中，伤亡达 4960 人，几乎占全师兵力的 62%，其中仅阵亡的营级以下军官就达约 200 人。陶峙岳为师长的第 8 师并非中央嫡系部队，进入淞沪前线时，其装备甚至仍以 20 年代的汉阳造步枪为主，全师根本没有重型武器。然而在淞沪战场，无论中央军还是地方部队，全无派系争斗中的推诿，全都抱一死的守土职责。第 8 师参战近三星期，全师作战人员从参战时的 8000 余人减员至 700 人！在战争最为激烈的蕰藻浜战场，第 78 师 467 团迎击渡河日军，一个连在 10 分钟内就全部阵亡！

战争中先后有数十位少将和中将阵亡，甚至有中国高级将领因为失去阵地而毅然自杀成仁。战后何应钦在回忆录中记载，淞沪会战中，“我军消耗竟达 85 师之众，伤亡官兵 333500 余人”。

“战事初起，国际人士一般认为，中国决不能抵抗日本的武力，抗战简直是发疯。”曹聚仁曾这样写下当时国际社会对淞沪会战的看法。但中国军队恰恰通过这样的浴血奋战赢得了国际社会的尊重。美国海军陆战队上尉埃文思·卡尔逊（Evans Carlson）作为罗斯福总统的特使1937年8月抵达上海时，正值炮火连天。一个月后，他在给罗斯福总统的信里这样写道：“我简直难以相信，中国人民在这样危急的时刻是那样齐心协力。就我在中国将近十年的观察，我从未见过中国人像今天这样团结，为共同的事业奋斗。”

1937年8月14日：“可塞”起飞

空军：拉开战幕

一场台风刚刚经过中国的东海，8月14日，长江中下游及苏浙地区笼罩在一个巨大的低气压流下。这一天的上海电闪雷鸣大雨倾盆，风速竟达每秒22米。本已在前天晚上11点下令空袭杭州、南昌及虹桥等几个中国机场的长谷川清，在这样恶劣的天气里有些犹豫。5点30分，这位日本海军第3舰队司令官下令：“在天气好转之前暂停空袭。”

长谷川清应该没有预料到，3个半小时之前，中国方面恰好下了截然相反的一个命令——14日凌晨2点，位于南京小营总部的空军总指挥部发出了“空军作战命令第二号”，轰炸日军司令部、军械库、公大纱厂日军机场，以及游弋海面的日本军舰等，被确定为空军参战部队在8月14日的主要任务。

“大家都把这一次淞沪会战称为‘八一三’战役，实际上8月13日并未开战，不过是两军对垒，步哨上有些接触，而正式的开战是8月14日。”第9集团军总司令张治中后来在其回忆录里特地解释了这一点；同一天，国民政府发表了《自卫抗战声明书》。

早晨7点，空军35队队长许思廉率领的5架“可塞”轰炸机群，是最早出现在上海上空的中国战机，他们从杭州的笕桥机场起飞，在云隙和日军高射炮火网中，向着有“军械库”之称的公大纱厂俯冲，弹落烟起，火光冲天，轰炸了公大纱厂日军军械库——蒋介石当天下达了总攻击令，年轻的中国空军由此勇敢地成为“正式开战”的揭幕者。

“我们三架飞机沿着武汉铁路、杭州到上海的路，飞得很低，那云低得不得了。一到上海，我们一下子就发现了黄浦江的炮‘唰唰唰’地往我们这边打，我就一个急转弯跑到云里去了，再出来时，把炸弹都投到了公大纱厂。”从汉口赶来参加空战的飞行员姜献祥后来向台湾著名的电视制作人陈君天回忆了当天的细节。

“8月14号上午，高大队长从南京打一个电话到周家口（河南），说马上准备出发，要飞到杭州。河南的天气比较干燥一点，天气很好，到我们飞到安徽，天气慢慢变坏，等飞到浙江，那里天气更坏，坏得一塌糊涂。大概2点40几分，那时候，西湖后边一个山，我们绕过那个山，一看就是一片水，白白一片，大家就晓得到了。”卢沟桥事变后，中国空军的主力已部署在山西、河南一带，以备华北抗战。而随着华东局势的转变，空军在8月13日下午下达第一号令，急令驻河南信阳、周家口和许昌的第2、第4和第9大队调至安徽广德、浙江笕桥和曹娥机场，参加淞沪抗战，王荫华便是从河南周家口赶来的第4大队的一员。

“高队长说，敌人已经快到了，马上起飞！我们说，报告大队长，还没加油，怎么起飞啊？他说，不管，马上起飞！他就上了飞机。结果高大队长一飞起来就打到日本飞机了。”王荫华回忆的是第4航空大队大队长高志航，他击中了从台湾新竹起飞的一架重型轰炸机，宣告了中国空军对日空战史上零的突破，高志航当时也一下子成了振奋人心的民族英雄。

“中国空军出现在浦江上空，向日舰投弹轰炸，日舰纷纷放高射炮，华机毫不畏缩，盘旋于高射炮之烟幕中，奋勇轰炸。一般人士为之诧异，且为此英勇善战，更使人兴奋，故当轰炸时，市民赴外滩及各大厦屋顶观战者，颇为热烈。”8 月 14 日外电的一篇报道生动地描摹了当时的社会图景。

下午 3 点，在上海长城唱片公司上班的张德治坐车外出，“途中行人拥挤不堪，向高空观望，时适空军激战，机声轧轧，炮声隆隆，高射炮密如联珠，炮声过后，黑点布满空际”。张德治当天在日记里详细记下了这一幕。停泊在日本领事馆外，黄浦江苏州河口北首的“出云”号是日本第3舰队的旗舰，因此成为中国空军轰炸的重点。几番轰炸后，“出云舰似未下沉，唯已被我某项爆炸军器击中，船舱受重伤，向下游开去。吴淞口外，击沉潜水舰一艘，焚烧敌袖珍舰两艘”。张德治的日记后来被收藏，使得我们后人有幸重温那个场景。

为了追击这艘“出云”号，首日出战的中国空军也上演了一幕不幸的误炸事件。“空军飞近上海市郊，突然从5000米高空降低到1000米以下，瞄准失度，一枚 1000 磅重炸弹落在大世界门口，恰好是行人群集处，闯下了滔天大祸。死了 1100 多人，伤的也不相上下；那个坑穴，有一丈半深，二丈直径。四近都是残肢破骨，斜角那篱巷中，堆起了一丈多高。我们还看见青年会的屋顶上，飞落了一只断腿。”著名报人曹聚仁后来在《我与我的世界》一书里回忆。那天，他与初婚妻子邓珂云“恰好在南京路上大新公司门口”，连忙躲到公司中去，只听得轰然一声，接着一片凄惨喊声，“后来又看见接连地载尸体的血淋淋车辆过去”。直到一个小时后，街上才恢复了交通，两人分别回家。珂云还被担心的母亲责骂了一顿。

关于这一天中方究竟击落了多少架日本战机，说法不一，有说 6 架、有说 4 架。日本战报在第二天的报告中称“三分之一的战机没有返航”，由此我方估计击落 20 架左右。中共延安的刊物也发表了《英勇的中国空军万岁》的文章。年轻的中国空军，竟然将梗津、鹿屋两个闻名于世的主力航空队装备最新式的轰炸机消灭过半，在日本引起震惊，联队长石井义后剖腹自杀。国民政府为纪念这一次辉煌战史，在 1939 年将 8 月 14 日定为“空军节”。而早期参与筹建空军的宋美龄一生最爱佩戴的，也是那枚空军胸针。

海军："破釜沉舟"

海军14日的作战任务已在一天前发出："封锁江阴。"

江阴位于长江下游，上海战事之前，为了防堵上游日舰东下，以及后来敌军溯江而上，国民政府决定沉船以堵住航道，想一举扫荡日军在长江内的舰艇。为此，海军部长陈绍宽已奉命夜令3辆测量船和2艘炮艇驶赴江阴以下江面，将各航路标志彻底破坏。随后又乘"宁海"号巡洋舰率第1舰队主力赴江阴，将征用的20艘商船沉于江底，封锁航道。

后来陈绍宽又接到一手令："凡年在40以上之大船，须将其炮卸下准备沉没。"相对于空军在首战的激情飞扬与战绩显赫，海军的准备显得悲壮——他们对总体作战的最大贡献竟然是自己执行"破釜沉舟"，这未免有些令人无奈。

"大概8月初，我们开始准备沉船，上面告诉我们等待商船到。我们就在江阴口等商船一来就带到封锁线上去，然后把底壳开了沉船。八月初一沉掉17条，一直等到8月11日，我记得我那天刚沉完一条船，回到我的船上，海军部部长陈绍宽也来了，船上很紧张。"当年负责沉船的海军少尉林君颜回忆，海军部长陈绍宽接到命令，还要向江里继续"补"沉船，"大概要5条军舰，我到现在还记得，因为我的'通济号'也是其中之一"。

12日上午，上海各大学在闸北、江湾、吴淞各校举行新生考试，上午9点半，校方派员突然宣告新生停止考试，劝考生立即离开闸北、吴淞，不可片刻停留。当时大家对这突如其来的变化还一无所知。因为淞沪路停运了，在吴淞同济大学考试的曹礼吾跟其他同学一样，乘帆船回了上海。他们的帆船溯黄浦江而上，从日本军舰行列中曲折穿过，而日兵好像显得很悠闲，大炮还穿着炮衣。

曹礼吾没有想到，林君颜所在的海军却“准备 12 号就把日本封锁不让他船走，然后围在里面打他”。但一个意外的发生令海军多少有些陷于被动。封锁长江的决定是在 1937 年 8 月 7 日的最高国防会议做出的，列席此会的行政院机要秘书黄濬将此情报出卖给日本人，“日本 10 号就开始开船。11 号，我们就看见一条船一条船就开下来了”。未得到拦截命令的海军只能眼看着日军舰一个个地逃出封锁线。消息的走漏让蒋介石大为震怒，黄濬与其在外交部工作的长子黄晟后来成了国民政府首批处死的汉奸。

8 月 14 日，江阴防区司令欧阳格派 102 与 171 两艘鱼雷艇，伪装成民船，从江阴出发，一路躲躲闪闪，经无锡、太湖、苏州、松江，抵达龙华。其间险象环生，171 未跟上。两天之后，102 号艇偷袭了停泊于汇山码头的“出云”号，“出云”号尾部受到重创。在当时的情况下，中国海军处于绝对的劣势，此一击后被日本人评为“中国海军唯一一次积极性攻击”。

后来有人作了一个简单的比较，假如单纯以吨位论，“我们和日军的相比应该为 1 ∶ 30”，当然“质”上更无从比较，“所以在八年抗战中，如果说在海上，我们海军的军力是零的话，一点也不为过”。海军在江阴防区苦战到 11 月底，后来随着淞沪战事结束，大军西移，才放弃了阵地，退守南京。在这一段日子里，总共在江阴水道沉入的大小船只多达 43 艘，至于这些动作究竟对减慢日军西进的速度产生了多大的作用，我们不得而知。“布雷”后来成为中国海军主要作战任务。

“八年抗战对海军而言，他们在失去海洋、失去船舰的处境之下，不惜生命，配合持久作战的国策，默默奉献，悄悄牺牲，其贡献是值得肯定的。”陈君天在他制作的节目中几分伤感地点评：“1945 年在庆祝胜利的游行队伍中，他们高举着只有‘海军’两个字的旗子，没有番号，没有舰别，他们只是深以抗日八年之间曾任海军为荣。”

陆军：血战淞沪

“……事至今日，和平确已完全绝望，牺牲已到最后关头，御侮救亡，义无反顾……本军所部全体将士，与暴日誓不共戴天。”张治中 14 日发表了语气坚定的讲话，这也成了他对日行动的“正式宣言”。

驻守在无锡的孙元良 88 师作为先头部队之一，其实已在三天前进驻上海。

“我还记得 8 月 7 日那天，孙元良兄在上海福州路咖喱饭店请我吃晚饭。”在淞沪会战中做战地记者的曹聚仁后来在文章里回忆，那时孙元良对曹说，抗日战争已成定局，“但一时还未必有战事”。可是两天后，刚从上海返回无锡的孙元良接到动员令，87、88 两师就在 8 月 11 日当天，向淞沪近郊推进。8 月 12 日清晨，88 师前哨在北站出现，87 师前哨也进到江湾车站。“清晨，上海居民从梦里醒来，看见遍地都是抗日将士，惊喜交集，都问：‘从哪里来的？为什么这样神速？’”统率全军的张治中回忆。

曹聚仁后来在文章里也提到了一个小插曲：按照预定计划，87 师应在庙行一线、88 师在真如一线布防。可是军情激奋，王敬久与孙元良二位将军自己决定向前推进，左方止于江湾车站，右方止于北站，军事委员会立即下令，不得再向前推进，“一或违令，军法从事”。

在中国军队向淞沪布防的同时，8 月 11 日，日本第 3 舰队已驶集黄浦江等港口；次日，陆军总部决定动员 30 万兵力分赴上海与青岛。上海市民从双方剑拔弩张的气氛中已嗅出愈来愈浓的硝烟味道。“虹口、闸北居民纷纷搬家”，“有如潮水似的，逐渐汹涌起来，公共租界东区，就给搬家的狂潮淹掉了，西藏路上，车辆前挤后拥，杂以嘈杂人声，有着世纪末的气象”。曹聚仁后来在《我与我的世界》里回忆，其岳父母雇了车，搬到沪西愚园路大伯父家里躲避。

“本军决于本日午后 5 时，对敌开始攻击。”在南京的中国第二历史档案馆里，留存着张治中在 8 月 14 号当天致蒋介石、何应钦的密电。

中国方面期望以优势兵力进攻日军在沪各据点——按照张治中事先部署的作战计划，“置重点于杨树浦港以西至虹口日司令部间”。在空军轰炸后，借助炮火掩护“进占其根据地，压迫至苏州河及黄浦江而歼灭之”。

“总攻令”实际上是张治中下午3点钟下达的。一天前已与日军在八字桥一带发生局部战斗的陆军87、88师，奋力夺回头一天被日军占领的持志大学、五洲公墓、沪江大学和八字桥等据点，并向日本盘踞的纱厂进攻。

“我们是8月15号到的，把上海所有的失地、让日本人占领的地方，统统拿回来了，就一个大纱厂没拿回来，结果我们523团攻进去一个营，中他的电网，一个营整个死在那个大纱厂里头。”参加第一轮进攻的88师士兵蒋堂华回忆。战争一开始就显得极为残酷：88师旅长黄梅兴在持志大学指挥作战时中炮阵亡；一天当中，仅527团就有7名连长阵亡。

因为闸北相对而言比较密集，所以双方一开始就是以短兵相接的巷战形态揭开序幕。几天内，中国军队已推至闸北、虹口、杨树浦之线。但是，日军在上海的据点大都以钢筋、水泥建成，异常坚固。张治中后来向蒋介石报告说：“最初目的原求遇隙突入，不在攻坚，但因每一通路，皆为敌军坚固障碍物阻塞，并以战车为活动堡垒，终至不得不对各点目标施行强攻。”这种攻坚战，中国军队必须配备相应的重武器。但中方仅有的三门榴弹炮，一门因射击激烈，膛线受损；一门炸膛；一门不能射击。

大战的血幕既已拉开，蒋介石遂决定全军主力向华东集中。“13日晚接到最高指挥部命令：‘火速开赴上海参战！’同时命令沿途一切车辆，通通为我师让路。”时为36师师长的宋希濂正驻防西安，接令后立即命部队准备好干粮、饮水等，“然后风驰电掣地沿陇海铁路东开”。当时驻扎南京、上海的部队颇多，单独命令宋希濂部队由陕开沪，是因为36师与87、88师都是蒋介石的嫡系部队，蒋介石对淞沪战场的重视，由此可见一斑。

宋希濂的部队经过南京、镇江、无锡、苏州等京沪路沿线各县，所到之处“每站都是人山人海，鼓掌欢送，高呼口号壮我军行”，慰劳将士的饼干、糖果、罐头、香烟等，也被欢呼的民众争相扔进车窗内，士兵也被这样的场景所感动。

8 月 17 日，宋希濂率部赶到上海，而日本从名古屋开来的第 3 师团藤田部队也在杨树浦和吴淞口一带登陆，日军的防守掩体多半是钢筋水泥加上沙包建成，缺乏重炮的中国军队只能逐步接近，使用手榴弹爆炸敌人据点。不久随着日军逐渐增加部队，两军在天宝路一带展开更激烈的战斗。

“我们吃饭都晚上吃，夜晚才能送饭，白天根本送不上来。”36 师的方振东回忆。另一位参战的老兵谢世明说：“日本人凶得很。抗战初，他们吃的好，穿的好，精神好，武器也比我们好，那时，我们一个连轻机关枪只有三挺，子弹开一发打一发，机关枪打着还会卡弹。”

淞沪会战是中国军队第一次海陆空立体协同作战，也被认为是亚洲历史上第一次现代化战役。8 月 19 日，中国装甲部队首次参战。据第 9 集团军司令部作战科长史说回忆，“仅有的”一个坦克团部队南京装甲兵团（团长杜聿明）出动两个战车连（坦克重 7 吨）和战防炮一个营，配属第 87 师攻击杨树浦街区。但因步兵与战车从未有协同作战的训练，坦克全部被击毁，毕业于黄埔军校的两个连长阵亡。

20 日夜，宋希濂带领的 36 师推进至汇山码头，将日军压迫至黄浦江左岸狭隘地区。进攻汇山码头，“是 36 师打得最精彩、最激烈的一仗”，中国军队一度攻到黄浦江边，但天亮后，日军军舰开始猛烈炮击，日机也开始空袭，攻进码头的部队被迫退回。“汇山码头之役”是整个会战中著名战斗之一，中方付出了极大的代价，仅此一战，36 师就伤亡 570 余人，日军除一部分向英军投降外，死伤也不下 400 余人。

“青黄色衣服的我军，沉毅地守着各人的战位，他们和褐色的障碍物，似乎成了钢铁浇铸的一体。”著名作家张天翼在这一天饱含敬意地写下他所见的中国军队，“他们凝神注视着东方，一个人也不说话”。一个外国记者注意到一位来自东北的青年军人，向东北方向整整凝视了一个下午，于是在文章里写下这个青年“迫切地想打回老家去”。

从8月14日的正式战斗开始，中国军队一直采取攻势，而与此同时，日军发挥了他们惊人的动员能力。“在23日拂晓以后，日空军开始猛烈轰炸，使我援军不能接近，日海军也以猛烈炮火支援日军登陆。”日军第11师团在30余艘军舰密集炮火的掩护下，于长江南岸川沙口强行登陆，占领川沙镇；第3师团在吴淞口码头登陆，进攻北部吴淞、宝山等地，攻防瞬间发生转换。

从“先发制敌”到胶着苦守

保存在中国第二历史档案馆的那份淞沪“上海作战日记”，在1937年8月11日，清清楚楚地记着这几个字：“中央决心围攻上海。”

“从中日战争总的大背景来看，我们始终是陷于被动的；但就淞沪会战这场具体的战斗来说，我们是‘先发制人’。”中国社科院近代史研究员杨天石这样评价。

卢沟桥事变不久，蒋介石在庐山邀集各界人士讨论“应战宣言”，空前坚决地声称：“如果战端一开，就是地无分南北，年无分老幼，无论何人，皆有守土抗战之责任。”7月19日，蒋介石排除阻力，公开发表了这份措辞激烈的宣言，只是为了减少冲击力，将之改为“谈话”。在8月初的国防会议上，抗战被正式确定为国策。

华北局势的变化也使上海骤然紧张。蒋介石为加强上海防务，接受何应钦推荐，任命张治中上将为京沪警备司令；张治中也辞卸中央军校教育长一职，专心从事以后战事的防御准备工作。“我有一个基本观念：这次在淞沪对日抗战，一定要争先一着。”张治中预定的作战方案为“先发制敌”，“以充分兵力进驻淞沪，向敌猛攻，予以重创”。

8月9日，日本海军陆战队驻沪西第1中队中队长大山勇夫和斋藤与藏驾车到虹口机场，强行越过警戒线到机场侦察，守卫机场的航空委员会哨兵当即开枪将二人打死，战争气氛进一步升级。

第9集团军司令部作战科长史说，后来详细地讲述了“大山事件”

背后的一些细节。当时，守卫在虹桥机场的是化装成保安部队的步兵旅士兵（注：根据"一·二八"淞沪停战协定，只允许保安团驻守上海，蒋介石接受张治中建议,抽调陆军部队化装为上海保安部队以增强兵力）。"这些士兵平时恨透了日本人"，一见日本军人横冲直撞，不听制止，就坚决自卫，开枪打死了大山。"淞沪警备司令部急了，参谋长童元亮与上海市长俞鸿钧商量，把一个死囚犯穿上保安部队服装，打死在虹桥机场大门口，说是日本军曹要强进机场大门时，先把我卫兵打死，以便与日本人交涉。"

孤立地看，"大山事件"是个偶然事件，但急欲在上海引燃战事的日本，终于找到了它需要的那根导火线。欲"先发制敌"的中国军队也紧急调兵遣将。据杨天石的研究，8 月 12 日，国民党中常会已秘密决定，自本日起全国进入战时状态；何应钦在会上表示，"和平已经绝望"，"如果他稍有动作，就打他，否则，等他兵力集中，更困难了"。

根据《正面战场作战记》里的说法，当时驻沪日军在会战开始有海军陆战队 5000 人、在乡军人 3600 人，另有日侨组成的"义勇军"约 3000 人，合计约 10000 多人；而中方参加战斗的是由德国顾问训练出来的国民党最精锐部队——三个步兵师，一个步兵旅及炮兵团、营各一，加上原在上海地区的保安总团和警察总队，总兵力不下 50000 人，各种口径大炮约有 300 余门。就地面部队而言，中国军队明显占有优势。张治中后来回忆，他原期望"在 13 日拂晓攻击"，"本想以一个扫荡的态势，乘敌措手不及之时，一举将敌主力击溃，把上海一次整个拿下"。蒋介石的犹豫使正面攻击向后推迟了一天。

但事后证明，国民党的准备并不充分。无论对敌情了解或部队训练都有欠缺。因为日军营"钢筋水泥之坚强确如要塞"，蒋介石在战前曾询问张治中，15 厘米的重榴炮与 500 磅炸弹能否破毁？后来的战况果然证明了蒋介石的担心。突袭效果与先手优势并不明显，而日本很快展开反扑。蒋介石后来检讨，在开战第一星期，未能用全力消灭在沪日军，是何应钦未将巷战及攻击武器发给部队使用，"待余想到，催发战车与平射炮，已过其时”，大批敌军已经登陆。

8 月 14 日，日本政府发表措施强硬的声明，声称“为了惩罚残暴的中国军，促使南京政府反省，现在不得不采取断然措施”。所谓“强盗的逻辑”，这真是活生生的一例。松井石根被命为司令官，率领日本第 3、第 11 师团远征上海。

淞沪会战之初，中国军队凭借仅有的“家底”，进行了一场地面防御与空中防御相结合、海军与陆军相配合的战斗，但进入胶着状态后，海、空军与日本的实力极其强烈的强弱对比马上显现出来。对于源源不断增援而来的日本运兵舰艇，中国军队根本无力在海上或空中进行打击遏制。“所能进行的只有反登陆，”杨天石说。但中国军队对此显然准备不足，“守卫江岸、海岸的兵力都很薄弱”。而日军装备精良训练有素，凭借海陆空立体联合作战，很快建立滩头阵地，并向内陆推进。因为电话不通，张治中在日本飞机的猛烈轰炸下，骑自行车赶赴前线指挥，阻止登陆之敌。

双方的增援使战争规模进一步扩大，缺乏海、空配合的中国陆军在地面战中打得极其惨烈。“日本的大炮像黄豆一样滚”，参加作战的老兵甘忠日说，“我们一个集团军，回到浙江整兵只剩 4 个师”。

月浦和狮子林首先沦陷，但夏楚中率 98 师经猛烈反扑，又收复失土。583 团守月浦，一直支撑到 9 月 10 日，日军大举来犯，主阵地数度易手。“4 点钟开始攻击，那时候攻击也没有什么散兵行、散兵群，就这么一路‘哇哇’叫地上去了。沿途是日本大炮飞机，我们伤亡很惨重，我们营长蒋文才第一个牺牲了，团长路景荣也牺牲了。”守卫月浦的老兵赵祖德回忆。守狮子林的 588 团在 8 月 31 日遭日军攻击，苦战一昼夜，第 5、6 连伤亡殆尽，第 4 连下落不明。

罗店距离吴淞、长江口很近，日本海军炮可直接命中目标，兼以敌军掌握制空权，可以发挥其陆海空联合作战的优势。参加罗店之战的 11 师师长彭善的回忆可见其压倒性优势：“两个人距离 80 米都不能靠近，因为一动就给敌人目标，不能活命了。”

9月1日，日军精锐部队第12师团等3个师团到达上海，实力大增，向中国军队发动全线攻击。“宝山啊都黑了，所有炮、飞机都炸那个山，山上完全是火光，就像房子一着，烟雾层层，看不到一个人。”参加宝山战役的老兵曾德福提起当时情境至今仍心绪难平。9月5日，日军以优势兵力及战车、炮舰、飞机联合进攻，两天后，宝山城破，营长姚子青带着仅仅剩下的二十几名弟兄与日军展开肉搏战，直至全部牺牲。蕰藻浜沿河之战，“双方死亡俱奇重，浜水皆赤，所谓流血成河，显系实在景况”。

江岸地形有利于日本陆海空军协同作战，日军又源源不断地增援，中国军队为减少损失，只能主动退守。参谋史说后来回忆说：“日军在长江沿岸及黄浦江沿岸继续登陆，与我军一个点一个点地争夺，往往日军白昼占去，夜间我又夺回。”“在日军舰炮火下，我方伤亡惨重，往往一个部队，不到几天就伤亡殆尽地换下来了。我亲眼看见教导总队那个团，整整齐齐地上去，下来时，只剩下几副伙食担子。”陈诚后来报告，该部自8月22日参战，至9月7日，仅第11、14、56、67、98这5个师即伤亡官兵9039名，第6师吴淞一役，即伤亡过半。“大部受敌飞机、大炮轰炸，人枪并毁。”其36团第2连，守卫火药库，“死守不退，致全部轰埋土中”。

对当时的中国军队来说，要保住一寸山河土地，除了手中简陋的武器，恐怕更多的是凭着一份视死如归的豪情了。

反登陆战争失利，日军后续部队源源增加。9月10日，第15集团军右翼阵地被突破，中国军队退至杨行、月浦新阵地，与敌对峙；一天后，杨行我军阵地被突破，第3战区长官部命令第9集团军向北站、江湾、庙行、蕰藻浜右岸一线转移；12日，日军由华北方面军转调的后备步兵10个大队陆续抵达上海战场。自此，淞沪会战中方进入艰难的守势。

1937 年 11 月 5 日：上海沦陷

杭州湾上的日本军舰

1937 年 11 月 5 日，农历十月初三，据史载杭州湾金山卫此天“大雾大潮”，一股令人不安的气息潜伏在浓雾和潮汐背后。

凌晨 4 点左右，80 余艘军舰突然出现在杭州湾附近的海面上，在北岸金山卫附近的漕泾镇、全公亭、金丝娘桥 3 处登陆。大军舰停稳后，放下了数不清的小艇，小艇迅速冲向海岸。

孙生芝刚刚起床，马上接到一个十万火急的电话，告之日军在金山卫登陆，但随之电话线被切断，失去联系。孙是负责驻守杭州湾的第 62 师炮兵 2 旅第 2 团团长，62 师本属于负责右翼作战的张发奎第 8 集团军，但因为中央作战军总司令朱绍良忽奉命调任甘肃省主席，右翼方面的指挥于是由第 10 集团军总司令刘建绪接任。因此，孙生芝“赶到总部向刘建绪的参谋长请示”，但对方正赶上敌机俯冲轰炸，“他急于避炸，没有答复”。

“那天海上有雾，监视哨看不清海上日军活动，日军乘此机会，分几路同时登陆，人数众多”。枪声一响，日本军舰马上向中国军队阵地发炮，飞机也蜂拥而来俯冲轰炸。炮兵连郭连长迅速指挥自己部属应战，阻止正面敌军进攻，但无暇顾及侧翼，日军凭借装备与人数优势，迅速向两翼包抄，“对炮连阵地呈包围态势”，形势极其危急。

郭连长于是命令换用“零霰子母弹”以每分钟 25 发的最快速度发射，这是一种出炮口即炸的武器，在 500 米内杀伤力甚大。这只是将日军的进攻稍稍延缓了一点，终不能持久，在日军海陆空协同攻击下，炮连人员伤亡过半，郭连长也负伤，阵地遂失。

这次登陆任务日军实际早在 10 月 20 日便已确定。在日军参谋本部制订的作战指导中，“预定登陆日期为 10 月末或 11 月初，预定登陆地点为金山卫附近”。执行此次登陆的是司令官柳川平助带领的第 10 军——

当日本增兵上海三个师团而仍未取得意想中的胜利后，日军参谋本部决定继续增加兵力，以第6、第18、第114和国歧支队为基干，组建第10军。

柳川平助原任台湾军司令官，曾参加日俄战争，以惯用迂回战术著名，他也是支持“二二六”少壮派军变的三大将领之一；而其率领的第6师团首领谷寿夫，也是后来参加南京大屠杀的元凶之一。

“山川草木都是敌人”，柳川平助在为登陆所做的动员讲话中这样无情地煽动，而日军登陆后，也向前推进得异常凶猛，他们迅速向嘉兴、吴江、昆山、太仓一线猛插，其战略意图十分明确：与北部越过苏州河的日军部队会合，形成南北夹击之势，从而对在上海的中国军队形成一个大的包围圈。

位于上海南部的金山卫的战略地位，中国方面并非毫无考虑。负责右翼防守的第8集团军司令官张发奎后来回忆，“直觉”“我右侧的金山方面是一个最可注意的地区”。金山卫水深40尺以上，又有利于登陆的沙滩及可作为滩头阵地的据点，“从战术上判断，那里是一个理想的登陆地点”；明代倭寇扰浙时，即在此登陆。为此，张发奎不仅专门找到戴笠的下属文强，要求其勘测；还曾亲自实地侦察地形，并再三叮嘱守军“对海面做特别戒备”。

日军的这一战略部署，中国军队其实也并非毫无察觉。10月18日，军事委员会作战情报中说，“以外国军事家之观察”，日军有在杭州湾和浏河西北登陆的企图，但“登陆部队最多一个师”。情报推测，日军眼下“不能派大部兵力到沪增援”；10月22日，顾祝同曾经向何应钦汇报，“闻敌将有三个师团来沪增援，其先头部队26日可抵沪”，但此情报并未引起中方高层的重视，更谈不上迅速做出相应的部署。

就在此前不久，62师主力刚被张发奎调防浦东——进入10月以来，中国军队防守日益艰难，由于中央军撤至苏州河南岸，浦东方面骤然吃紧，张发奎于是在右翼做此调整。把守金山卫的只有62师一连炮兵和一营步兵，兵力悬殊使得日军几乎未遇多少阻力便登陆成功。蒋介石后来痛心疾首地检讨自己，“不注重侧背之重要”，“乃使敌军乘虚而入，此余战略最大之失败”。

“金山卫日军登陆处”如今已是上海金卫区的一个景点，供后人铭记历史；而附近的一些海域也已成了上海市民的避暑胜地，只是不知还有多少人能忆起半个多世纪前的那些腥风血雨。

上海：战与退的抉择

“11 月 5 日，一件数月来日夜所焦虑的事终于发生了。”闻知日本已从金山卫登陆，张发奎不由连连叹息。消息传到司令部时，大本营紧急布置已调至浦东的第 62 师主力回兵，与新到枫泾的第 79 师合力反击；除此之外，刚刚从河南调到青浦的 67 军也被命令“向淞江推进”，“以资策应”。

“如我军能站稳现有阵地，三日以后当无危险矣”。蒋介石寄希望于这次紧急布置能挽救一再的颓势，但并未奏效。我军因“天雨泥泞及敌机轰炸，行动甚为迟缓”。而两天后，日军在多架飞机大举轰炸和隆隆炮火的掩护下，20 余艘军舰在炮火掩护下再度在金山卫登陆，攻击苏州南岸守军背后。松江、枫泾在 9 日同时失守，67 军军长吴克仁在掩护守军撤退时中弹牺牲，成为八年全面抗战首位殉国的中将军长。

已经控制杭州湾北岸的日军迅速调整指挥系统，编成“华中派遣军”，由后来以“甲级战犯”身份绞死的松井石根大将统一指挥。此时日军在上海及周边地区的兵力已加强到 10 个师团，从侧背攻击已退守苏州河南岸的中国军队，大有围而歼之之势。

形势急转直下，是打是退，1937 年 11 月 5 日的蒋介石正徘徊在两者之间。

就在 4 天前的晚上 10 点，蒋介石突然在白崇禧、顾祝同的陪伴下来到南翔附近一小学。在表扬了前线官兵的英勇之后，蒋介石话锋一转，提到了马上要在布鲁塞尔举行的九国公约会议。“这次会议对国家命运关系甚大，我要求你们做更大的努力，在上海战场再支持一个时期，至少十天到两个星期，以便在国际上获得更有利的同情和支援。”蒋介石又说：“上海是政府的一个很重要的经济基地，如果过早地放弃，也会使政府的财政和物资受到很大影响。”参加这次会议的36师师长宋希濂回忆蒋说这些话时，“语气很坚定”。

“蒋介石之所以决定坚守上海，首先是听从他的德国军事顾问法肯豪森的意见，”中国社科院近代史研究员杨天石说。淞沪会战不久，法肯豪森就向蒋提出，上海是与世界联系的通道，必须长期保持；“其次为了减轻华北战场的压力，维护中苏交通线”，杨天石的这一看法算是独家。中国的抗战最初只得到了苏联的支持。“当时，中苏之间的枪械、弹药有两条运输线。一条是经外蒙古、内蒙古、山西大同至内地，一条经新疆、甘肃、山西，连接陇海路。”9月11日，大同失陷，“苏俄运械交通更为困难”，蒋介石极为震痛。不久中国军队又在平汉线溃退，担心中俄第二条联络线被截断的蒋介石“决定加强上海战场，吸引日军主力”。为此，中国军队在10月颁布了严格的法令，“擅自退却者”，“依连坐法”。

即将召开的九国公约会议，也使一直对国际调停没有死心的蒋介石决心“上海这一仗，要打给外国人看看”。为此蒋介石特地跑到苏州督师。李宗仁回忆，当蒋介石与他们一干高级将领抵达苏州时，正逢敌机数十架空袭，“一时照明弹满天照耀如同白昼”，他们赶紧躲到车站月台暂避，幸而日军狂炸苏州城内而未炸车站。10月18日，中国军队在上海战场发动总攻击。而日本也因为对九国公约有所期待，陆军部“限令上海作战部队在开会前攻克闸北、南翔、嘉定一带”，把中国军队赶出浦东以“挽回国际信誉”。10月21日，日本实行了第五次总攻击，双方战事再度加强。

从各条战线抽调援兵的蒋介石似乎对胜利信心十足。10月13日，从桂林辗转赶到南京的李宗仁由白崇禧陪同，拜访了蒋介石。“此时敌我双方已在上海战场血战两月，国军死伤甚巨，南京也时受敌机空袭，市面萧条。”但此时的蒋介石仍对胜利充满期望，“精神饱满，且不时作豪语”，“要把敌人赶下黄浦江去！”

战争的残酷自无须赘言。“若阵地失守，即命一个营进行逆袭，将阵地夺回，但伤亡很大，一个团三次就冲光了。”参加淞沪会战的郭汝瑰属于左翼作战的第15集团军42旅代旅长，他回忆，当时一个营长带部反冲，想夺回阵地，但被日军打退，郭即命士兵将他绑起，要将他枪决。营长苦苦哀求，“我说，那你就回去恢复阵地，丧失阵地就是要杀头，没有第二个办法”。营长带领士兵又冲回去，以伤亡四五十人的代价又把阵地夺了回来。

前线军队虽抱必死决心，但血肉之躯终不敌炮火摧残，形势也越来越不乐观。“伤亡”两字也越来越多地出现在高级官员往来密电中：“我59师官兵伤亡三分之二，失去统率能力。59师一团只剩200人。”蕰藻浜，日军倾陆空全力猛扑，“郭汝栋部仅剩团长二、战斗兵百余名”；第33师打到“官兵仅剩十分之一”，师长受伤，旅长及团长失踪；159师阵地左翼，6个小时之内被炮击数千发，顾祝同称“战况之烈为近来所罕有”。21集团军原有6位旅长，数日之内，三死两伤，战斗的激烈，可见一斑。

战　败

“事实上前线已‘溃’了！”几十年后，李宗仁在回忆录里无奈又沉痛地追忆。李宗仁说，白崇禧曾在11月初向蒋介石建议下令后撤，但“蒋先生坚持不允”。前线官兵又苦撑两三日，“实在疲惫不堪”，于是白再度建议，“蒋仍不允”。全线又勉强支持一二日，“时我军阵容已乱”，白崇禧深知事态严重，向蒋汇报“前线指挥官已无法掌握部队”。

在11月5日日军金山卫登陆的10天前，中国军队其实已经开始从部分战线上正式撤退——10月25日，日军3个主力师团发起进攻，并配以150架飞机轰炸，猛攻第21集团军阵地，上海西北的战略要地大场陷落。在此之前，由于右翼21集团军重要阵地被突破，导致整个进攻队形混乱；陈诚致蒋密电，因其伤亡过大，21集团军已撤下整理。

“闸北我军退保苏州河南岸那一时期，敌军推进至沪西大夏大学校舍，我爬上大西路上中国银行另一仓库七层楼，把这种情势看得更清楚，敌军打完了河南岸我军阵地，才放下橡皮艇，肩了枪唱了歌打野外似地过了河呢！”曹聚仁对当年战斗的描述，让我们直观地看到：战役后期，整体实力远超中国的日本军队已明显占了上风。

大场陷落，防守该地的 18 师师长朱耀华羞愤自杀。大场失守使中央军的侧背受到严重威胁，中国军队决定放弃北站至江湾阵地，主力部队撤出闸北向苏州河南岸转移。但为了给世人留下仍坚守苏州河北岸的印象，蒋介石命 88 师师长孙元良“留一团死守，以感动中外人心”。27 日夜，524 团团副谢晋元奉命率该团主力坚守闸北四行仓库，31 日退入租界，孤军抗战一直到 1941 年，成为中国抗战精神的一个不朽象征。

最初勉强形成海陆空作战的中国军队，到了后期，其实只有陆军在孤苦奋战，也打得愈来愈悲壮。“敌军每一回开始攻击，总是先开始 4000—6000 炮的歼灭射击；有一天竟把 36 师一个连的一公里的防线全部打碎，把那一连士兵全部埋葬在泥土里。接下来才由轻型坦克放射烟幕弹，掩护敌军向前攻击。攻击的时候，敌炮兵又作远距离的隔离射击，坦克车才掩护战斗兵向前又向前，差不多可以这么说，总得整个阵地被打碎了，我方守兵一个也不见了，敌军才从从容容地把阵地占了去。”

“除了中央军有机关枪，一个师有一个炮兵营、4 门山炮外，没有其他的！”参加淞沪会战的老兵劳声寰回忆。中国军队后期就靠“血和肉”，顽强地与装备精良的日本军队相抗衡。有一次，日军先用 15 辆坦克开路、步兵在后面跟进的方式进攻中国军队的阵地，缺乏重炮的中国士兵“将捆好的集束手榴弹（一捆 12 个）抱着，到坦克下爆炸”。据 21 集团军第 16 师的刘启尧回忆，就这样，8 位战士以自己的生命炸毁了 3 辆坦克。

“伙房离我们 20 里路，我们那儿是一线，白天不能送，都是晚上送饭。碗筷都掉了，就用手抓着吃。阵亡的那些人都在战沟底下，饭筐都在上面搁着，我们走来走去都是走在他们身上……”时隔 60 余载，当于学清老人向台湾著名制作人陈君天回忆时仍不能平静自己的心情。

“可怜的地方在晚上，士兵到处叫唤，营长啊！排长啊！负了伤了。

天下了很大的雨，泥泞啊，日本人在对面没有法子出去拉，担架也没有法子去，那个惨状啊，真是不堪为外人道啊！”另一位参战的老兵吴俊回忆。

从9月11日开始到11月初，扬言三个月亡华的日本精锐部队，在长江以南潘泾以西这条战线上仅仅向前推进了5公里，但中国军队却付出了数倍于敌人的代价。去安亭车站接伤员的一位参战老兵的回忆让我们后人听起来真是唏嘘感慨：“我是半夜到的安亭站，天很黑看不见，我一下来就闻到一股血腥味，好难闻。结果一看，车站都摆满了重伤的官兵，预备后送的。”之前已有几百号伤兵被运走，剩下几十个伤员车却已没了，“我也没有办法把那些走不动的伤兵运走，我也只好走了……”谈到这个地方，这位老人已哽咽着说不下去。

溃　退

一声枪声突然响起，11月5日晚，在安亭司令部与67师师长黄维通电话的19集团军总司令薛岳，突遭日军攻击，通话中断。薛岳急令特务营抵抗，同时率司令部人员撤退。途中又遭受日军袭击，薛岳的司机、副官和卫士都中弹牺牲。此时正感冒发烧的薛岳只身跳入路边河中，游过河沟幸免于难。深夜薛岳爬上岸，又乏又冻，加之重疾高烧，几度神志模糊。不幸之万幸，当夜54军军长霍揆彰随14师转移路过，霍军长急脱去身上大衣为薛岳换上，并一直把他护送至后方，薛岳这才死里逃生。

自从日军11月5日金山卫登陆后，中方已露全面溃败之势。三天之后局势更加雪上加霜——当天，日本第10军主力在得胜港、米市渡等处开始渡过黄浦江，其后续部队也开始登陆向金山集中，围歼之势愈发明显；中国统帅部急令军队从上海撤退，第三战区副司令长官连夜下达撤退命令。

“淞沪战役我始终在第一线，深知三个月硬顶硬拼，伤亡虽大，士气并不低落，战斗纪律良好，只要撤下来稍事整理补充，即可再战。唯有大溃退，数日之间精锐丧尽，军纪荡然。如在敌攻占大场时就有计划地撤退，必不致数十万大军一溃千里。”几十年后，郭汝瑰不无痛惜地写道。

在 10 月下旬情势危急以来，因伤亡过重统帅部已下达了向后方转移的命令，“但有的部队已开始行动之后，又收回成命，要各部队仍在原阵地死守”。士气可鼓不可泄，这时已军心涣散，“乃至被迫决定全线撤退，就更加混乱不可收拾。”等撤退命令下达到各军，已是次日。“一下子就乱了，”88 师的蒋堂华回忆当时情景，“我们那个长官年龄大，胡子长得特别长，谁也不认识他了。七十几天不刮脸、不洗脸，你想想嘛！”

因为当时的总司令部在真北路，也就是在闸北到真如的公路上 4 号桥那边，日军于是将火力集中在这一带，“每天都炸”。结果 4 号桥在撤退前的两三天已经被炸掉了差不多三分之一，“后来我们撤退时，我们过了以后，后面的部队再下来，桥就断了。”朱志明回忆。

因为事先必要的准备不足，撤退变成了一场彻头彻尾的“溃退”，令人痛惜。在第 1 团当排长的李慕超的经历极具代表性。李回忆，当接到撤退命令时，自己却不知撤退原因和后撤目标，“后面的部队只好跟随前面的友军行动”。因为李所在的团来自莘庄，大家不由自主地向莘庄方向前进，等听到前面的枪声越来越近，或左或右都为枪声所阻，才开始意识到此路不通，“怀疑自己是否已陷入敌人的包围圈”。等到天亮时，才发现转了一个大圈，仍然回到了原处。刚刚撤退时，连续几天双腿为泥水所浸的士兵已失去知觉，行走极为缓慢。

部队只好掉头再往西北前进，“这时从各方下撤的部队越来越多”，传来敌人已进占松江的消息，毫无目标的人群于是又向昆山进发；“我们也只好随着人流迅速跟进，以免落入敌人的钳形包围中”。到达苏州河上的黄渡大桥时，天已破晓，大部队拥到一起，“混乱无法形容”。苏州河上的桥已被敌人破坏，而且火力封锁，但紧急关头也只有强行突破，以免被追至的敌机轰炸，“原来的后撤序列，再也无法维持”。因为争先恐后过桥，许多重武器和士兵掉到河里，李慕超他们一个拉住一个皮带，靠人墙掩护，才得以过桥。

撤退也缺乏组织。在第17军团的贾亦斌，奉命掩护部队撤退。为阻敌人追击，工兵在一座公路桥上埋下许多地雷，当时自己的军队还未撤完。这个团的炮兵全是用德国大炮装备的，炮兵到达河对岸时，拥有15厘米口径的现代化重炮团因桥上埋了地雷而无法通过，团长彭孟辑痛哭失声，“中国只有这一个像样的炮团”。但也只好把炮扔到河里去。炮兵们小心翼翼地走到桥上，但没走多远就踩上地雷，很多人被炸死。

“这次撤退十分混乱，这样大的兵团，既不能进行有组织的逐次抵抗，以阻止敌军行动，又无鲜明的退却目标，造成各部队各自为政，拼命地向西奔窜。战场统帅部对许多部队都不明白其位置，遂使敌军如入无人之境。”36师师长宋希濂率部赶往昆山时，前敌总指挥陈诚已经撤走，“只有一些找不到单位的小部队和溃散的士兵”。得不到指示，只好前往苏州；待到达后却发现“古城死一般沉寂”。宋希濂终于和无锡的顾祝同通电，最后开到无锡。

第8集团军总司令张发奎的部队从上海撤到浙北嘉兴，驻守濮院镇，11月15日，有汉奸向飞抵上空的日机施放信号。小镇顿时遭到3批日机轮番轰炸扫射。几天后，江苏吴江县一部日军南下，张发奎部队继续转移，部队中的桂军沿公路西撤；湘军沿运河向北撤，其殿后部队与日军骑兵遭遇，一番战斗后，殿后部队全部牺牲。

19集团军的金柏源看见换了长衫逃跑的军长李延年，“黑夜中十几万大军挤在一条路上撤退”，少部分人离队跑了；时至深夜，散兵成群，河上有逃难的民船，带着仅存衣物粮食，但岸上士兵开枪要求搭船，难民不得不靠拢过来，士兵争先恐后上，结果超载把船弄沉了。“沿途看见好多像从未出过远门的富家女提篮拄拐跟着部队跑，处处瓦砾废墟和火海，池塘里漂浮多具腐烂肿大的尸体”。

路上伤兵很多，有人乞求着退下来的士兵帮忙拉自己一把，路旁还有人哀号“做做好事，补我一枪”。一幅惨不忍睹的景象。“那时候自己的命都顾不了，能拉谁啊？”参战老兵张福胜无奈地叹了一句。天下着大雨，张福胜的部队撤退到嘉兴、再从嘉兴到昆山，“退到昆山的那一天，不下雨了，鬼子的飞机又来了，骑兵也来了，结果把我们那一个团炸得都没有人了。”

第 3 集团军副司令官顾祝同后来在回忆录中写道：“乃退守苏州河南岸，全般动态，愈行不利。不久苏州河南岸阵地被日军突破，遂于 11 月 8 日夜，向昆山、苏州一带撤退，由于地形窒碍、道路壅塞，在日机轰炸扫射下，伤亡极为惨重，秩序大乱，整个阵线动摇。”

1934 年，国民政府根据德国军事顾问法肯豪森等人的建议，从 1934 年起密令修筑上海周边的防御工事，在吴县、常熟一带构筑主阵地吴福线（苏州—福山线），在江阴、无锡之间构筑后方阵地锡澄线，同时在乍浦与嘉兴之间兴建乍嘉线，以与吴福线相连。

当各集团军主力基本退到吴福阵地时，中国军队组织不力的弱点暴露无遗——既找不到已设好的阵地线和工事图纸，驻守于此的川军竟然也找不到钥匙开门，以致耽误占领阵地及部署部队组织防御的时间，国民政府花费巨资建立的国防工事变成一堆空架子。大部队于是再向第二道防线锡澄线转移。

要截断中国军队后路的日本飞机不停地在上海附近地区轰炸。当时仓皇后撤的军队，“加以敌机日夜轰炸，人马践踏，秩序大乱”，苏州城内被炸得多处大火焚烧，“难民扶老携幼，沿途充塞”，部队络绎向西行进，秩序混乱至极。“过去战地情景，我虽已见惯，而此时一幅乱离惨痛的画面，深印脑际，历久竟不能磨灭。”顾祝同在 90 岁时深深叹息。

“以酷爱和平之民族，被迫而与黩武之强敌抗战，所恃者惟此坚恒不挠之志愿，沉毅敏果之行为，但使尺寸土地之进出，胥有代价可言，则目前之小胜小负，胥无与于最后得失之衡量，此长期抗战之精神意义所以必须洞彻了解，无所用其彷徨顾瞻者也。”11 月 11 日，日军以死伤 5 万余的代价占领上海，上海市长俞鸿钧致书告别上海市民宣告上海沦陷。

“历史就是受难者耐心等待获救的福音。”1937 年，中国人民在抗争中等待福音。

附文 1　淞沪会战："自北向南"与"自东向西"

关于淞沪会战的战略地位，一篇文章是这样评价的："（1937 年）平津失守以后，日寇一面以精锐的部队沿平汉路南下；一面以海军陆战队从上海进犯。假如这个时候，平汉线的决战不幸失败，敌人即可长驱南下，直捣武汉腹地，剖分中国为东西战场，留着中国沿海的重要物资，分割了中国奋起应战的战列部队，整个抗战的全局，将会因此支离破碎，丧失了持久消耗的凭借。"

一些历史学者认为，在上海开辟第二战场，吸引其主力向南，迫使当时已入侵东北、华北进而可能进犯华东的日本，改变传统的"自北向南"（如元朝和清朝）侵略中国的战略，是淞沪会战的最大意义。我们背对自己的基地边打边退，为沿海地区的战略转移也赢得时间。

著名历史学者杨天石对这一问题的看法是："从淞沪会战的结果来看（日军自上海、南京而后武汉，沿着长江一线向西进犯），日军的确是由东向西进攻的，但我不认为这是国民政府在战争之前的主动意图。"

国民党的兵力部署大部分集中在华北战场，沿海地区配备得很少；另外蒋介石也把自己最信任的德国顾问法肯豪森派到华北，"所以国民党一开始显然没有想将主战场放在华东"；在上海主动出击，但没有达到战略目标。"我个人不认为将战线转移到上海是个高明之举。上海离南京很近，上海失守很快就造成首都沦陷，陷入极不利的局面。"

失去了太阳的上海

"这是 11 月 11 日的晚上，人类的同情心全部集中在 20 万这惊人的难民之上了。"著名作家徐迟在一篇文章里，写下他眼中悲怆的上海。

"48 小时来，南市的自来水管已断绝了，食粮也早已告罄"，国际救济会一面设法把难民转移到租界，一面赶紧把粮食和水送到难民区。因为太多难民涌入租界，11 日这天大门只开了 5 分钟就关闭了。那是近代饱受凌辱的中国才有的“丑恶”特色：一道铁门两个世界。“在南市，生命一文钱也不值了；在租界里，酒店、戏院和舞场却依然热闹。”

“食物和水都设法从铁门、铁丝网上传过去。有时则利用抛掷，把包子、馒头隔铁门抛过去。可怜的是我们没有训练的民众，在这种情势下，他们还不肯守秩序，一个馒头飞过去，便引起了大波澜，引起了抢夺的把戏。”徐迟的笔下，更多的是无奈。

由海上通往香港的交通依然畅通，于是上海文化人开始了第一次向香港的迁徙，在上海主持《立报》的萨空了只身乘了一艘意大利邮轮来到香港，但最终“到底去什么地方，哪里是落脚之地”，心里是一片茫然。同样离开上海的文化人当中，还有一位是邹韬奋。战争初起，他就将生活书店交与他人迁往武汉，自己仍在上海主持《抵抗》杂志。上海的沦陷，使他与郭沫若等文化界名人被迫离沪；在香港与先期抵达的其他来自上海的文化人会面后，因了武汉成了抗战后文化中心，一腔热血的文化人又决定奔赴武汉。由广州经衡阳，半个多月的跋涉后，10 余人终于到达武汉，继续投入到抗战的文化事业中。

令人悲痛的消息从最先沦陷的闸北传出。进入闸北后，日军即在街口架设机构，迫令居民帮做简单防御工事，“闸北救火员 3 名及警士 2 名不及退走，被敌所擒，用钉钉于木板上，置之新闸桥堍”。下午，日军逐户搜索煤油和大米，并调查户口。晚上十几个日兵为一队，按户稽查，如果晚上家里人数比白天报的有增减，即将此户居民一概枪杀。后来日兵变本加厉，将 16 岁以上、50 岁以下男子悉数捕去，检验双手有否老茧，如有即命之持枪，“如枪与老茧吻合，即予枪杀”。不仅如此，“不分男女老幼，一概在大腿上加盖‘日本’二字火印，不愿者加以枪杀”。敌人把持下的闸北，已成一“万恶魔窟”。

沦陷后的上海，对任何方面的交通，“中国人”的交通工具，全部不能使用，只有外国轮船才有通过日本海军封锁线的特权，但宁波进上海的英国商轮，仍在吴淞口被日军检查了 13 个小时之久。急欲逃离、有条件逃离上海的人们焦急地在码头等待消息，船票已预售到一个星期以后。

沦陷后的上海，已失去了太阳。报上登载的上海陷落之消息，医院的护士不忍心给伤兵医院里的官兵们看。“有几个敏捷的弟兄，已经从炮声的方向与看护小姐的脸上，意识到不给他们报纸读是怎么一回事”，但一种精神却没有失去——在霞飞路、杜美路口那一块四面围着竹篱的空地上，站满了从南市退出的弟兄们，突然有一个年轻的小伙子流着泪，伏在竹篱上向里面高喊：“我代表全上海的同胞向你们致敬！”“我们不应该灰心，长期的抗战，是不在乎一时一地的得失的！”

附文 2　陈纳德与中国空军

一如她半个多世纪以来留给公众的那个形象，2005 年 3 月 20 日，出现在记者面前的陈香梅仍精心维护自己的美丽与优雅，尽管她已是整整 80 岁的老人，走起路来已有些蹒跚。

从某种意义上说，是 1958 年去世的那个人决定了陈香梅的人生方向与位置——这个人便是陈纳德，而后者也注定成为中国抗日战争史上的一段传奇与佳话。

1936 年，在宋美龄的推动下，中国当年成为世界最大的武器进口国，其中武器进口主要用于大规模地扩充空军。这一年，用于飞机采购的经费就多达 2000 万美元。宋美龄后来希望找到一位能提高中国飞行员训练水平的人选，其美国顾问罗伊・霍尔布鲁克推荐了 47 岁的陈纳德。收到宋美龄亲笔信的陈纳德，几乎没有犹豫就接受了邀请。

1937 年 5 月，以上尉军衔退役的陈纳德乘坐邮船自美国抵达上海，“为了保密，他护照上职业一项填写的是‘农民’”，陈香梅回忆。6 月 3 日，被蒋氏夫妇接见的陈纳德与宋美龄一见如故。宋美龄给他两架 T–13 式教练机，以便于他视察中国空军的现状。“通过考察，陈纳德得知国民政府名义上有 500 架飞机，但实际上只有 91 架能起飞战斗。”

中日战争的爆发也改变了陈纳德的人生轨迹。“本来只准备待 3 个月，但赶上卢沟桥事变，他决定留在中国。”1937 年 8 月，日军进攻上海。陈纳德立即向蒋介石发报：“愿以任何适当的方式为中国效劳。”蒋回电让他“即赴南昌主持该地战斗机队的最后作战训练”。

1937 年 8 月 13 日，淞沪会战开始。第二天，陈纳德派飞机参战。10 月，中国的飞机只剩 10 多架，许多中国飞行员阵亡。陈纳德设法雇用了 4 名法国人、3 名美国人、1 名荷兰人和 1 名德国人，加上 6 个幸存的中国轰炸机飞行员，组成了一个“国际中队”。日本空军觉察中国空军有美国的教官，日本领事馆立刻照会美国政府，要求在华的美国空军人员立即离开中国。美国国务院要求照办，但陈纳德拒绝执行。领事馆威胁要逮捕他，宋美龄派蒋介石的私人顾问端纳出面让美国侨民会出面保护了陈纳德。

一年后，应宋美龄的要求，陈纳德去昆明筹办航空学校，训练中国飞行员。后来，陈纳德又招募了200多位美国志愿兵到中国，“因为美、日此时尚未开战，这200位志愿兵护照上的身份五花八门，音乐家、学生、银行家都有”。

1941年，罗斯福总统促使国会通过了“租借法案”，可以向中国提供飞机，后又准许预备役军官和退出陆军和海军航空部队的士兵参加赴华的美国志愿队。1941年7月中旬，在陈纳德的努力下，由110名飞行员、150名机械师和医生组成的第一批飞行队员辗转抵达中国。

1941年12月20日，这批机头上画着狰狞鲨鱼头、清一色P-40战斗机的部队，出现在久未在空中看到敌人的日本飞行员面前。空袭昆明的10架日机被当场打下6架，逃跑的3架也在途中坠毁，只有一架侥幸逃回了河内。而中方无一架受损。许久未感受到胜利的中国人兴奋异常，报纸头版头条报道战斗经过，称美国志愿队的飞机是“飞虎”，从此“飞虎队”成为志愿队的代称。1942年2月3日，宋美龄致电陈纳德，要他出任驻华空军指挥官，军衔升为上校。陈纳德从一个鲜为人知的退役陆军航空上尉，一跃成为世界各国的新闻人物。此后，陈纳德又担负起无比艰巨的“驼峰”飞行任务。

1947年，陈纳德娶了一位中国妻子——时任中央社的记者陈香梅，完成了一个标准的“英雄+美人”的传奇故事。1958年，67岁的陈纳德在美国去世，他一生都仰慕的宋美龄亲自参加他在美国华盛顿军人公墓的隆重葬礼。

1944年10月，云南腾冲县的街道上，一名重伤的中国士兵在接受治疗

1941年9月，在缅甸的印度士兵正在建立防御阵地

1941年12月2日，行驶在仰光主街道上的英国军队

1944年11月28日，3名印度第5师士兵在缅甸坚尼峰侦察敌情

在缅甸的中国军队配备上美国陆军装备和衣物。他们正在排队领取野外吊床

1942年初，在日军侵入仰光之前，最后一艘拖船离开被围攻的仰光。图中位于河畔着火的仓库属于缅甸石油公司

同古火车站现场。1942年远征军200师与日军在这里发生过激战

1942年5月，缅甸曼德勒遭日军空袭后燃烧的村庄

1942年，缅甸仁安羌油田，远征军新38师113团在这里营救出被困英军，大胜日本常胜军第33师团，这是胜利后的合影

戴安澜

中国派出10万将士组成的中国远征军，开赴云南中缅边境临战待机

远征军记忆

1942 年春天，在沿途民众的热烈欢呼声中，中国第 5 军第 200 师的将士们，登上战车，向西进发，踏上了异域缅甸的土地，由此也开始了中国远征军历尽艰辛坎坷的一段历程。

在中国抗日战争史和第二次世界大战史研究中，通常将缅甸防御战期间入缅援英的中国远征军、发动缅北反攻战役的中国驻印军和进行滇西反攻战役的中国远征军统称为“中国远征军”。从 1942 年初到 1945 年初，中国先后组织动员这三支部队共 40 万大军，将它们投入到中、缅、印战场的对日作战。正如学者徐康明所评价：“这是中国作为第二次世界大战期间的五大反法西斯盟国之一和在亚洲大陆上反抗日本侵略者的主要国家，大规模、长时间出兵到邻国与盟军协同作战的重大战略举措，也是自中日甲午战争之后半个世纪以来，中国第一次出师援助友邦抗击日本侵略并取得最后胜利的重要军事行动。”

中国远征军，是中国抗日战争一个重要而又特殊的组成部分。几十年后，国共关系的缓和，使他们又悄然回到我们身边，唤醒我们，甚至逐渐成为一种热点和显学。也许是出于对过去被压抑状态的一种反弹，现在的影视和文学作品又充斥着对中国远征军指挥能力、战斗能力与战役结果等完全不符合历史真实的宣传。如果说过去的遗忘是一种不尊重，那么现在的吹捧与夸大也是对那些人和那段历史的不尊重。

回到 70 多年前的历史现场，那些走出国门战斗的将士们是什么样子；那时的中国和世界的关系是什么样子；是什么导致了这些号称中国最精锐部队在踌躇满志地入缅作战仅两个月，便全线溃败；又是什么力量支撑着他们卧薪尝胆在印度苦练，重新杀回缅甸，直到回到祖国把那些侵略者赶走；他们后来的命运又是怎样……太多太多的问题，驱使着我们开始下决心用自己的双脚重新踏访这段历史。

探寻中国远征军的足迹，是从云南开始的。地理上的始点，其实是这段历史的终点。我们去了腾冲、龙陵、松山，坐车翻越了著名的高黎贡山（尽管它现在远不如我们想象得那么艰险），重新踏上老滇缅路，又在怒江边上的惠通桥上想象着当年……无论是腾冲英国领事馆墙壁上坑坑洼洼的弹孔，松山战场上密如蛛网的战壕，还是在国殇墓园看到的一排排牺牲者的墓碑，都让我们感觉到那段历史的惨烈！即便我们后来终于把“胜利”二字写在自己的历史上，但其背后的代价，都是一条条鲜活的生命。

来缅甸之前，这个国家于我，完全是陌生的。但是因为很早就从远征军故事中熟悉了它的城市同古、仁安羌、密支那……又感觉有了某种莫名的亲近感。

我们在缅甸对远征军的足迹的追寻，是分成两路的。一路从最南端的仰光，一路向北，途经同古、仁安羌，直到曼德勒，这其实是第一次入缅作战时日本人一路向北追击的路线。因为相互之间的防范和猜忌，中国远征军的入缅作战一再被推迟，从而丧失了最佳战斗时机，立足未稳便遭遇强敌；当戴安澜带领的200师刚刚到达作战位置时，此番出征要保卫的战略重地——仰光，却已在熊熊大火中陷落。自此以后，中国远征军便陷入被动，中、英、美之间为指挥权争吵不休，联军互相协调支持不够，从而使防线一再后撤。对敌军情况不了解又导致中英联军忽视了东线的防守，以致被日军长途奔袭攻占腊戍——联军防线全面崩溃。

“热带雨林遮天蔽日，一到4点天就黑了，真是伸手不见五指啊，天黑了不能行军，就靠大树休息吧，结果早上一看，身边的战友就死了，身上爬满了蚂蟥……”我们在曼德勒采访亲历野人山的94岁老兵张富麟时，提起这一段，他还是痛苦地紧闭双眼！第一次入缅作战，10万精锐部队组成的中国远征军只剩下 4 万人。最令人痛惜的是，那些并没有死于敌人枪炮下的年轻生命，最终被热带雨林所吞噬……

另一路探访路线是从缅北的密支那开始的。它留下来的，则是一段相对愉快的回忆。1944 年，远征军反攻决定性的战役就是从这里发生的。密支那西、南、北三面拱卫着山峦，盘根错节的公路、铁路既通往印度，也通往中国，是缅甸北部的重要城市——控制了密支那，就控制了中、印、缅三国的边境地区，也控制了相对应的制空权。“驼峰航线”之所以要穿越艰难的喜马拉雅山地，就是因为密支那在日军手中，安全的航线被封锁，只能选择危险航线。

在众人不相信的言论中，史迪威派遣部队秘密袭击密支那，这是一场成功的袭击，日军在东南亚的首个重要阵地被盟军控制，所以，我们的探访从密支那开始。不过，仅有密支那是远远不够的。当时史迪威为了突破日本对中国的封锁，最迫切的愿望是把从印度利多经过野人山、胡康河谷和孟拱河谷，最后到密支那和老滇缅公路的道路打通，建立一条完全“违背缅甸自然条件”的东西向的公路，这条道路就是著名的“史迪威公路”。到了密支那之后，我们又走上了史迪威公路，不过和当年部队行动的方向正好相反，路过了雨季的旷野，最终到达南米底和孟拱，当年同样发生了激烈战争的两座缅北小镇，也是离野人山最近的城镇。

因为缅甸特殊的政治气候，我们没有走到远征军曾经踏足的边远的地方，那些地方更艰苦、更残酷。沉溺于这段历史的抗战史专家、我们的特约记者戈叔亚，则在多年中，用自己的双脚一步步完成真实准确的田野调查。借助于他一次次不辞辛劳而又有专业水准的调查，我们才能把纷乱复杂、争议不已的远征军的撤退路线梳理清楚，并以实地调查的方式厘清 1500 名伤病员的死亡之谜。

在第二次世界大战中，西方盟军抗击日军最大的陆地战场，便是在缅甸；而对英国来说，在“二战”中，缅甸战争是他们在陆上耗时最长的战争。缅甸的地形和气候对于交战双方来说，都是一个挑战。其实，在 1941 年 12 月入侵马来半岛之前，日军对丛林作战也没有经验。日军能取胜完全是因为士兵的高强度训练和他们顽强的性格。“二战”中的缅甸战场，是最残酷也是最血腥的丛林战。在丛林战中，身边的一切都包含着恐怖，当你以为身边是自己的战友时，冒出来的却是敌人的身影。这让一向倚重于汽车运输的英军大吃苦头——其实严格说起来，这个“英军”是一个欠准确的概念，它也指从大英帝国和英联邦来的军队。在缅甸，这些英军包括来自印度多个民族的 34 万人。印度士兵超过了其他盟国军队的总和。在缅甸，大约有 10 万英军、9 万非洲士兵。他们也为这场战役付出了巨大牺牲。

为了写这段历史而翻看缅甸战场主要交战方——英、日、中的战争亲历者的回忆时，我发现了一个奇妙的地方：无论英国人、日本人还是中国人，都觉得缅甸作战经历被本国人遗忘了。英国人抱怨说，本国人的遗忘，是因为政府对缅甸战场的不重视；日本老兵则说，“日本人之所以对缅甸如此冷漠，是由于在昭和十七年（1942 年）五月以前，日本的战争有如春天的艳阳，太顺利了”——这个略带矫情的“抱怨”，却更似一种自得的夸耀吧，让我们现在听起来不那么刺耳；中国的情形呢？

可是相比国内战争的抗日老兵们，中国远征军们似乎又是幸运的。因为缅甸战场有英国人和美国人的参与，大量的图像和文字资料得以保存和传播。反观国内的长沙会战、武汉保卫战……我们有哪些更直观的视觉资料呢？参加那些抗战的老兵们，又何曾像远征军这样被关注过呢？

我们在缅甸采访时，遇到不少老兵，他们都有一个共同点：在讲起自己的战斗时只有激愤没有伤心，可是提到后来无法回到家乡回到父母身边的时候，他们会像孩子一样痛哭不已。那个表情让人不忍直视。我们还发现，普通缅甸人对这段历史的隔膜远远超出我们的意料，而对流落在缅甸的老兵来说，他们虽然在异域找到了栖身之地，在精神上却永远流浪着……

采访下来，印象最深的是在密支那寻找记载中的新 38 师。如今那里已是一所小学，孩子们无忧无虑地玩闹着，不知道下面有多少来自中国的英灵。老师告诉我们，很多年前翻修学校时，在下面还挖出很多骨头……

学校中心的旗杆，是当年墓碑所在的位置，我们在院子里对着这个方向深深地鞠了一躬。想起那些长眠于异域几十载，至今仍无法回家的魂灵，心，被深深地刺痛着。

我们重新踏访滇缅战场，用文字努力恢复那段记忆，对他们个人来说，这是把本应属于他们的荣誉和尊严还给他们；对我们民族来说，是把属于这个国家的记忆还给我们自己。

燃烧的仰光

保卫滇缅线的重要枢纽仰光，是中国远征军出征的重要目的之一。令人叹息的是，当远征军真正踏上征程的时候，仰光却在熊熊大火中陷落……

忙碌的码头

6 月的仰光已进入雨季。走出机场的时候还是烈日炎炎，不知不觉间阴云已漫天笼罩过来，雨点突然之间就噼里啪啦掉了下来，时缓时急，给燥热的城市带来丝丝清凉。

仰光的空气中弥漫着一股温润的味道，这是因为它是一座水上的城市——仰光三面被水包围，东面是勃固河，南面是仰光河，西有伊洛瓦底江入海汊河之一的莱河，向南 34 公里便是安达曼海。内河与海运交叉点的地理位置，使仰光成为缅甸内外海陆交通的总枢纽，缅甸全年进出口贸易的 80% 的货物都经过这里。

傍晚时分的 8 号码头依然十分热闹。3 个 20 岁左右的年轻人坐在码头边的木板上，一边弹吉他一边旁若无人地大声歌唱；几个皮肤黝黑的少年边好奇地打量着我们，边狡黠地兜售手中的水果；一对情侣则躲在晾晒的渔网边窃窃私语……不远处，一艘小客轮渐渐靠岸，身着缅甸装束的乘客鱼贯而出。再放眼过去，则是密密麻麻的货船。可以看出，水上运输依然是仰光重要的交通方式。

码头对面，便是繁华的商业街，政府大楼、中央银行、海关、仰光车站、邮电大楼等都集中于此，全是清一色的英式建筑，只是略显斑驳。“从这些建筑上也可以看出当年仰光港的繁忙程度”，陪同我们的当地华人杨安贵说。

对绝大多数中国人而言，眼前的这个忙碌的港口似乎距离我们有些遥远和陌生，但是如果将时光拉回到 70 多年前，这里却对战火纷飞的中国有着极为重要的意义。

1938 年 11 月 8 日，英国货轮“斯坦荷尔号”缓缓驶入仰光港。这艘从苏联的黑海港口敖得萨开出的货轮上面，装载着6000多吨援华军火，原计划开往越南海防港卸货，再经滇越铁路运到中国，后改道驶往仰光。从仰光码头上岸后，11 月底，这些军火经铁路运到腊戌，经滇缅边境城市畹町进入到中国云南，再从龙陵越高黎贡山，渡怒江、澜沧江，抵达昆明——由此，战时中国的一条特殊运输线开始启动。大量援华物资从这里源源不断被运到中国，支持着中国的抗战。

1937 年 8 月，日本海军第 3 舰队司令长谷清川宣布封锁北起山海关、南到汕头的中国海岸。而在当时，中国军需民用的武器、汽车、机器、通信器材、医疗用品等战略物资，基本上都从国外进口。1938 年 10 月，武汉、广州相继失守后，东南沿海各主要城市、港口和绝大部分铁路都落入敌手，海运交通线完全被封锁。

退守西南的国民政府，则主要依靠 4 条路线获得外国的军事援助，继续坚持抗战。第一条是“香港路线”：香港为中心，经过华中、华南沿海各地通向内地；第二条是“西北路线”或“红色路线”：经甘肃、新疆，与苏联连接；第三条是“法属印度支那路线”：以越南海防为起点，经滇越铁路到昆明，或经桂越公路到南宁；第四条是“滇缅路线”：以缅甸仰光为起点，经缅甸铁路到腊戌，接通刚刚修通的滇缅公路到昆明。

这4条路线中，香港路线虽然比较活跃，运输数量也相当可观，但是要穿过日军封锁线向内地渗透；西北路线虽然比较安全，但路途遥远，往返时间长，运量不大；第三条经越南而进入中国内地的路线是运输量最大的一条，占一半左右，但在日本相继占领南宁和越南之后，这条国际运输线也被截断；最终，只剩下滇缅公路可以依靠。

可是这条公路有时并不如人们期望的那般高效——比如昆明卡车司机必须经过8个海关，有时在这里需要花上一天才能获准前行；沿途还有其他十几个检查站，省级官员也必须收费后才会放行车辆。在中缅边境的畹町，有250辆卡车为了通过海关要等上24小时到2周时间。还有一些车因为不知道或不舍得使用润滑油而抛锚于路边。美国人后来还专门在沿途设立汽车联营队和维修部，并教中国人怎么使用润滑油。但是从1938年8月滇缅公路建成到1942年5月初被日军切断，滇缅公路共运进汽油20多万吨，成为抗战中国的唯一输血管。

当时的日军本部也深谙缅甸于当时国民政府地位之重要，所以他们也一直把切断这一路线作为主要目标。正如日本军部后来披露的那样，“攻击缅甸，以断绝其与中国、英国之间交通的缅甸战争，遂与夺取英国的远东基地马来亚、毁灭美国的远东基地菲律宾及攻取印尼的石油等三大战争，合并成为当时大战略的最高命令”。

延迟的入缅

仰光是一座东南亚风格浓郁的城市——衰败的前殖民地建筑遍布各个角落，三轮车的上上下下挤满了搭载的乘客，裸露左肩、穿着紫红色袈裟的僧侣光着双脚自如地穿行于大街小巷……提起仰光，绝大多数人仍习惯地将其与缅甸首都画上等号。其实早在2005年11月4日，缅甸政府便宣布将首都从仰光迁至中部小城彬马那，理由是“仰光是当年殖民统治者给缅甸确定的首都，并不代表缅甸人民的意志”。但是时至今日，仰光依然是外界认知度最高的缅甸城市，而改名为“内比都”的新都却无人知晓。

坐着车走马观花一圈，依稀仍能看出这座城市昔日的风采。1824 年 5 月 11 日，英国占领缅甸，将其变成自己的殖民地。1855 年，英国人把缅甸的首都从曼德勒（Mandalay）移到了仰光，作为出口柚木等商品的港口。在英国百年统治下，仰光变成东南亚一个重要的商业重镇。只是到了 20 世纪 30 年代，仰光遭受到严重的地震和海啸的重创，在二次世界大战时期又成为同盟国和日本的战场，仰光自此衰落了下去。

作为在东南亚殖民地最多的国家，英国对待日本的疯狂侵略行为最初采取的忍让态度，却是中国人难以理解和满意的。1940 年 6 月，日本以军事行动相威胁，要求英国从缅甸方面封锁滇缅公路。迫于日本的压力，英方宣布关闭 3 个月。这其实是个两头不讨好的决定：一方面，日本人认为英国人在耍滑头，因为关闭的这 3 个月正逢雨季，滇缅路几乎不能行驶，日本人认为英国人只是在装装样子敷衍他们；另一方面，它又引起了中国人的强烈抗议，这种隐藏的怨恨甚至为后来的合作投下浓重的阴影。

而英国此举背后却有他们自己的为难之处。当时英国人在欧洲正竭力抗击德军对英伦三岛的入侵，战线拉至北非，在远东一带的防御力量已十分薄弱，在美国没有承诺参战的情况下，他们不敢贸然在亚洲与日本人开战。可是，随着日本在东南亚一带高歌猛进地军事扩张，英国人开始切切实实意识到他们与日本在远东的重大利害冲突是无法回避和调和的。与中国合作，形成中英军事同盟，是阻止日本侵略的最现实的途径。另一方面，为了保卫滇缅线，中国也需要英国的合作。于是双方很快开始了一系列积极的行动：1940 年 10 月起，英国首先开放封锁已久的滇缅路；为加强中英军事协商与合作，又在次年 1 月派丹尼斯少将为驻重庆陆军武官；1942 年 2 月，在英国的邀请下，中国方面组成由商震、林蔚、杜聿明参加的代表团，前往缅甸、印度、马来亚进行军事考察，共商保卫缅甸的军事计划。

可是，在双方合作之初，就存在着诸多明显的分歧，也为第一次入缅作战埋下了失败的种子。虽然中、英双方在“保卫缅甸”这一总的战略目标上是一致的，但是具体分析起来，缅甸对于彼此双方的战略意义是存在差异的——英国历来以新加坡作为其远东战略体系的中心，缅甸在这一体系中居于次要地位；而对中国人来说，保卫缅甸就等于保卫住一条重要的生命线。

对于局势的分析，双方的看法也各不相同。在中国代表团提交的《中国缅印马军事考察团报告书》上，中方提出，为了确保仰光海港这个战略要地，应集结主力在缅泰边境预先构筑阵地，采取决战防御姿态，并把重点放在边境城市毛淡棉方向；而在英国人看来，从海路到缅甸，必须通过马六甲海峡。由于号称“远东直布罗陀”的新加坡要塞守卫着马六甲海峡的入口，因此日军不可能在缅甸南部发动进攻。日军要切断滇缅公路，必然在中老或中缅边境下手。因而中国的重点应在中老、中缅边境布防。

当时英国在缅甸仅有英缅军第 1 师，而且尚未装备训练完成。据杜聿明后来回忆，除了丹尼斯和英军远东总司令波普汉等人外，英国人仍认为日本人不敢轻易对他们发起挑衅。美国作家巴巴拉·塔奇曼（Babara Tuchman）也曾不无刻薄地说，在与日本人真正交手之前，英国人“往往是这里或者那里派一艘炮舰，在江边由拿着步枪、穿着时髦的士兵练操时弄出一些响声，穿猩红制服的士兵装模作样地走动一番，让留胡须的锡克人充当警察”，以为只需显示一下帝国的军威，就足以称霸亚洲而不会遇到什么挑战。

丘吉尔在回忆录里说：“在华盛顿时，我已经发现中国在美国人的心目中，甚至在上层人物的心目中，具有异乎寻常的重大意义。”他认为美国人“把中国几乎当作一个可以同英帝国不相上下的战斗力量”，所以丘吉尔直言不讳地跟罗斯福表示，“美国舆论对中国在这场战争中所能做出的贡献估价得过高了”。英国对中国的整体实力以及军队的战斗力也不以为然。而在英国人看来，一个中国师仅相当于一个英国师或印度师的实力的三分之一。此外，英国人还打着自己的小算盘：他们生怕中国人进入缅甸之后就滞留不走，从而威胁他们的利益。种种考虑之下，他们拒绝中国军队尽早进入缅甸境内布防的请求。

在珍珠港事件的第二天，蒋介石曾问英国武官丹尼斯，需要中国部队做些什么。丹尼斯的回答是：建议中国派一个团，也许以后再派一个师。而蒋介石回答他在考虑派两个军，并根据联合战略总体计划情况最终将兵力增加到 8 万人。

1941 年 12 月 23 日，蒋介石在重庆召开中、美、英联合军事会议。刚刚被丘吉尔从与隆美尔厮杀的非洲战场调来印度、出任驻印军总司令的阿奇博尔德·韦维尔（Archibald Wavell）参加了会议。在此之前，中英双方在仰光因为美国援助物资的分配刚刚起了争执，英方还闯进中国运输管理局驻仰光办事处抢走了 150 辆国内卡车，所以这注定是一次不愉快的会面。一周之前，应盟军请求，中方以第 5 军、第 6 军为基干编组远征军，准备入缅作战。可是没想到，这次会面之后，中国军队突然接到“第 5 军及第 6 军主力暂时毋庸入缅”的命令。已行到保山附近的第 5 军只好停下待命。据说是韦维尔对蒋介石说：他只能接受中方一个师入缅。据在场做记录的拉铁摩尔说，蒋闻言大怒，告诉韦维尔：“你和你们的人根本不晓得如何跟日本人打仗。对抗日本不是殖民地战争，不是在平息殖民地的叛乱分子。日本是要认真以待的强国。我们中国人跟日本人交手、打了这么多年我们晓得怎么对付他们。这件事，你们英国人没办法。你们应该向中国人学习如何跟日本人打仗。”

中英之间的冲突甚至引起了罗斯福的不安。支持中国抗战，也是与美国利益相一致的。罗斯福曾对他的儿子说：“如果中国倒下了，你知道日军会腾出多少个师来，并会把这些部队用到哪里？攻取澳大利亚，攻取印度——这都是探囊取物罢了。直接向中东挺进……日军和德国会从两面夹击，并在近东的某个地方会合，完全切断俄国与外界的联系，撕开埃及，切断通过地中海的所有交通线……”对中国抗战持支持态度的罗斯福也是推动中英合作的关键人物，他希望丘吉尔能劝说韦维尔与蒋介石协调好合作关系。韦维尔则在回给丘吉尔的信中，称自己“并没有拒绝中国的帮助”，是中国人误会了他。韦维尔辩解说，因为供应困难，他所要求的只不过是不要把第6军开到缅甸边境。

可是在英国人对中国军队是否进入缅甸迟疑不定的时候，日军却一步一步逼近。1941年12月8日，日军同时对泰国、马来亚、菲律宾以及关岛和香港等地发起进攻。12月10日，英国在泰国的空军被消灭三分之一左右，剩余部分撤到新加坡。这一天，由新加坡海军基地开出的英国战舰“威尔士亲王号”和“却敌号”由4艘驱逐舰护卫，准备去拦截日本的运兵船，但在途中被蜂拥而至的日本飞机击沉。丘吉尔获知此讯后心情沉痛，他才意识到“在这广漠的大片海洋上，日本独霸，而我们则到处都是脆弱的和没有防御的”。12月25日，据守在香港岛西部二道防线的英军被迫投降；1942年1月2日，日军占领了马尼拉；日本空降兵开始进攻荷属东印度群岛，泰国被占领。日军只要再向西推进、越过边境线就是缅甸。

溃败的英军

缅甸最大的烈士公墓涛建公墓（TaukkyanWar Cemetery）距离市区20英里左右。进入缅甸采访之前，就从很多远征军研究者那里听到很多有关这个公墓的介绍，等我们真正探访而来，果然被它的庄严肃穆所震撼。墓地里埋葬着6000多名阵亡者，墓碑上清楚地刻着阵亡者的姓名、年龄、队伍番号、军阶……一个个墓碑看下来，不禁为这些过早陨落的年轻生命而痛惜。而更多的，是2.7万找不到遗体的阵亡者，包括英国、澳大利亚、印度、新西兰、缅甸等所有英联邦国家，他们的名字镌刻在墓地中间一面长长的石墙上。

公墓的经理奥斯卡时年67岁，已经在这里工作了30年。奥斯卡是个风趣又健谈的人，看得出，他很为自己的工作骄傲。在他办公室里，还有一封英国女王亲自签名的嘉奖令，表扬他在缅甸各地为英军阵亡战士所做的努力。奥斯卡热心地带着我们参观墓地，虽然他自己热得一身大汗，但没有任何抱怨。“我真高兴你们中国人能来参观，还问那么多问题。”奥斯卡说。

当年英国人没有想到的是，日本人会最终选择穿越泰缅边境高耸的山脉，从缅甸南部发起进攻。1941年韦维尔与缅甸陆军总司令麦克劳德中将研究时认为，根据欧洲以及非洲战场最近的经验，现代军队对汽车运输的依赖程度极高。但泰缅国境地带交通极为不便，只有一条从泰国北部通往掸邦南部的汽车路。所以他们推断，如果日军进攻缅甸，其主力的进攻方向将是沿清迈北上，从缅甸东部一带进入。所以缅甸师就将主力配置于泰缅边境、靠近缅甸中部一带，缅甸南部仅配置了缅甸第2旅与一个国境部队。

其实对日军来说，他们也深知，无论从作战距离，还是从作战地形与补给来说，缅甸之战必将是一场苦战。纵贯泰缅边界的掸山山脉，平均海拔在2000米以上，纵深绵延，尽是森林。为了尽早赶路，日军先是以步兵为先开辟羊肠小道，翻越山岭，把大炮留到以后输送。作为先遣队的第55师团步兵第112联队的冲支队很意外地发现自己没有遇到任何抵抗，于是他们在热带丛林地带继续前进。1942年1月18日夜晚，突破泰国边境，踏入了缅甸新战场。1月19日，在当地居民的热烈欢迎之中，日军占领缅甸南部的土瓦。

为了携带75毫米口径的山炮，搬运粮秣弹药，路宽必须在一米以上。此后，全军充当工兵，赶修车道，一个月后筑成了一条越山驮车道。于是那些重武器也被陆续运到缅甸战场。而据日本军史后来透露的资料，在驮山道修成之前，两师团所用的火炮，只有连稍厚一点的木板都射不穿的速射炮4门——日军以如此装备却顺利抵达缅甸境内。

在日本战争机器疯狂肆虐之前，西方人普遍对日军的战斗力评价很低，他们认为日本人喜欢模仿，不足为虑。“七七”事变后被派到中国的军事观察员——美国海军陆战队上尉埃文思·卡尔森在观察了淞沪会战后认为，日本的战争机器显示其是一支“三流军队”，日本人缺少主动性和计谋，经过刻板的训练后事事循规蹈矩，一旦常规不管用，他们便会茫然不知所措，不知道使用别的方法。由于他们依靠重装备以及空军和炮兵支持，因此他们的部队行进时很笨重，而且维持部队花费巨大；指挥官缺少想象力和积极性。可是事后看来，西方观察者对日本的轻视，让他们最终吃了不少苦头。

日本在开战时，其海军力量大致相当于美国、英国和荷兰在远东和太平洋海军兵力的总和。日本有 10 艘战列舰、10 艘航空母舰以及约 500 架一线海军战机，而盟军的全部主力舰为 1 艘完整的和 2 艘受轻伤的美国战列舰和 3 艘美军航空母舰，交战双方在驱逐舰、巡洋舰和潜艇方面力量相当。就陆地上说，日本陆军共有 51 个师团，其中 21 个在中国，13 个在“满洲”驻守面对苏联的前线，这样，除了保卫本土的部队外，可在东南亚和西南太平洋投入作战的，还剩下 11 个师团和约 700 架陆军飞机。可就是这些部队势如破竹，取得了一个又一个令人惊异的胜利。

为了进攻缅甸，1941 年 12 月 9 日，第 15 军司令官饭田祥二郎中将来到曼谷亲自调兵遣将。15 军下面有第 55 师团和第 33 师团，其中第 33 师团是在仙台编成的，素以勇猛见称。在被派到东南亚作战之前，他们刚刚在中国徐州和汉口一带与中国军队交手，其时已经军容不整。接到进军缅甸的命令后，师团长樱井省三认为，在缅甸主要是作牵制战术、并非主力战斗，因此只带领身边的步兵 2 个联队、炮兵 2 个中队，1942 年 1 月赶到饭田麾下参战。此前赶到的第 55 师团也只剩下 2 个联队——饭田能指挥的进攻缅甸南部的兵力，其实仅仅是 4 个联队而已。

此时英国在缅甸的兵力，约有 3.5 万人。无论是英缅军还是英印军，都是由英国人担任军官。缅甸人和印度人只能担任士兵的殖民地军队，不但装备和训练差，而且士气也不高。这样的部队，“用之平时警卫工作倒不错，若是要他们到前线厮杀，则颇近于勉强”。印度军队所接受的训练，原本是为了对付德军展开沙漠战。由于英军作战计划里根本没有考虑到马来亚或缅甸会遭受陆地进攻，所以也就根本没有对他们进行丛林作战训练。这些军队完全依赖于交通工具和道路，面对日本到处设置路障的战术一筹莫展。

其实在1941年12月入侵马来半岛之前，日军对丛林作战也没有经验。英国研究这段历史的学者朱利安·汤普森认为，日军能取胜完全是因为士兵的高强度训练和他们顽强的性格。“长途跋涉和野战训练让他们转变成为非常优秀的轻骑兵，他们能在地形条件恶劣的地区负重步行很长的路程”。

日军作战的机动性和推进速度也令人惊叹。他们轻装上阵，利用自行车或者牲畜做交通工具，自己携带供小口径武器使用的弹药，因此他们不受道路的限制。日本人受到有限供给下的生存训练，因此他们每人可以在背包中携带4天的给养。反观英国人，尽管他们使用本地人，但是调动时乘坐卡车，携带全部辎重，包括重武器、罐头食品、钢盔、防毒面具和很重的靴子。在英军眼里，强壮、无情而可怕的日军是很难对付的敌人。此前认为日军弱于自己的英军后来认为，“与德军相比，日军的战斗力更强”。

缅甸境内自西向东有三条河流：伊洛瓦底江、锡唐河（Sittang，色当、锡当）与萨尔温江。萨尔温江的上游即是中国的怒江，它是缅甸东部的第一道屏障。越过掸山险道进入境内的日军主力第33师团，在萨尔温江东岸的小城巴安（Hpa An）与守在这里的、以印军为主的联队第一次交手。英军的M3战车起初让日军吃尽苦头——不具反战车炮装备的日军虽再三突袭却仍无法奏效。第二天，日军抬出了75毫米口径的山炮攻击战车，“但所射炮弹，有如皮球在壁上又弹了回来”，毫无效果。英军战车的装甲厚达51毫米，3倍于日军战车。连33师团的樱井师团长都对这战车毫无办法。

在此不利情况下，日军用起了他们最拿手的夜间突袭。日军后来总结：“在地理情况不明的战场使用夜间突袭，虽然难免纷乱，但除此更无他法。何况战车在夜里又是个大瞎子。”于是一小股日军趁着黑夜潜进联军后方，2月4日凌晨4点举军冲乱战阵，联军营长被俘虏。第33师团又趁战阵之乱，攻陷巴安市，渡过萨尔温江。

当第33师团在中部西进时，日军第55师团也已经穿过丛林地带，在开往萨尔温江东岸另一城市毛淡棉（Moulmein）的途中。毛淡棉是缅甸东南部主要城市，距离仰光约180公里，在军事上是仰光东面的屏障。日军又用起了他们屡试不爽的夜间突袭战术，1月31日上午9点，日本太阳旗已飘扬在毛淡棉城里最著名的大寺院的塔顶上。55师团乘势渡过萨尔温江，向东挺进到毛淡棉周围平坦的稻米产区和橡胶种植园区。此时的仰光，就在他们西北方仅90英里左右。

最后的荣光

似乎是想抹掉英国殖民者在这块土地上的标志性建筑，在仰光寻找当年的英国总督府的旧址，竟然是一件颇费周折之事。当地华人杨安贵先生做导游很多年，却说自己从来不知道这个地方在哪儿；根据别人提供的零星线索，我们辗转去了很多地方，却都无功而返；后来杨先生打听到一处The Governor's Residence的地方，寻找过去，是一座豪华的西式五星级宾馆，却与总督府毫无关系。

1942年2月27日，缅甸的总督雷金纳德·道曼·史密斯发电报给伦敦政府："我看不到还有什么办法能够拯救仰光。"第二天晚上，他在总督府宴请助手和两名刚从伦敦赶来的特使。没有穿着白色长外套和深红的马甲的印度侍者站立旁边；110名服务人员中，只剩下厨师、仆役长和养狗场管理员。当这个城市在他们周围燃烧的时候，道曼·史密斯和他的客人们吃着一份三道菜的晚餐——羊肉是最好的——喝着从地道里面拿出来的最后几瓶酒。总督和助手还有一两位客人打桌球，身后是历任总督的画像。一个助手拿起球，砸碎了其中一幅画像，其他人也纷纷效仿，那些画像全部坠落下来，正如已经威风扫地的大英帝国一样。

日军进入缅甸后，很意外地发现自己不仅得到了缅甸义勇军的协助，也得到了普通缅甸人的欢迎。他们给日本人做向导，或者为他们供粮米、备饮料。缅甸是佛教国家，僧侣众多，日军每到一处，都煞费苦心地与僧侣接触，取得他们的支持，又通过他们稳定缅甸群众。"倘有印度部队被日军追击，逃入山庄，当地居民都拒绝协助补给，又如果敌势弱小，他们还会揭竿助战。勇敢的青年则骑牛通报日军。”因此，英印部队无法在山间收拾溃军重整旗鼓，只得退入印度国内。

英国在缅甸百年殖民形成的负面效应，也连累了中国军队。一部分缅甸人本来就不喜欢中国人，他们认为中国人和印度人一起垄断了该国的部分经济。这一次他们又觉得中国人是为了帮助殖民者英国人而来的。“中国远征军在缅甸作战得不到当地人民的理解和支持，是最可悲的一件事。”提及此，居住在曼德勒的远征军后代王玉顺不禁长叹一声。

当日军越过萨尔温江这第一道天然防线，挡在前面的第二道防线就是锡唐河。从锡唐河到仰光，最近距离不过 100 公里。

1942 年 1 月 9 日，增援而来的印度第 17 师师长约翰·史密斯少将和师司令部抵达仰光。关于在何地打击从东面进攻过来的日军部队，盟军内部产生了争论。史密斯少将主张，把部队集中在水流湍急的锡唐河西岸地区进行防御，因为这里是一个坚固的守卫阵地，具有良好的公路网可以进行补给和增援。但是，史密斯的建议遭到了韦维尔将军的反对，他命令战斗在“尽可能靠前的地方”进行，这样可以减缓日军的前进速度，从而争取时间集结增援部队。

于是史密斯重新部署兵力，可是其后的战况，仍是英军节节败退，防线一再向西移动。前线的紧急令英国人再也沉不住气了。2 月 2 日，英军指挥官托马斯·赫顿（Thomas Hutton，也有“胡敦”之译）中将飞往腊戍面见蒋介石，敦促他赶紧派兵。蒋介石明确表示中国军队归赫顿指挥，并同意以第 6 军立即接替北部泰缅边境的防卫；并同意派遣第 5 军前往同古地区，以保卫缅甸公路。

2 月 14 日，史密斯在锡唐河以东 30 英里的比林河布置了阵地，企图遏制日军。此时的中国军队已经在奔赴缅甸前线的征途上，如果英印第 17 师能在锡唐河拖延日军，为中国增援部队赢得足够时间，则还有可能扭转不利的战局。第 55 师团的两个联队一南一北潜入联军侧背，以炮轰一响为信号发动突袭。锡唐河不到 500 米宽，上面只有一座单线路的高架桥铁路线，桥上早已布好了炸药。桥头堡的指挥官，尼欧·休约翰旅长面临着一个残酷的选择：如果留下大桥，日军就会顺利渡过锡唐河横扫他的残余部队，进而穿过西岸阵地，向仰光进军；但是炸了大桥，解救他的桥头堡部队的全部希望都将变成泡影。

休约翰最终还是下令炸毁大桥。一名士兵回忆说："一道闪光之后，传来了震耳欲聋的一连串爆炸声，整个天空都被映红了。"大桥被炸断了，第 17 师余下部队杀出一条血路抵达锡唐河东岸时，却发现面对的是一片滚滚流水。没有了退路的两个旅直接跃入汹涌的河水中，包括那些一点不会游泳的廓尔喀人。没有胆量在浊流里搏击的人只好投降，俘虏多达 1100 名（其中英国人 120 名）。参加战斗的 8500 多人，最终只有 3300 人设法渡了锡唐河，其中 2000 人连枪都没有——他们只剩下了 1400 支步枪和几挺机关枪，所有其他的武器装备都毁之殆尽，丘吉尔都感慨"这是一次极大的灾难"。

当日军面对只剩下一副铁架的锡唐河大桥时，他们起初也感到束手无策，因为工兵短时间内也难以找到合适的材料来架桥。可是缅甸人帮助他们架起了特有的筏桥，简单实用，日军的山炮及速射炮便顺利地运了过去。

渡过锡唐河之后，在日军第 33 师团与仰光之间，只剩下一条勃固河和一支已经溃败的英军部队。于是奉命攻占首都仰光的第 33 师团，向着著名佛都勃固市急进军。勃固是缅甸的第四大城市，因为有一尊世界闻名的释迦牟尼大睡像而闻名于世。勃固在仰光以北 50 公里，是缅甸南部的防卫要地。

另一方面，英军第 17 师的残余部队在勃固一带重整旗鼓，试图守住仰光的最后一道屏障。此时，来自印度的英国 3 个营和英国第 7 装甲旅又增援而来。第 7 装甲旅是英国的王牌部队，号称"沙漠之鼠"，之前与德国号称"沙漠之狐"的隆美尔麾下非洲军较量多次，互有胜负，装备和部队素质都属上乘。英军指挥部本来在 2 月初决定将第 7 装甲旅调离中东，赶去增援新加坡，可是新加坡形势的变化，增援再多的部队也于事无补，韦维尔于是决定将第 7 装甲旅改调到缅甸。因为锡唐河以西地区地形开阔，适于坦克行动，英军试图用这支拥有约 130 辆坦克和装甲车的部队来阻止日军进攻的步伐。

从仰光匆忙向战场开进的第 7 装甲旅在丛林小道上与铺天盖地袭来的日军第 55 师团撞在了一起，他们没有料到日军来得如此迅速，装甲队列还没有来得及拉开作战阵形，就被日军围攻，激战到 3 月 7 日，第 7 装甲旅扔下几十辆被击毁或是发生故障的坦克逃之夭夭。第 7 装甲旅被打败的消息，让印度师和缅甸师彻底丧失了士气。第 55 师团突破了仰光以东的最后一道防线勃固河，占领佛都勃固。

仰光已近在咫尺。

燃烧的仰光

1941 年 12 月 23 日，大约 60 架日军轰炸机出现在仰光上空。当时守卫缅甸的空军只有一个英国战斗机中队和一个美国援华空军志愿队的战斗机中队。日军飞机轰炸了码头地区和机场，炸死了 2000 多名聚集在街道上的平民。炸弹在不同的地方落下来，掉进公园，炸开了兽笼；鳄鱼和大蟒蛇在街道上乱窜。很多印度籍的码头工人也开始逃离仰光，大量物资被遗弃在码头上无人管理。

从日军空袭的第一天起，仰光就一直陷于不安之中。毛淡棉陷落的消息传来，仰光又陷入一片恐慌之中。“这时仰光突然由盛极一时的黄金时代，变成‘孤城落日’的一片凄凉。”码头上堆积如山的物资无人搬运，也无人管理。百货公司已开始大拍卖，以不让任何物资落入敌手。而缅甸人多半用冷眼观看先前压榨他们的殖民者被吓得惊慌失措，甚至有些快意。

2 月 15 日，在新加坡的英军指挥官珀西瓦尔高举白旗向人数远逊于自己的日本侵略军投降。这一事件被丘吉尔称为“英国历史上最悲惨的灾难和规模最大的投降”。此时的缅甸，战略地位发生陡然变化：如果德军突破中东而日军突破印度，那么德日合流的可怕前景将变成现实。加强缅甸防卫迫在眉睫。在英国的请求下，蒋介石遂于2月16日下达命令，优先运送第5军入缅，“所有野炮、战防炮均应随同出发”。第5军于当日开始用汽车运送，先到畹町集中，再由英方派车接运入缅。这是中方第三次下达动员入缅。

从英国方面来说，当时唯一可能赶往缅甸增援的，是两个澳大利亚师。2月20日，丘吉尔致信澳大利亚总理柯廷（John Curtin），希望把从中东抽调回保卫澳大利亚的这两个师转调到仰光。当时先头部队正搭着英方仅有的船只，从科伦坡以南运往荷属东印度群岛。可是澳大利亚在新加坡刚损失了一个师，而另一个师则卷入英军在希腊的惨败中，柯廷对英军的作战指挥能力和判断力已无任何信心，因而即使有罗斯福从旁施加压力，他仍拒绝把部队派到仰光。按照英国人的设想，如果一切顺利的话，2月26日或27日前后这两个澳大利亚师即可在仰光上岸，增援盟军，局势或许为之一变，而眼下，他们只有继续在焦急与无奈中等待着一个又一个失败的消息。

当派增援部队的希望落空之后，丘吉尔又向缅甸派来了一位名声赫赫的新指挥官哈罗德·亚历山大（Harold Alexander）来收拾残局。亚历山大在敦刻尔克大撤退中沉着冷静地带领英军安全回到英国，从而成为英雄人物，正式成为第1军军长。此时亚历山大接替韦维尔出任驻缅英军总司令，赫顿改任他的参谋长；韦维尔转任驻印英军总司令。这是丘吉尔手里能打出的最后一张牌，却已于事无补。

1942年3月5日，亚历山大经埃及到达仰光。此时，一部分日军已经到了仰光郊外，日军另外抽出有力一部从北面迂回，上任第二天的亚历山大就意识到仰光局势已无可挽回。为了防止日军从正东绕道北边包围仰光，他下了撤退命令。

其实从日本军部后来披露的材料看，虽然在勃固最终击溃了英军，但是其间遭受的激烈抵抗还是让日军心存畏惧，他们推测，“仰光的抵抗，恐将顽强猛烈”。日军对于仅派一个师团在陆军节（3月10日）前攻陷仰光的目标也不免疑虑起来。“饭田军司令官以下，私下均感不安”。

可就在日军忐忑不安之时，他们收听到了英军从仰光向曼德勒与卑谬（Prome）发出的一个无线电，用英文原文呼叫：请尽快派遣货车来。第33师团长官樱井判断，用英文拍发电报而不用密码，就是英军不作战、急欲退却的证据。于是本来犹疑不定的日军马上振奋精神，在3月7日晚连夜急令进军，以原田、作间两个联队从东西两头分别夹攻。

事态的发展果然证实了樱井的推断：这份电报，就是英方撤军的信号。“从各方面涌来了护卫退兵的印度军及缅甸军，身为兵团指挥官的英国将领，却弃兵脱逃”，日本人在战后写下这段历史的时候也忍不住鄙夷英国人，“他们绝非为国而战，真不足为敌”。

日军几乎兵不血刃就占领了缅甸首都。1942年3月8日上午10点，日军第33师团步兵第215联队开进了没有军队据守的缅甸首都仰光，大大小小的太阳旗满城挥舞。日军后来承认，占领仰光速度之快，不仅出乎司令官饭田的想象，也让陆军部与南方军总部更觉意外。当日军来到英国总督的官邸时，发现桌子上还摆着早餐，家具也保持着原状，可以想见英国人逃离时的仓促。日军在码头的大仓库里，发现了大量英国人来不及销毁的物资，其中“数千打以上无法计算的威士忌、吉恩和贝尔摩陀等洋酒堆积如山”。据说，日本兵把它当作日本酒尽情痛饮，使师团停战一天，消息传来，连南方军司令部也驰电“请送一车洋酒来”。

自从日军突破锡唐河之后，英国人便开始销毁战略物资。政府唯一剩下的就是爆破队，只等总督最后一声令下就准备炸毁码头。从3月6号那天，英军开始销毁码头上来不及运走的大量物资，破坏了全市的供水系统，然后沿着通往卑谬的公路向北撤退。包括972辆尚未组装的卡车和5000只轮胎在内的大批美国租借物资被付之一炬。亚历山大下达撤退令的同时，命令炸毁缅甸石油公司位于仰光城外锡里安的储油罐，在70分钟内，1.5亿加仑石油被引燃，熊熊的火焰非常猛烈以至于一柱烟火升到了23000英尺的高度。

3月7日，作为先头部队的第5军第200师已行进到仰光以北的同古一带。中国军人是为保住仰光这个重要港口而来的，但是留给他们的，却已是一个在大火中熊熊燃烧的仰光。

同古：夭折的会战

到达缅甸的第二天——6 月 28 日一大早，我们便启程赶往同古。同古几乎在仰光的正北方，用当地人习惯的英里来计算，大约有 175 英里（280 公里）。“同古”在中国军迷里享有的热度，与当地人对这段历史的淡漠形成巨大反差。

其实从仰光失守的那一天起，中国远征军便在战略上陷于被动。失去后援支持与友军呼应的第 200 师，无法实现其会战同古、打回仰光的战略设想。同古之战固然为中国军队赢得了声誉和尊严，但其代价却极为惨重。而此役暴露出的中、英、美之间的裂痕也在日后越来越严重。

壮志出征

我们租的车从市里出发不久，就拐到了仰光—曼德勒的高速公路上，同古恰好就在这条高速路上。陪同我们去的当地华人苏伟然说，这条路是去年才开通的，是缅甸目前最好的一条公路，很多司机都兴奋地开得特别快，每隔几天就会有一起事故——我们在路上亲眼看见一辆车撞在中间的水泥隔离带上，司机脑袋耷拉在外已经不动。这大概也是路旁竖起的标志显示限速为 100 公里 / 小时，而我们的司机一直很谨慎地让指针固定在“80”那条线的原因。

在缅甸体验到的高速公路与在国内的完全不一样。路面状况和中国比还是有一定差距；道路也是开放式的——不过从我们走的一路上看，道路两旁尽是农田，很少有人和车的踪迹，也的确不需要封闭；道路的繁忙程度也远不及中国，大部分时间都是我们的汽车在炎炎烈日下孤独地跑着。大约 4 个小时之后，终于到达同古。

按照缅语发音，当地华人习惯称同古为“东吁”。同古虽然是一座小城，却是缅甸中部公路、铁路和水路要冲，战略位置十分重要。这大概也是它早在 13 世纪就被一小土邦选为都城的原因。16 世纪上半叶，东吁王朝在此兴起，建立了统一的缅甸王国。如今同古的城市中心还保留着一个四四方方的古城和一道护城河。

1942 年的 3 月 8 日，当戴安澜率领的第 5 军第 200 师作为先头部队进入同古后，他们马上利用旧城墙当成现成的防御工事，修筑坑道封闭式的堡垒。因为离铁路线很近，四处都是锯好的铁路枕木，所以 200 师的工事完全用枕木作掩盖。因为白天有日机来轰炸，挖战壕做掩体只能在夜间进行。经过 10 天的准备，已经完成非常坚固的工事。

作为进入缅甸第一支中国军队的首领，戴安澜深知自己身上承载的责任和厚望。1942 年 2 月 16 日，蒋介石应英方关于速派第 5 军入缅的紧急请求，为中国军队下达了动员令，他亲自指定第 200 师作为先头部队，从昆明开往保山，准备出国作战。3 月 1 日，蒋介石从昆明飞抵腊戍，布置第 5 军入缅后的部署和作战指导要领。当夜，蒋介石又通过英军的通信系统电召戴安澜前往汇报。戴安澜于是连夜从保山板桥镇的师部驻地赶往腊戍。

蒋介石与毕业于黄埔军校的戴安澜算是有师生之谊，对他也格外看重。3 月 3 日，蒋介石又在一天之内三次召见戴安澜，面授作战机宜。很显然，蒋介石很想派有精锐部队之称的第 200 师打通滇缅线，把这条运输线保下来，同时也在盟军面前树立中国军人的形象。

从 3 月 2 日起，第 200 师开始由保山驻地陆续向缅甸开进。据当时的《大公报》记载：“军运全用卡车，每车载 25—30 人，马则 4 匹，日常需车甚多。车队蜿蜒行进，长达数里，烟尘相接，蔚为壮观。”在沿途市民的热烈欢送下，第一支中国军队出征。

第 200 师的前身，是 1936 年国民党军队初建机械化部队时的一个战车营；1937 年全面抗战开始后，战车营被扩充为装甲团，杜聿明出任团长；1938 年春，在湖南湘潭扩编为第 200 师，编成有两个战车团和两个摩托化步兵团，杜聿明任第200师首任师长，并有苏联军事顾问帮助训练；1939 年 1 月，又以第 200 师为基干，扩编为第 5 军，杜聿明升任军长，戴安澜则成为中国第一个机械化师——第 5 军第 200 师师长。

“从长城会战、华北会战，一直到台儿庄战役、武汉会战，父亲都参与了，他的职位也从团长、旅长到师长，可以说，都是他一个个打下来的。”戴安澜的幼子戴澄东说，父亲是靠着战场上的一个又一个功绩赢得的军人的尊严与信任。

3 月份的缅甸正是旱季，天晴日烈，田野干涸，大小河流都可徒步涉水而过，所以一路上并无障碍。3 月 8 日，第 200 师到达同古。按预定计划，他们接替英缅军第 1 师的防务，掩护他们撤退，并防守同古。孤军深入 1000 多公里来到同古的第 200 师，将要面对的是从缅甸南部长驱直入，兵力是 200 师两倍的日军第 55 师团。当时仰光已经失守，同古的存亡直接关系到能否制止日军继续北上。而戴安澜在到达同古那一天的日记里这样写道：今赴同古，与英军第 1 师长 Scott 会晤，询以敌情，则不明了；询以敌战法，则亦不知，苦恼之至，今后非由我国军队负起全责不可！

奋勇阻击

缅甸交通的主干道——仰（光）曼（德勒）铁路穿城而过，我们住的小宾馆恰好就在铁路东边，铁路运输非常活跃，从早到晚都能听到火车“呜呜”地呼啸着从护城河边驶过。以铁路为界，同古分为新旧两个城。

仰光失陷后，联合军手里掌握的兵力，包括第 17 印度师、第 1 缅甸师、第 7 装甲旅以及增援而来的中国第 5 军、第 6 军。但是除了中国部队外，英军方面的战斗力已大大下降，而且支援这些部队的飞机也不过 150 架。

当时缅甸军总司令亚历山大与中、美两方协商后，对中、英在缅甸部队，作如下部署：以仰曼铁路为界，由铁路以东至泰国边境，为中国远征军防御地区；总数约 4 万人的英军防守铁路以西。中、英两国军队，分三路布防迎敌，最后计划在彬文那（平满纳）至曼德勒地区，与日军会战，围歼敌人。

占领仰光之后，胃口大开的日本人已不满足这个“果实”。军部发命令让 15 军继续北上追击，为了加强力量，又调第 18 和第 56 两个师团前来增援。1942 年 3 月 10 日，被胜利激励的 55 师团不等增援部队来到，就向同古及卑谬一线开始追击英军，进逼同古。3 月 16 日，敌机开始轰炸同古，第 200 师已有轻微伤亡。

3 月 18 日，英缅第 1 师最后一个旅撤到卑谬。当天下午，日军先头部队推进到皮尤河以南 12 公里处，但直到此时，日军仍不知道中国军队已经接替英军防务。200 师先头部队在皮尤河给日本人打了一个伏击战。杜聿明从缴获的文件当中分析，当面之敌最多不会超过两个师团。

此时的缅甸战场，多了一位特殊人物——美国人史迪威。蒋介石出任中国战区最高统帅后，1942 年 1 月 4 日发电报给在美国的宋子文，请罗斯福总统指定一位高级将领来华担任中国战区统帅部参谋长，以便着手组建参谋部。宋子文按照蒋介石的意思，向美国方面表达对“中国战区统帅部参谋长”这一职位人选的要求：“不需要是远东问题专家。相反，如果他了解军阀统治下的中国军队的情况，就会用看待军阀部队的老眼光看待现在的军队，因而会不利于指挥作战”。美国陆军部长史汀生和陆军参谋长马歇尔将军经过认真筛选，选中了西点军校毕业的史迪威。没想到，一流的中国通史迪威后来与蒋介石陷入了不可调和的矛盾。

在史迪威看来，中国人军事上的弱点在于想依赖持久战而取胜。“中国喜欢将局部利益置于全局利益之上的传统，导致了最为严重的军事错误”，史迪威在淞沪抗战前线的报告中提到了这一点，这就是侧翼部队不去援助遭受袭击的友军。但是他对中国士兵的战斗素质很有信心，认为他们吃苦耐劳，逆来顺受，能够忍受饥饿、长时间劳作、伤病和无聊，只要有好的将领，他们可以同世界上任何一支部队抗衡。

当戴安澜带兵孤身进入同古时，杜聿明与史迪威满心期待着“同古会战，收复仰光”的计划：由200师在同古顶住第55师团，英军在卑谬顶住日军33师团。另调第5军2个师、第6军1个师、66军2个师共5个师，在中英坦克支援下，围攻日第55师团，予以歼灭，再进击第33师团。蒋介石也批准了这个计划。于是杜聿明再次赴同古前线，指导第200师加强防御，掩护全军集中主力，进行会战；史迪威则在后方与英方交涉，提供运输条件，高度集中部队。

日军在皮尤河遭到伏击之后，马上增加兵力进行反扑。3月20日，他们出动1000多人，发起进攻，这是双方第一次正式交锋，双方互有伤亡。这场战斗中，日军从马鞍中搜出了标有曼德勒以南中国军队部署的地图。他们才确认中国军队已进入同古一带。

夭折的会战

想在同古寻找200师的踪迹，会发现这是一个令人失望的过程。今天的同古对这段历史的“冷”，与“戴安澜”“第200师”在中国的“热”形成鲜明对比。当地华侨告诉我们，同古火车站还是当年那座老火车站，火车站的钢架梁上，还留着当年激战的弹孔的痕迹。这或许是这里唯一能看到的些许痕迹。

可是当我们赶到火车站时，却发现这点小小的愿望也难以实现——同古火车站很小，也很破旧，一些身穿深绿色制服的军人把守在车站门口，戒备森严。原来几天前，同古火车站里发现了炸药，所幸没有爆炸。大家都相信火车站的炸药肯定是克钦族放的——在我们到达缅甸的一周之前，缅甸克钦族叛军与政府军在北部一带交了火，所以火车站成了重点防卫之处，连常年在这里摆摊的小贩都被清走，只有出示车票的人才能进入火车站。“军人看你们这样的外国人肯定是不会放你们进的，那些复杂的历史他们又不懂，也说服不了他们让你们进去。”一位华人叹了口气说。

我们还是不甘心，在火车站逡巡，看是否还有机会。摄影记者蔡小川发现了车站外有一座铁桥，走上桥站台内的场景一览无余，虽然拍不到车站里的弹孔，能拍一拍车站也算是弥补我们的缺憾吧。这里似乎是军人没有注意到的地方，蔡小川索性越拍越大胆。可是没想到，下桥的时候，军人把我们拦住了。在他的要求下，蔡小川把刚才拍到的火车站的照片一张一张地全部删除。不过小蔡似乎并不沮丧，原来他早有应对之策——晚上他在同古仅有的一家网吧上了网，找到了恢复软件，于是这些照片又得以呈现在我们面前。可是陪同我们去的华人小伙子苏伟然却紧张地一直拍着胸，他坦率地告诉我们，缅甸人都很害怕这些军人。

作为先头部队杀入同古的戴安澜部队，却在后来成了一支孤军。虽然他们屡次击退了日军的进攻，但战斗进行得越来越艰苦。当 3 月 18 日 200 师在皮尤河沿线与敌人交手时，新 22 师尚在曼德勒地区待命，因为运输困难，他们要到 3 月 22 日才能过曼德勒南下；第 96 师还在滇西待运。第 5 军前后分离六七百公里。而第 66 军还在畹町以东的路上行进。如此一来，曾经设想很完美的会战计划，也无法实施。戴安澜意识到，第 200 师只有孤军在同古与日军决战。这天深夜，戴安澜写好遗嘱遣人交给其在昆明的夫人王荷馨，信里写道：“……因上面大计未定，与后方联络过远，敌人行动又快，现在孤军奋斗，决以全部牺牲以报国家养育，为国家战死，事极光荣……”

英国人的表现也令中国人失望。仰光失陷后，英国在缅甸的军政机构撤退到曼德勒东北面的眉苗。这里是缅甸的避暑胜地。缅南溃败之后，英缅第 1 师、英印第 17 师和英国装甲第 7 旅的残余部队只剩下不到 15000 人。英军司令部却有 1 名陆军上将、1 名中将、5 名少将、18 名准将和 250 名参谋来指挥这支已遭到严重削弱的部队。但是对于下一步目标，这个庞大的参谋部却给不出任何计划，陷入混乱中。无论在史迪威还是在中国人看来，英国人最急迫、最关心的就是继续向北撤，是否能保住缅甸他们好像并不介意。

史迪威也把自己的总部设在眉苗，并很快组织了一个小小的参谋班子。负责与英军联络的美军梅里尔少校（Frank Merrill）向史迪威抱怨：

“没有计划，没有侦察，没有安全保障，没有情报，没有俘虏。”

各自利益的不一样，矛盾也开始产生。蒋介石非常担心自己的王牌嫡系部队被歼，成为英印军的牺牲品。所以当史迪威到重庆请蒋介石批准其他部队立即入缅时，蒋介石指示，只有在同古的第200师陷入危急时，新22师方可为支援调遣，不允许第96师前出到比曼德勒更远地区，并指示史迪威要严格采取守势行动，除非情况危急不得不支援亚历山大。不过蒋介石也采纳了史迪威的意见，同意第66军的第38师前进到眉苗。

在缅甸战场上共同对付日军的中、英、美三方，始终没有解决好指挥权问题。

1942年2月25日，蒋介石下令，入缅作战的第5军、第6军，由第5军军长杜聿明统一指挥，而杜聿明则由时任英缅军总司令赫顿指挥。

3月3日，蒋介石到腊戍参加高级军事会议时，与从美国取道印度前往中国就任的史迪威见面；第二天，蒋介石告诉杜聿明：“你归史迪威将军指挥。”并叮嘱杜聿明，对史迪威要绝对服从。杜聿明反问：“如果史迪威的命令不符合你的决策时，应如何办？”蒋介石回答：“你打电报向我请示再说。”回到重庆后，不太放心的蒋介石又给杜聿明写了封亲笔信，再次重申必须绝对服从史迪威领导的重要性。

3月11日，刚接替赫顿出任英缅军总司令的亚历山大下令，中国第5军、第6军统归中国战区参谋长史迪威指挥，但是亚历山大与史迪威之间，谁享有更高一级的指挥权，却含混不清。

3月12日，中国正式成立“中国远征军第一路司令长官司令部”——当时的设想是还可能出第二路军远征泰越，甚至派出第三路远征军渡海去参加南洋各岛战争的可能，所以第一次的远征军便加上了一个“第一路”的头衔。但是这个名字随着时间的流逝，已经被淡忘，人们习惯地称之为“中国远征军”。卫立煌出任第一路司令长官，因为卫立煌未到任，由副司令杜聿明代理指挥，但是中国远征军司令长官与参谋长史迪威相互之间的地位，蒋介石也没有做出明确规定。

缅甸战场的指挥权问题，甚至引起了丘吉尔和罗斯福的关注，他们都希望本国将领能获得对战役的最高指挥权。丘吉尔告诉罗斯福："蒋介石大元帅接受了我方的要求，亚历山大对于实际上在缅甸境内的全部军队应有最高的指挥权。"罗斯福则认为，"亚历山大和史迪威之间最好能保持双重指挥权"。

3 月 24 日，亚历山大飞赴重庆见蒋介石时，蒋介石表示，在缅甸的全部中国军队仍置于史迪威的指挥下，而亚历山大则全面指挥这些军队。史迪威对此表示同意。于是 3 月 28 日，亚历山大在眉苗指挥部告诉中国入缅军参谋团团长林蔚："已在渝决定，以本人为在缅作战之中英联合军最高指挥官，史迪威将军受本人之指挥。"但奇怪的是，中方参谋团和各部队之间却始终没有正式接到这一命令——英国人和美国人最后都意识到，实际掌握中国军队指挥权的，还是蒋介石。虽是亚历山大和史迪威两人所发命令，但全部必须经过蒋介石同意方能实行。纷乱的指挥权之争，也为日后的失败埋下了种子。

孤悬敌后

我们的车从同古城向东行驶不久，就到了锡唐河大桥，桥头上照例有军人把守——可见这座桥对现在缅甸的"维稳"仍有重要意义。我们绕过军人视线，转到了桥的东岸。有几户人家挤在岸边低矮的房子里，几个孩子伸出小脑袋目不转睛地盯着我们这些外来客。这些安宁地过着世俗生活的孩子和他们的父辈不会知道，1942 年的 3 月 29 日深夜，来自中国的一支英雄部队就是从这里突围而出，沿着东岸向北撤去。略感遗憾的是，我们如今重新踏上的锡唐河大桥上面，并没有当年那些中国远征军英雄们的足迹——3 月 30 日凌晨，第 5 军军长杜聿明在新编第 22 师师长廖耀湘的指挥所得知 200 师安全撤离后，下令将锡唐河大桥炸毁。

持续多日的激烈奋战，已使 200 师伤亡逾千人以上，部队的战斗力也严重下降；而敌手——日军第 55 师团因为进攻连连受挫，损失严重，攻击力已达极限，双方陷入胶着状态，都在一面继续苦战，一面等待援兵。

3月25日，日军借助30余架飞机的轮番轰炸，从南、西、北三个方向对同古攻击，两军形成对攻，在同古城里展开拉锯战，逐屋争夺，相距仅30米左右。这时日军飞机不敢在城市再进行滥炸，转而把目标转向锡唐河大桥和东岸。大桥受到损坏，车辆无法通行。

3月26日，日军一方面在地面上对同古展开全面反击，一方面利用他们的空中优势，集中90多架飞机密集轰炸平满纳，以阻止第5军主力南下增援，导致预定的沿仰曼铁路以西对同古之敌反包围攻击受阻。第二天，55师团全力反扑，同古阵地多处被突破，日军还再次释放了毒气弹，所幸中国军队早做防范，没有遭受损失。

此时的史迪威仍在为他的进攻计划筹划着。他一直期望抓住战机，以戴安澜的第200师在同古一带阻击和牵制敌人，新22师和96师迅速跟进，对正面的第55师团实施分割包抄。史迪威一直要求派新22师来，加入进攻队伍。可是新22师迟迟不到，光是让新22师进入阵地，就花去了4天时间，“铁路上是不可思议的漫长等待”，史迪威开始怀疑是在重庆的蒋介石在背后捣的鬼。在美国方面看来，“史迪威两次发动进攻命令，杜聿明将军及其下属不断争辩、分析、找借口、允诺并同意服从命令，但新22师仍按兵不动”。

直到3月27日，廖耀湘的新22师到达同古附近。可是杜聿明仍不同意发动进攻。在中国人眼里，史迪威的举动无疑是让中国军队去冒险送死，是滥用职权好大喜功。

争执不下时，此时，渡边正夫率领的第56师团，正在从仰光赶往同古增援的路上。56师团号称“龙师团”，擅长山地丛林战。师团的全部战斗系列由坦克、装甲车、炮队、汽车、摩托车和步兵团组成，行军神速，火力强大。他们接到命令后，3月19日从新加坡出发，24日到达仰光。之后立即以汽车、自行车行军和铁路运输的方式向同古疾进。结果先头部队仅用3天就完成300公里长途急行军。

当年戴安澜将自己的部队放在同古的南、北、西三个方向防守，他自己则亲自带领师部守在部队向东的唯一通道——锡唐河东岸。3月28

日黄昏，日本第56师团先头部队涉过齐胸深的锡唐河，然后在晚上突袭第200师师部，双方短兵相接，发生了激烈战斗。此时正在城里的步兵指挥官郑庭笈听到河东的枪声越来越紧，随即接到戴安澜电话，得知师部遭偷袭，立即派了两个连赶去支援。双方在锡唐河大桥东南形成对峙。但河东师部与河西城内守军的联系已被切断。

29日凌晨，日军全力向200师指挥部猛攻，与城内炮声互为呼应，至此同古战局陷入危境。杜聿明认为，第200师已经在同古经过了12天的孤军奋战，伤亡达1800多人，而且弹药将尽，给养不济。加之日军增援部队已到，敌我力量过于悬殊。如此下去，第200师有被全歼的危险。为保全实力，杜聿明决心下令让200师在29号晚上突围。

他的想法遭到仍坚持对敌发动攻击战的史迪威的坚决反对。一个在眉苗，一个在瓢背，史迪威与杜聿明在两个不同的司令部里隔着电话发生了激烈争吵，乃至闹翻。史迪威要求杜聿明服从命令，并派他的参谋多恩赶到瓢背监督杜聿明实施他的攻击命令。

杜聿明于是直接请示远在重庆的蒋介石，力陈利害；蒋介石权衡再三，最终同意让第200师撤离同古。杜聿明于是不顾史迪威强烈反对，断然下达撤退命令。

因为200师师部与守城部队的通信联络当时已被切断，所以接到突围命令后，戴安澜派两个缅甸便衣队队员，在29日黄昏潜入城里，将亲笔写的撤退命交给郑庭笈。当天夜间，郑庭笈先派一个营在锡唐河大桥对敌佯攻，掩护主力从其他地方涉水过河。戴安澜则亲自前往河边指挥接应，并最后一个撤离。到30日拂晓，第200师官兵，包括担架上的伤员全部安全撤离同古。

3月30日，廖耀湘奉杜聿明的命令，率领远征军新22师救援200师。他们向南阳车站佯攻，以牵制敌人，掩护第200师撤退。戴安澜指挥200师突围转移时部署周密，指挥得当，全师在行动中连一个伤兵也没有丢失，只有炊事班的伙食担子一度走错路失去联系，后来也全部归队。

等到日军在上午8点50分通过工兵爆破部分城防工事、攻进同古城时，才发现同古已是一座空城。即便敌手日军也不得不佩服第 200 师的英勇：“当面的敌人是重庆军第 200 师。其战斗意志始终旺盛，尤其是担任撤退收容的部队直至最后仍固定阵地拼死抵抗，虽说是敌人也确实十分英勇，军司令官饭田中将及其部下对其勇敢均表称赞。”日军记录称同古之战是缅甸战役中最艰苦的一战。

永远的纪念

来同古之前，就有远征军研究者告诉我们：同古城里有一座中国远征军纪念碑，当年牵头建这座纪念碑的，是一位叫杨伯方的华侨，他也曾是远征军的一员，同古的华人圈并不很大，在当地随便找一个华人打听，就应该能打听得到。

巧的是，我们住的小宾馆旁边，有一家华人开的冷饮店，进去一打听，一位 60 多岁的老伯立即微笑着说：“这就是杨伯方的家。”原来他是杨伯方的长子杨文博。

当年同古之战伤亡惨重，很多中国战士远征异域却埋骨他乡，于是当地华人在 1951 年集资兴建了一座“中国远征军纪念碑”。当时这座碑建在中华学校校园里，不久，缅甸政府不许开办华文学校，将学校收归国有，改为缅文学校。在同古的华人很早就想把碑迁出来，缅甸 20 世纪 70 年代也经历过排华，华侨本身处境艰难，迁碑之事遂搁置下来，也成了杨伯方的一个心病。

出生于 1946 年的杨文博与太太都是第二代华人。自从父亲几年前去世后，杨文博自动承担了与远征军相关的事务。杨文博拿出家里的老照片，上面有一张少年杨伯方与父母的合影——一家人的穿着都显示出当时家境优裕。杨文博说，杨家是河南洛阳人，爷爷当年开了一个榨油厂，家境很富裕，不料一年杨伯方的哥哥被绑了票，家里被迫付了一大笔赎金，从此家道败落。20 岁那年正在高中读书的杨伯方参了军，后来成为新 38 师的一名汽车兵，参加过仁安羌之战，之后随同部队穿过野人山败退印度。“父亲经常会讲野人山的经历，想起死那么多人，他就会掉眼泪……”

杨文博说，1987 年 7 月 7 日，卢沟桥事件爆发纪念日，中国驻缅甸大使馆第一次派人前往同古向中国远征军纪念碑敬献花圈时，却被当地教育部门阻止。这更让老父亲耿耿于怀。1992 年，杨伯方等人向缅甸最高当局申请将纪念碑迁出重建，经过几年的漫长等待，才在 1997 年得到批准，2000 年 3 月 12 日宣告落成。

杨文博带着我们去看了同古福元宫的新纪念碑——这座 8 米高的纪念碑很孤独地栖身在一个小院子里，与我们之前看到的英军公墓、之后在曼德勒等地看到的日军“慰灵碑”相比太过寒酸。即便如此，据说它已是缅甸境内两座仅有的纪念碑之一了。

历时 12 天的同古大战以中国军队主动撤退、日本占领了一座空城结束。战斗尚未结束，中日双方都迫不及待地在各自首都发布战报，都称自己取得重大胜利。渴望捷报的中国媒体马上把同古阻击战升级成为“同古大捷”。同古之战的战略意义随着联军的北撤荡然无存，它固然换来了精神层面的意义，可是自此役，200 师这支最精锐的中国部队已经伤亡过半，元气大伤。

4 月初，来眉苗召开军事会议的蒋介石，还特地到戴安澜的住处探望。据戴安澜日记里写，他当时本来都已脱了衣服准备入睡，突然蒋介石敲了门进来了，让他很紧张，起来穿起衣服。听完戴安澜的汇报之后，蒋介石夸奖道：“中国军队的黄埔精神战胜了日军的武士道精神。”

第 200 师撤退之前，缅甸军已经撤退，原来要退到跟平满纳齐平位置的阿蓝庙（Allanmyo）上，但是他们到达那里并没有止步，也没有炸掉桥梁以阻止日军的前进，结果一直退到了 80 英里外。中国和英国开始互相埋怨，都指责对方暴露了自己的侧翼。中国人指责英国人让 200 师忍饥挨饿，英国人反驳说戴将军将他的联络官置于后方，结果日军的包围圈把他们切断了。在混乱的指挥下，在互相的指责声中，联军防线继续向北，向北……

曼德勒的大溃败

按当地人的习惯，提到某个地方时他们会说它在“上缅甸”还是“下缅甸”，分界线就是位于中部位置的曼德勒。曼德勒是缅甸第二大城市，是上缅甸的政治、经济、文化和交通中心。地理位置的重要，使得日军在进攻缅甸之初就把夺取曼德勒作为重要目标之一。当中国远征军全力以赴准备与日军在曼德勒进行一番厮杀之际，东线腊戍的失守却令他们失去了整个战局。

调整

“下缅甸”基本上是坦途一片。缅甸人少，沿途两旁鲜见行人和车辆，偶尔路过小村庄时会看见有农夫赶着牛在水田里慢悠悠地劳动。不过初看新鲜的田园风光，久了也觉得有些单调。可是一路向北的疾驶中，远远的地平线那端，突然冒出来一些现代化的高楼，鳞次栉比，颇有规模。陪同我们的华人苏伟然说，那边就是缅甸的新首都内比都。它本来是一个小城镇，缅甸政府在 2003 年几乎是从零开始，在一片荒原上破土动工，兴建总理府、政府各部办公楼、市政厅、医院……为了增加吸引力，政府下一步计划还要建高尔夫球场和一些别墅式宾馆。

这个叫“内比都”的新都城，其实就是中国和日本战史反复提及的地方——平满纳（Pyinmana，也译为“彬文那”“彬马那”等）。平满纳大体位置在仰光和曼德勒中间，处于锡唐河谷的狭长地带，战略地位重要。缅甸政府大概也是看中了这一点才做出迁都的重大决定。

当年的中国远征军指挥部，也将对日军发动第二次会战的地点，放在了这里。

当 200 师在同古成功突围转移后，远征军指挥部便提出第 5 军主力在平满纳附近准备会战的第二次会战计划。3 月 31 日下午，杜聿明在瓢背军部下达作战命令，决定先用一部分力量利用斯瓦河两岸以及以北之森林狭长地带牵制敌人，以主力在平满纳占领阵地，对抗来犯的日军第 55 师团。在作战命令里，杜聿明制定的战略目标是，“依火力摧毁敌人，转取攻势，将敌包围而歼之”——远征军指挥层显然对这次会战寄予很高期望。

这个方案也得到了亲赴缅甸视察军情的蒋介石的同意。4 月 7 日，蒋介石在眉苗召开中国远征军高级将领会议讨论军情，再一次要求集中主力在平满纳与日军决战。为此，他还决定增调第 66 军的两个师——新编 28 师和新编 38 师入缅，位置在曼德勒至腊戌之间，为机动部队。如果说先头部队第 200 师是因为立脚未稳便遭遇强敌不得不撤退的话，现在的中国远征军则希望调整好自己的状态，以主动姿态迎击日军。

此时的蒋介石已经对中国远征军的指挥层做了重新调整——19 集团军总司令罗卓英接替卫立煌，出任中国远征军第一路司令长官。自此以后，与史迪威出面打交道的，便是罗卓英。杜聿明与史迪威之前因同古之战意见不合，已产生激烈冲突，蒋介石大概也是想通过此举回避两人矛盾。可是从后来的结果看，他的一番苦心收效甚微。

随着战事的进展，史迪威与在缅甸一线的中国将领们冲突甚多。比如，史迪威发现，中国的指挥官不像西方那样，是体制化军队的一员，所以“忠诚”只是针对领袖个人，而不是在一个指挥等级中对上级的服从。结果师级将领甚至团级上校都可以直接接受蒋介石、而不是其上级命令。战争理念也迥然有别——在同古，亚历山大不解地问杜聿明，他前一天还看到的那些经过伪装，并且很好地放置于炮位的野战炮哪里去了，杜聿明回答：“已把它们撤到安全地带了。”亚历山大很不解地问，为什么不让那些炮参加战斗？杜聿明回答：“第 5 军是中国最好的部队，因为它是唯一有野战炮的部队，所以我不能冒险使用这些炮。如果失去了这些炮，第 5 军就不再是最好的了。”史迪威认为中国军队不愿意大胆进攻，他们受蒋介石影响，认为对日防御要三比一，进攻则要五比一。

高级将领之中，似乎只有孙立人不相信这一点。

也正因为此点，史迪威对一直在背后遥控指挥的“大老板”蒋介石也越来越不满。

史迪威认为蒋介石“不明白守住曼德勒的唯一办法便是在同古揍日本人”。在史迪威看来，如果不是蒋介石一直阻止新22师，那么在日本人第一次包围同古的时候就可以切断包围。

史迪威对于蒋介石能力及人品的不屑与蔑视，或许是对这种合作伙伴关系最具伤害的元素。在日本人攻占仁安羌、斯利姆下令炸毁油田的那一天，史迪威接到了蒋介石的一封信，命令他给每4个士兵发一个西瓜。在史迪威看来“联军最黑暗的时候”，蒋介石却下了这样一个指令，这使他对蒋介石的蔑视无以复加。

4月1日，史迪威到重庆见蒋介石，以辞职相要挟，要求蒋介石“单独拨出一支军队专归我指挥”——不过深谙中国情况的史迪威也在日记里承认：“要让他们把一两个军交给一个他们并不很信任的洋鬼子，那还是太勉为其难了。”因为同古之战的冲突，史迪威还向蒋介石告了廖耀湘的状，认为他的新22师不听作战命令，失去三次反攻机会；他也当然没有放过指责杜聿明的机会。

罗卓英上任后，蒋介石向史迪威表示，让罗卓英服从史迪威的命令。史迪威表示满意。学者徐康明认为，这样的设置，“在中国远征军本来已经重重叠叠的指挥系统中又增加了一个层次，不但没有改进，反而进一步降低了”。不光如此，中国军队内部，司令官罗卓英与副司令杜聿明和深受蒋介石信任的参谋团团长林蔚之间，也经常意见不合，第66军军长张轸后来就抱怨，不知道该听谁的意见。

此时的蒋介石还想维护与史迪威的关系。4月5日，蒋介石夫妇与史迪威、罗卓英一起到了缅甸。蒋介石先是向亚历山大保证，史迪威对中国军队有绝对支配权；然后召集中国指挥官，当着史迪威的面说，他们必须无条件地听从史迪威指挥。这一天，史迪威与蒋介石夫妇微笑着手挽手合影以供报纸发表。

蒋介石还答应发给史迪威一枚用篆体字刻着他正式头衔的大图章，以确认他的权力。只有盖这样图章的文件才有效力，否则，史迪威的命令只能算建议。一周后，史迪威果然收到图章，但印章的铭文是“同盟军总参谋长”，而不是“赴缅远征军总司令”，也没有附上表明他有奖惩权的信件。新38师的指挥官在战后说，不管蒋介石在眉苗是怎么表态的，印章中的“参谋”表明史迪威仍是“顾问”而非指挥官。

其实史迪威与英国人的关系也好不到哪里去。在同古撤退以后，眉苗的指挥所里气氛更加恶劣。史迪威的美国参谋官尽管没有参战，但对中国人和英国人的表现都嗤之以鼻；而英军则公开讥笑“史迪威的中国战”，认为目前一切糟糕现状的起源都在于美国由于大意而失去珍珠港的太平洋舰队。

放弃

曼德勒市中心有一座看起来很有气势的王宫，深红色的城墙，有点像北京故宫的格局，只不过规模小一些。虽然当地华人告诉我们，这个“故宫”其实完全都是新的，旧王宫早在二战期间被毁，只剩下外围的大框架，战后在此基础上恢复重建了这座王宫，但是我们还是想进到里面看一看。没想到，这里也成了缅甸政府重点防范之地，我们顶着烈日好不容易过了护城河走到城墙入口时，几个军人又拦住了我们，他们咕哝着几句缅语，见我们不懂，又指指身后的牌子，我们才看见“外国人禁入”的字眼，然后示意我们过桥、撤到护城河的外面。眼前这条安静美丽的护城河，却见证了1942年4月3日日军轰炸曼德勒后的惨烈景象——当天有400多人被炸死，很多尸体被炸飞后落在了这条河里，大部分公务人员和居民都已逃离，没人管的尸体散发恶臭。城里，火车站和医院被炸毁，街道大片被烧，甚至到4月8日，蒋介石来曼德勒视察时大火还在某个地方继续燃烧。看到这幅混乱不堪的景象，蒋介石在给丘吉尔的信里难以掩饰他的失望甚至愤慨：“在我漫长的军事生涯中，我从来没有看到哪里像缅甸战区这样令人可悲的毫无准备、混乱和糟糕。”

这一天的空袭，只是日军攻占曼德勒行动的开始。曼德勒很早就是日军觊觎的目标。早在 1942 年 3 月 7 日，日军攻陷仰光的前一天，被一路势如破竹的胜利所鼓舞，南方军总司令寺内寿一大将，就下令进攻曼德勒，并要求在 5 月底完成作战任务。

在眉苗的军事会议上，蒋介石将曼德勒的防卫，交给了第 66 军的新 38 师。他任命师长孙立人为曼德勒卫戍司令。眉苗会议之后，蒋介石在孙立人的陪同下，还视察了曼德勒的防务部署。他语重心长地告诉孙立人，曼德勒在缅甸战场的战略地位，如同南京在中国战场的战略地位一样。孙立人从蒋介石手里接过曼德勒地图，表示坚决完成任务。于是新 38 师主力在 4 月 7 日乘火车开赴曼德勒。

当时在曼德勒附近集结的中国远征军，至少有 6 个师以上。东侧靠近泰缅边境有三个师，西线有亚历山大统率的英印军第 17 师、缅甸军第 1 师和英国第 7 装甲旅在卑谬一带。面对这三面列阵防御的联军，想直攻中线的曼德勒，日军方面也知道，无论从兵力还是从战略上来讲，都是不可能的。第 15 军司令长官饭田决定兵分两路，占领军事要地。于是第 33 师团一路向西进攻仁安羌和勃生飞机场；第 55 师团沿中间一线向北进攻同古飞机场。

顺利完成第一步战略目标后，日军第 15 军团又为占领曼德勒，制定了更详细的计划：一、第 56 师团的机械化兵团，从同古正北挥进，朝着中央战线及东部国境之间的腊戍向北推进，攻入中国远征军第 5 军与第 6 军之间，将联军切断；二、第 55 及第 18 两师团向中央战线北进；三、第 33 师团进攻西北方的仁安羌油田；四、最后将这三路军队向曼德勒包围联军主力，预备加以歼灭。4 月初，日军按既定计划，从左、中、右三路继续向北推进。

另一方面，中国远征军的“平满纳作战计划”也开始启动。廖耀湘率领的新 22 师率先在斯瓦河与日军展开作战，按照整体作战目标，他们的任务是要不断消耗敌军，掩护主力准备会战。新 22 师在斯瓦河一线与日军战斗半个多月，将日军主力逐步吸引到第 5 军主力在平满纳的设伏地区。第 5 军已按照之前的部署准备完毕。

4 月 11 日，罗卓英正式就任中国远征军第一路司令长官，接掌部队指挥权。杜聿明专任平满纳会战总指挥。此时，第 5 军只待一声令下就转入反攻，准备打个胜仗，扭转局势。

可就在这时，东、西两线的作战情况却急剧恶化起来。

英缅军在 4 月 1 日放弃卑谬后，主力后撤到阿蓝庙一带。因为中国军队主力都集中于中路作战，所以中方请英缅军固守阿蓝庙，以掩护中国远征军的右翼。而日军执行左路作战的，正是占领了仰光的第 33 师团。4 月 7 日，日军占领了阿蓝庙，早已丧失斗志的英缅军则一路后退。几日后又惊慌失措地在仁安羌被围，被解救后的英军有如惊弓之鸟，不断后撤，已使中路平满纳地区的中国远征军右翼完全暴露给日军。

中国远征军的左翼、也就是东线，按原计划，由第 6 军暂编第 55 师主力集结于黑河附近，防止敌军沿毛奇公路进攻东枝。可是自从第 200 师撤离同古之后，4 月初，东线只有暂编 55 师当作公路警备队以连、营为单位分散配置于毛奇、包拉克、垒固、棠吉、黑河等地，高度分散，防线极端薄弱。

而这一路，遭遇的是以行军神速著称的日军第 56 师团。他们将主力集中在同古，先是派出一小队伍试探，4 月 9 日占领毛奇之后，得知中国军队在东线的防卫薄弱，遂以主力组成快速纵队投入战斗。暂编 55 师本来就战斗力很弱，如此一来，被冲击得四零八散。4 月 18 日，远征军司令部已联络不到暂编 55 师。如此一来，在中路平满纳准备会战的中国远征军第 5 军，不仅左、右两翼都处于没有掩护的状态，还有被敌人截断后路、包围歼灭的危险。

当时，参谋团团长林蔚提出两种意见：一、继续平满纳会战，努力击破敌军一路，以解危局；二、彻底脱出包围圈，一举退守曼德勒东北，再增调兵力，重新部署作战。因为电话不通，林蔚星夜派代表到瓢背通知罗卓英。史迪威与罗卓英思考再三，原则上同意林蔚的第二种方案。

可是在具体战术上，他们又不同意退到曼德勒东北的方案，而是决定将防线放在平满纳稍北一点的密铁拉一线，准备曼德勒会战。据杜聿明回忆，这个方案遭到了他的反对。他认为，这个计划的结果，是将第5军、第66军分布于长达300公里的平曼公路上，既不能攻，也不能守，杜聿明的看法是，要么在平满纳打下去，要么退守东枝、眉苗，“我不同意这样分散兵力，被敌人各个击破”。相持不下，又时间紧迫，最终杜聿明还是服从了罗卓英。

4月18凌晨，罗卓英正式下令放弃平满纳会战。至此，经过精心策划和周密准备的平满纳会战夭折，中国远征军又一次失去了扭转战局的重要战机。而是否该放弃平满纳会战，也是当年远征军失败后争论不已的一个核心问题。

溃败

日军占领仁安羌、平满纳和垒固之后，继续其势头向北推进，试图在缅北一带包围中英联军以歼灭之。中国防线开始频频告急。最致命的，则是东线的崩溃。

日军负责右翼进攻的，是渡边带领的日本第56师团，它们是拥有日本陆军仅有的三个机械化师团之一。他们早在3月24日开始在仰光登陆，并于3月28日加入同古第55师团方面作战。他们准备利用自身的快速战力，从正中央突破中国军的两个军团，一鼓作气占领曼德勒与中国云南之间的交通要地腊戍，切断中国军退路。

值得一提的是，远征军指挥部似乎一直没有意识到，自己的左翼遭遇到了这样强的对手。宋希濂在《远征军在滇西的整训和反攻》一文中提到：“当时重庆军委会军令部对于敌情有一个错误的判断。他们认为沿着滇缅公路东进的日军，只是敌人为了实行追击任务而临时编成的一个快速部队，最多不过二三千人，孤军深入，不能持久。”所以远征军对东线的布防，也掉以轻心。负责这一线防守的是第6军，他们不仅部署分散，而且军主力 3 个师都成为守备部队，机动性受到严重限制。同古之战之后，无论是杜聿明、林蔚还是史迪威、罗卓英，在布置平满纳会战时，都没有意识到同古失守后，至毛奇的公路已经门户洞开。而本来就是一支杂牌部队的暂编 55 师又被分散防守，更加削弱了作战能力。

4 月 19 日，暂编 55 师各部分散投入战斗，被日军第 56 师团各个击破。师长陈勉吾逃往山区，总部一直无法与暂编 55 师取得联系。愤怒的史迪威要求处决陈勉吾或者将他送交军事法庭。4 月 20 日，垒固失守。第 6 军军长甘丽初见难以扭转危局，率军部和直属部队北撤到河邦。

攻下垒固之后，日军第 56 师团就地稍事整顿之后，先遣搜索联队在当天下午以每小时六七十公里的速度北进，次日上午到达河邦。已无斗志的第 6 军立即溃败，军长甘丽初感到后援不到，兵力空虚，竟然在 4 月 23 日弃守雷列姆，仓促向东北方向撤退，一直退过萨尔温江。

中线作战的第 5 军也越来越被动。4 月 21 日，第 200 师奉命向棠吉进发，进击从垒固北进的日军。经过一番激战，4 月 24 日晚上收复了棠吉。据杜聿明回忆，当时他的想法是尽快带兵向雷列姆前进，以断绝正在进攻腊戍的敌人后路。而林蔚来电，也叮嘱他："腊戍之安危，系于吾兄一身，望不顾一切星夜向敌攻击。"杜聿明正在部署时，又接到罗卓英命令，让他带领军部回师西南，向曼德勒方向集结。

原来此时的罗卓英和史迪威又准备实施"曼德勒会战"计划。本来经过一番苦战，在 4 月 25 日收复了东枝，可是因为日军已经绕过东枝，向东北方的雷列姆北进，死守东枝已无意义。第 200 师于是在 4 月 26 日放弃前一天刚刚收复的战略要地——此时的远征军指挥者们，似乎还没有意识到东线作战的是危险的日军第 56 师团。

由于第 5 军主力西调，罗卓英又拒绝了参谋团关于派第 66 军新 28 师和军直属部队到雷列姆方向掩护腊戍的建议，致使日军第 56 师团放心大胆地从中线单独深入。他们占领了雷列姆之后，集中各联队的卡车 400 余辆，利用缴获的 700 多桶汽油，以 10 辆坦克和装甲车为先导，分两路北进，对腊戍形成夹击之势。

远征军指挥部曾千方百计想堵住缺口，重新集结，按原计划重新部署已混乱的军队，但是溃败已经势不可挡，没有几个中国部队是在他们应该在的阵地上，而且因为没有卡车，也无法将士兵运到这些阵地上。火车抛锚了，指挥官联系不上了，军纪已经完全涣散。

逃亡

曼德勒以南40公里，有个小城皎克西（Kyaukse）。1942年4月25日，罗卓英、杜聿明与史迪威、亚历山大在这里举行了最后一次联席会议，这一次，中、英、美三方终于难得地达成一致意见——全部撤退。

接下来的问题，就是如何在被日军包围前迅速撤退。在东线，已经不完整的甘丽初第6军、驻棠吉的第5军的第200师，以及刚刚沿滇缅公路进入缅甸的两个师，可以退到中国境内；亚历山大和史迪威则负责将中线一带的英缅军、中国孙立人的新38师、廖耀湘的新22师以及余部的第96师，通过曼德勒撤出，然后到达伊洛瓦底江西岸；之后英军可以撤到印度，中国军队则通过密支那北上。

当天深夜，斯利姆指挥的英缅军第1军团即开始向伊洛瓦底江一线后退。日军第33师团正在沿钦敦江北上，斯利姆必须要抢在他们前面，带领剩下的13000人向西越过钦山，赶到印度边界。

56师团师团长渡边正夫为了攻占腊戌，在4月29日天皇裕仁生日这一天向天皇“献礼”，他下令停止军需品的运输，集中全部车辆运送作战部队，全力向腊戌突进。他们以惊人的速度绕过了东枝，在平原地带，以一天120公里的速度，向中国远征军在缅甸的后方基地腊戌长途奔袭。

4月27日，当56师团已接近腊戌时，罗卓英仍然下达了曼德勒作战计划。第二天，占领西保的日军沿铁路向曼德勒前进；这样，不仅腊戌非常危急，曼德勒也面临危险。4月28日，不得不决定弃守曼德勒。

腊戌是缅甸东北部的一个交通要冲和货物集散地，抗战期间是滇缅公路与缅甸铁路衔接的枢纽，又是中国远征军入缅作战的总后勤基地。4

月 29 日，日军第 56 师团到达腊戌，仅经数小时的攻击，腊戌完全陷落。腊戌的迅速陷落，让仍在曼德勒一带集结的部队陷入极其被动的局面。日军也在其战史里评论：尤其对于一向在战争以前必先安排退路的中国远征军，其东边退路要站腊戌被日军夺取，实在是一个严重的打击。

从曼德勒往北去的路上，挤满了卡车、弹药车以及塞得满满的难民军。大撤退的人群就这样在尘土、热浪和恐惧中行进着。日军飞机不时盘旋空中，用机枪朝下面公路扫射。

滇缅公路被截断，右线已经溃败；有一支日军部队攻下了曼德勒西边的蒙玉瓦（Monywa 又称望濑），这里离盟军指挥所瑞保（Shwebo）只有 60 英里，已经危及英军撤到印度的路线。英军必须赶在日军第 33 师团之前到达钦敦江上的卡列瓦（Kalewa）渡口。

伊洛瓦底江从曼德勒的西边流过，江上横跨着一座有 16 跨的铁路公路大桥——阿瓦（Ava）桥。它是中、英军队从曼德勒向西撤的必经之处，因为只有这座桥能承担坦克、辎重以及大量部队过江。英国人早在 1942 年 2 月就装好了炸药，留作不时之需。听到日军攻占腊戌消息之后，斯利姆下令炸毁大桥。当天晚上，最后一批散落的难民和英军通过大桥后，桥被炸毁。“一声巨响，这座桥在 4 月 30 日 23 时 50 分被炸掉，桥的中段完完整整地落入河中——既是一幅可悲的情景，也是一个信号，我们丢掉了缅甸。”斯利姆后来回忆。

正面攻击曼德勒的，是日本第 55 师团及增援的第 18 师团，第 55 师团经过厮杀，已有所疲惫，但是第 18 师团在攻占新加坡之后，休整了两个月才踏入战场，战斗力旺盛。但是 18 师团师团长牟田口起初对中国军队还心存忌惮，“颇有不敢一战的恐惧”——日军后来在其战史里说，他们深知蒋介石早下决心，要在缅甸战场痛击日军，为此将中国远征军交给素称英勇的罗卓英。此番中国人肯定不会白白将曼德勒拱手相让，他们认为肯定要面临与中国军队的一场苦战。但是日本人没有想到，他们的对手已经放弃了曼德勒。局势发展之顺利，也大大出乎日本人的预料。5 月 1 日，第 18 师团就轻易地攻进了曼德勒。

西路进攻的日军第 33 师团，因为仁安羌之役还受到了 15 军司令官的奖励，他们马不停蹄，继续北上，占领了孟拱，如此一来，中国军队向印度的退路被切断。5 月 10 日，日军突破英军后卫，突入加里瓦河谷，英军的重武器来不及运走，被弃置于江边，士兵仅带着随身轻武器逃跑。英军在撤退途中已溃不成军，队伍稀稀拉拉前后有近 150 公里长。5 月 16 日，英军先遣队终于蹒跚着到达印度阿萨姆邦的达武镇，最终有 12000 名官兵到达印度。据英国方面的资料，在长达 900 英里（约 1450 公里）的撤退途中，有 13000 多名英国、印度、缅甸和廓尔喀士兵丧命，还有 75 万难民在撤退途中死去。

打得兴起的樱井第 33 师团，又派出一个支队，将孟加拉湾边的小城、缅甸唯一残存的海港阿恰布（现称“实兑”）也占领了。至此，日军在西缅甸的征服大功告成。志得意满的日军为此还建了一座“战胜纪念塔”。有参谋提议，依照武士道精神，也要为阵亡的英印军吊祭，所以他们在纪念塔旁也建了一座“英印军无名英雄之墓”。没有想到的是，1945 年，当英军又打回到这里时，看到这个墓地，大为感动。总指挥官蒙巴顿还下令调查建墓地的有关人员，想在战后加以礼遇。也因为建了这个墓地，第 28 军（33 师团长樱井省三后来成为第 28 军司令官）后来放下武器时，还受到一定优待。

分　歧

1942 年 4 月 30 日上午 9 点，东线作战的中国远征军第 6 军军长甘丽初接到罗卓英下达的撤退命令。此时，腊戍已被占领，向北的退路被日军截断，原计划回中国境内的目标已不可行，甘丽初决定向泰国、缅甸、老挝边境的景栋（Kengtung）方向转移。

这一路遭到了日军第 18 师团的追击。5 月 12 日，他们追到了萨尔温江西岸塔科，第 6 军退到了萨尔温江东岸。在这里，第 6 军虽屡次打退与日军签订协同作战协议的泰国军队的进攻，但已三面受敌，而且景东一带地形平坦，无险可守，以不足的兵力难以守卫。甘丽初直接向蒋介石和参谋总长何应钦申述意见，获准“放弃景东，退入滇南，以巩固国境”。第6军后来从景东撤退到云南的思茅、普洱一带后，全军仅存6000余人。回国后不久，甘丽初被免去第6军军长职务，暂编55师的番号也被取消。

撤退令下达时，中国远征军的主力部队大多集中于中路。因为仰光—曼德勒铁路沿线是缅甸战场的重心，敌我双方都在此投入主力部队。在此之前集结于此、准备打平满纳战役的第5军也陷入被动。根据命令，5月1日，中国远征军各部全部撤到伊洛瓦底江以西、以北地区。

大撤退开始时，已是一片混乱。史迪威与罗卓英率中国远征军第一路司令长官部人员由瑞保乘火车转移到甘巴罗。按原计划，他们利用火车由密曼铁路向八莫撤退。据美国作家巴巴拉·塔奇曼记述，“5月1日史迪威醒来后发现，总司令罗卓英将军已经逃往密支那机场去了”，称“他（罗卓英）拿着枪征用了一辆有17节车厢的机车，在走了25英里之后，这辆未编入行车计划的列车跟另一辆车撞到了一起，结果铁路中断了两天”。他们开始徒步前进。5月5日，他们从曼西开始徒步向西往印度方向转移，与第5军和第66军的大部分完全分离。

此时的杜聿明正带领第5军的第200师、第96师及第6军的新38师近3万人撤退。据他回忆，起初他们徒步轮流掩护史迪威与罗卓英撤退，“始悉史、罗于3日前，丢下部队只身逃往印度”。杜聿明派参谋长罗又伦追赶未果。

5月7日，杜聿明接到蒋介石指令，要第5军向密支那、片马转移，“勿再犹豫停顿”。可就在数万中国大军开始向密支那退却时，敌人第56师团的坦克部队在空中配合下，一举拿下了防守空虚的密支那。5月8日，行进途中的杜聿明收听到了日军广播，得知密支那已被日军攻占。其实当时占领密支那的日军不到1万人。而这蜂拥而至的中国远征军的兵力此时还远远优于敌方。如果当时杜聿明决心以死拼，突出重围、把部队带回国内也并非没有可能。可是接二连三的失败使杜聿明有点英雄气短，下不了决心。

此时罗卓英来电，令部队全部向英普哈尔（即英帕尔）东150公里之文多（Wuntho，又译温藻，温佐等）撤退。实际上这是撤退到印度的线路的起点。是继续听蒋介石之命回中国，还是遵从罗卓英之令撤印度，杜聿明徘徊不定。他后来在回忆录中说，他召集各部队长及参谋长商议后，决心按照蒋介石命令向国境撤退，“当时各将领均无异议”。

5月9日，杜聿明以中国远征军第一路副司令长官的名义，在英多召集新22师师长廖耀湘、第96师师长余韶、新38师师长孙立人开会研究部署突围。杜聿明决心放弃从密支那正面突破的计划，选择了从孟拱以西以北进入国境。会议之后，立即兵分四路，从不同方向撤退。这些部队后来所遭遇的惨烈故事，在此后几十年中被不断提及。第5军的新22师和第96师艰难北撤，但由于蒋介石命令多变，他们不断改变行走方向，后来靠着美国空军的空投粮食才得以存活。新22师的幸存者在7月和8月经由利多到达印度，而第96师残部在忍受了超乎想象的困苦后翻山越岭，经过葡萄回到中国。

在一个短暂的晴天，一架执行任务的美军侦察机偶然在丛林上空发现了烟火。那是一群中国士兵正在熏马蜂。于是天黑之前一队美军运输机飞到这里，投下了许多降落伞。这些物品中不仅有食物和药品，还有雨衣、帐篷和一架电台。受尽磨难的士兵们绝处逢生。这天晚上这支失踪已久的孤旅终于同外界恢复了联系。据说就在接到空投食品的那一天，就有几个士兵因为一口气吃得太多，撑死了。

唯一不同意杜聿明方案的，是新38师师长孙立人。5月10日，新38师主力到达英多，对八莫、密支那方向的日军布防。击退了日军几次进攻之后，5月13日，面对增援而来的敌人，孙立人认为掩护第5军北撤的任务已经完成，如今新38师孤军落后，粮弹补充断绝，眼看雨季就要来临，北撤回国路途遥远，不但要翻越山高林密、荒无人烟的野人山，还要冲破日军的重重封锁线。孙立人毅然决定带领新38师撤往印度。当天晚上，他便指挥部队迅速脱离文多战场，向西北山地日夜兼程行进。

新 38 师摆脱日军追兵后，进入缅印边境的山林地区。为了避免官兵在茫茫林海中失散，孙立人下令用绑腿和背包带前后拉成一条线。为了辨别方向，他又派士兵爬到最高的大树上，根据太阳的升落测定方向，在原始森林里艰难地行进。直到后来找到几个当地人做向导，才顺利走出密林，摆脱了日军的围追堵截，6 月 8 日，新 38 师全师退到印度英帕尔。在中国远征军各部中，新 38 师是唯一保持完整建制撤退的一个师。

悲　途

当罗卓英下令撤退时，戴安澜的第 200 师也在东线，已陷于孤立，所以罗卓英起初令第 200 师归第 6 军军长甘丽初指挥转移。如果东渡萨尔温江退到景栋，只需要通过一条河流和一条公路，路途近，敌军少。

但是戴安澜却没有选择向东去的路。他想率队北上追赶第 5 军主力，然后寻找机会带部队回国。后来有人分析，杜聿明于戴安澜有知遇之恩，戴安澜一直都是杜聿明最倚重的属下，所以戴安澜还想让 200 师归还第 5 军的建制。虽然此时的杜聿明也下达命令，让他北上。

这是一条非常凶险的路：穿过原始森林，渡过南渡河，越过曼腊公路和铁路，要经过五道封锁。第 200 师避开交通要道，走小路，穿密林，顺利地通过了公路，沿途又会合了几支打散的队伍。

5 月 18 日夜大雨滂沱，行至西保至抹谷公路西南侧森林、正准备越过公路时，他们突遭拥有装甲车的大批日军猛攻。戴安澜亲率 599 团向敌后迂回，想迅速将敌击溃。当时正值夜暗大雨，处于密林当中，前面过去了三个团，戴安澜带着参谋长赶过去，现场一片漆黑，戴安澜喊前面那个团长的名字；日本人听到声响，朝着声音打过来，戴安澜中弹受伤。

经过两天的激战，戴安澜率部突出重围，但代价惨重：他本人胸腹三处中弹，全师伤亡过半。警卫员在突围中跑掉了医药包，而戴安澜的伤势在潮湿闷热的热带雨林中更加恶化。为了不影响部队行军，戴安澜一直在担架上带伤指挥。行进途中，戴安澜屡次询问距离云南的远近。

一天，部下问戴安澜，部队下一步往哪里走，戴安澜让随从拿出地图，指了指瑞丽，示意部队从此回云南；也许是预感到自己来日无多，戴安澜当众叫来200师步兵指挥官兼598团团长郑庭笈，断断续续地留下最后的嘱托："如果我殉国了，你一定要把部队带回祖国……"闻者无不潸然泪下。

戴安澜的部下在到达瑞丽江畔的茅邦村后停留了两天。"下面人找了点米为父亲熬了点粥，父亲刚喝了一口，看看左右的士兵都没有吃的，又把粥放下，让周围人喝。"戴安澜的儿子戴澄东说。1942年5月26日下午，在距离中国云南仅100公里的缅北茅邦村，弥留之际的戴安澜叫来担架旁的随从替他整理了仪容，并扶他坐起，向北——中国的方向凝望片刻后，38岁的戴安澜永远闭上了双眼。戴安澜去世后，部队按照他预先指定的路线回到了云南。7月，戴安澜"回"到了数月前出征的昆明，许多民众自发站立街头、拭泪致哀。第200师在战斗中伤亡1800人，而在撤退中伤亡3200人，入缅时的9000兵力，回国时仅剩一半。

20世纪70年代末，为编一本有关父亲的书收集材料，戴安澜的儿子戴澄东曾经专门去北京，到杜聿明家登门拜访。戴澄东回忆，杜聿明特别特别谨慎地打量了他好久，只是和他寒暄些家常事，可是对远征军的事提得甚少，也不多谈他跟戴安澜的关系。

史迪威在罗卓英弃军入印后，谢绝了美国陆军航空司令阿诺德专门派来接他撤离的运输机。他让飞机载走了部分参谋，自己则带领一批人员向北转移了60英里，到达了文多（Wuntho），试图绕过被阻断的铁路。从5月6日起，史迪威弃车徒步西行，他带着一路上收容的医护人员、英国官员、新闻记者和平民等各式各样的人员行进。年过六旬的史迪威坚持走在队列前面，采用的是每分钟105步的标准部队速度。

因为铁路堵塞，史迪威带着一群人先沿着公路走，公路没有了就沿小路走到钦敦江的支流乌尤（Uyu）江，然后乘木筏顺流抵达两江交汇处。5月13日，这支队伍赶在日军之前，在霍马林（Homalin）穿过钦敦江，继续向印度的英帕尔行进。史迪威选的这条路路途艰难，很少有人走，同时可以避开难民。

在他的坚持下，5月20日，一段时间失去音讯的史迪威终于到了印度英帕尔，跟随他的人一个都没少。他体重减少了近10公斤，他本来身材就消瘦，现在已经不能再瘦了。他的手在颤抖，皮肤由于黄疸而变得蜡黄，眼眶深陷。5月24日，史迪威到达印度德里。在记者会上，倔强的史迪威说："我认为我们被狠揍了一顿。我们被赶出缅甸，这是奇耻大辱。我认为我们必须查找原因，并回去重新夺取缅甸。"

也险些命丧于野人山的杜聿明，终于带着部队在1942年7月25日来到印度东北部阿萨姆邦的雷多附近。此时距5月10日从缅北的分兵北撤，已经历时两个半月。新22师入缅时有9000人，在各次战斗中伤亡2000人，在撤退途中却伤亡多达4000人，比战斗减员多一倍。在印度，心情最复杂的恐怕要算杜聿明了。在回重庆述职之前，杜聿明把手枪交给廖耀湘师长，叮嘱他说好好练兵，反攻缅甸，"报仇雪恨的事就拜托你了"。离开印度之前杜聿明更是在几千官兵面前泣不成声，连称"对不起你们，对不起死难的弟兄们。野人山里那么多咱们弟兄的遗骨，就托付给你们了"。

1942年8月5日，杜聿明从印度飞回昆明，向中国入缅军参谋团报告中、英军队撤到印度的情况："一、所有在缅英军早已安全撤至印度，其到达印度时间在新38师之前；二、第5军军部及新22师在极困难情形下，奉委座电令后始向印度转进；三、各部队除落伍者外，已全抵雷多附近；四、新38师约4000人；五、新22师约2000余人；六、军直属队约1万人；七、整训地点在蓝姆伽；八、新38师已到蓝姆伽。新22师及军直属队均在铁路输送中。"中国远征军第一路各部的撤退至此完成。入缅军10万人损失5万余，其中2/3死于撤退途中。

附文　戴安澜：“为民族战死沙场，男儿之分也”

1942年5月26日下午，在距离中国云南仅100公里的缅北茅邦村，弥留之际的戴安澜叫来担架旁的随从替他整理了仪容，并扶他坐起，向北——祖国的方向凝望片刻后，38岁的戴安澜永远闭上了双眼。

1942年3月3日，正在缅甸腊戌的中国远征军第5军第200师师长戴安澜与军长杜聿明等，在一天之内被从昆明赶来的蒋介石数次紧急召见。戴安澜得到命令：200师作为先头部队火速开往同古。

“父亲毕业于黄埔军校，他们的部队在当时也属于精锐部队，蒋介石很想派这支精良部队打通滇缅线，把这条运输线保下来，也在盟军面前树立中国军人的形象。”戴安澜的幼子戴澄东回忆。

戴安澜是安徽无为人，据戴澄东介绍，戴安澜7岁入私塾就读，14岁拜桐城派学者周绍峰为师，古汉语基础很好，深得周先生的青睐；后来他还在陶行知创办的安徽公学学过半年，也颇受新思想与新文化影响。20岁的戴安澜投笔从戎，参加北伐，不久又考入黄埔军校。

戴安澜是靠着战场上的一个又一个功绩赢得军人的尊严与信任的。“从长城会战、华北会战，一直到台儿庄战役、武汉会战，父亲都参与了，他的职位也从团长、旅长到师长，可以说，都是他一个个打下来的。”

戴安澜又绝不仅仅是一介军人。同济大学教授、中国工程院院士戴复东是戴安澜的长子，少年戴复东曾与父亲住在军营里。戴复东回忆，他在房间这头做功课，父亲在那一头看书；小戴复东看着看着就睡着了，睁眼醒来，却见父亲还在灯下看书，第二天又照例去部队视察。黄埔军校毕业后，戴安澜又自学代数，当了团长以后，又让部队里的大学生教其两年多英语，戴安澜后来还在日记里记下这一细节，戏称“枪炮声交响曲”。

到达缅甸时的戴安澜已能和英军交流。戴澄东讲述了这样一个细节：有一次，戴安澜被蒋介石叫去开会，但却迷路了。后来看到一辆很好的汽车开过来，戴安澜以为是英军方面的汽车，于是走上前用英语问路。

谁知对方回答：“老戴，你疯了？”仔细一看，坐在车前的是蒋介石的秘书陈布雷，蒋介石与宋美龄端坐其后。“父亲就是这样，不放弃任何一个学习的机会。”

1941年，太平洋战争爆发。为确保中国战时“输血动脉”滇缅路的畅通，中国派出了10万将士组成的中国远征军开赴云南中缅边境临战待机。3月4日，戴安澜的200师成为第一批孤师入缅的先头部队。

同古是阻击日军北侵的军事重镇，3月20日，日军精锐的第55师团共4万余人在重炮、坦克等先进武器的配合下，向同古发起猛攻；而戴安澜师仅1万余人。在歼灭500日军后，日军又增派出两个师团分三路围攻同古。22日，切断了200师与后方的唯一通道。

3月22日深夜，戴安澜见日军近来攻势更加猛烈，而援军仍远在数百公里之外，形势已十分严峻，戴安澜当即写好遗嘱遣人交给其在昆明的夫人王荷馨：“亲爱的荷馨：余在此奉命固守同古，因上面大计未定，与后方联络过远，敌人行动又快，现在孤军奋斗，决心全部牺牲以服国家养育。为国家战死，事极光荣……”

由于后援不济，孤军被困，200师被迫放弃同古，但却以9000余人抗击2万日军达12日之久，歼敌4000多人，是日军自南侵以来遭遇的首次重创。蒋介石称赞：“中国军队的黄埔精神战胜了日军的武士道精神。”据戴澄东介绍，日本战史研究会也感慨，“对面的200师从上到下斗志旺盛，撤退时连伤兵都带走”，这种精神气节甚至连敌人都敬佩。

同古保卫战之后，远征军当务之急是攻击棠吉。“但英军的想法跟中方不一致，他们既想打退日军，又想保存自己实力，把中国军队顶在前面”，原定的共同防御，结果英军擅自放弃西线要地。日军趁机突破棠吉，远征军回国的道路被切断，史迪威决定退向印度，远征军一下子群龙无首，戴安澜果断决定带200师北上回云南。

戴安澜面对的形势极度凶险：穿过原始森林，渡过南渡河，越过曼腊公路和铁路。“父亲的部队要经过五道封锁”。王楚英回忆，5月18日夜大雨滂沱，行至细保至抹谷公路西南侧森林、正准备越过公路时，突遭拥有装甲车的大批日军猛攻。戴安澜亲率599团向敌后迂回，想迅速将敌击溃。

经过两天的激战，戴安澜率部突出重围，但代价惨重：他本人胸腹三处中弹，全师伤亡过半。警卫员在突围中跑掉了医药包，而戴安澜的伤势在潮湿闷热的热带雨林中更加恶化。

1942年5月26日下午5点40分，一代名将戴安澜在他人搀扶下，面向北方凝望片刻，永远闭上了双眼。

“父亲去世后，部队抬着他的尸体，按照他预先指定的路线回到了云南。”在滇缅边境，一位老华侨得知戴安澜去世的消息，专程赶到部队，执意将一口为自己准备的楠木棺材献出。7月，戴安澜“回”到了数月前出征的昆明，许多民众自发站立街头、拭泪致哀。

戴安澜牺牲时年仅38岁，他最大的孩子戴覆东那时只有13岁。“我大哥那时在贵阳上中学，有一天正在操场玩双杠，有同学拿报纸过来问，戴安澜是不是你爸爸，然后说你父亲阵亡了。大哥一听，一下子从双杠上跌落下来。”

成长于国家多难时期的戴安澜，有着一份超乎寻常的民族精神。戴澄东说，如果按辈分，他们兄弟几个应该是“恒”字辈，但父亲给自己的三个儿子分别取了“覆东”“靖东”“澄东”之名，唯一的女儿取名为“藩篱”——“父亲的意思是，女孩子不能出去打仗，那就在家把自己的家园守好”，那种民族之情深沉而强烈。

戴安澜去世后，毛泽东远在延安亲撰挽词：“外侮需人御，将军赋采薇。师称机械化，勇夺虎罴威。浴血冬瓜守，驱倭棠吉归。沙场竟殒命，壮志也无违。”周恩来与邓颖超夫妇也双双为戴安澜写了挽词。1942年，为了表彰戴安澜在滇缅战场的巨大贡献，美国国会授权罗斯福总统颁发美国军团勋章，戴安澜成了第二次世界大战及中国抗日战争中获此勋章的第一位中国军人。

在出征缅甸时，面对欢送的民众，戴安澜微笑着留下这样一句话：“为民族战死沙场，男儿之分也。”戴安澜也用生命，实践了这样一句承诺。

1947年6月，时任国民党长春警备司令孙立人（前排左二）

1947年，时任国民党新一军五十师师长潘裕昆（中，手叉腰者）

1947年夏，长春大学运动会足球赛请潘裕昆主持开球

1948年沈阳解放前夕，大批国民党人员和家属搭乘军用运输机逃离沈阳

对于沈阳，90岁的尤广才交织着诸多复杂的情绪

1947年的新一军中将军长潘裕昆

晚年的赵振英，时任国民党新六军十四师四十团一营营长

1948：沈阳，那些被改变的命运

登陆东北

1946年初，27岁的尤广才在广州密切关注着国共双方在重庆召开政协会议谈判的结果，“那时候新1军有两个可能：如果谈判成功，孙立人的新1军会被派到日本当占领军；如果谈判不成功，就是派到东北打内战”。一想到可能去日本做占领军，出身黄埔的少壮军官尤广才忍不住地得意：“我想我的命真是太好了，跟日本打过仗，把他们打败了还要到日本去，那真是太好了。”

时任新1军50师150团第二营副营长的尤广才是山东台儿庄人，1938年，19岁的尤广才在逃难路上听到了台儿庄大捷的喜讯，便立志参军报国。在武汉，尤广才考入黄埔军校，成为黄埔二分校第16期学员。

1939年毕业后，尤广才先是被分配到黄维任军长的54军军部特务营任排长，后来又调到50师师部任特务连连长，驻守中越边境。“那段时间很苦，吃饭吃不饱，当排长一个月的工资只能买两斤肉。逃兵很多，军队里留不住人。”在云南守了3年后，1944年4月，中国政府为了加强印缅战场反攻力量，决定增派54军的第14师和50师飞赴印度。尤广才还记得是从云南祥云县的云南驿机场登上的飞机。“我们坐的是美国运输机C47、C46，它们从印度运物资到中国，返回去的时候把军队运过去。”担任飞行任务的，是中航公司。运输机不是很大，只能装 40 多人。来来往往运了很多次，大约半个多月，中国远征军被陆陆续续调集到印缅前线。

飞机穿越有“死亡之线”之称的“驼峰”航线。尤广才还记得自己在飞机上因为缺氧而面色苍白、直打哆嗦，两耳也被震得嗡嗡直响。但是满怀激情的他还填了一首词《念奴娇·飞越驼峰》。到达印度最北边的雷多的汀江机场，“一下飞机，我们就被安排进一个浴室，先洗澡消毒，再换上美英提供的统一服装和武器。”换完装备后，他们又坐飞机到孟买，转道去密支那。

尤广才到了印度后不久，就参加了奇袭密支那之战。“我们带了干粮，从地面不知不觉向日本人进攻，美国一个团，30 师一个团，50 师一个团，三个团，结果成功了，日本才发觉。”1944 年 8 月，远征军攻占缅甸重镇密支那。

之后，尤广才又参加了西保战役。90 岁的尤广才提起那场战役，又不自觉地陷入紧张、亢奋相交织的情绪中。从拂晓开始攻击，炮兵打了以后，才往前推进，为了振奋军心，尤广才特地带了一名 19 岁的号兵。往前突进时，他们被日军发现，在他身后的号兵被日军狙击手一枪击中。“我一看第一排在阵地上和日本人展开肉搏。后来日本人跑了，我们追到伊洛瓦底江边。”

占领西保后，一个士兵踩到地雷上，弹片击中了尤广才，他受了重伤。在密支那美军野战医院疗好伤后，1945 年 5 月，尤广才随最后一批远征军驻印军回国。尤广才还记得，回国的时候，沿途看到的都是老百姓，以各种方式来欢迎归来的抗战英雄。在南宁待了一段时间后，部队又向雷州半岛出发，准备在那里与日军交战，“结果走到广西贵县那里，突然听说日本投降了。”与日军打了几年的尤广才长舒一口气，觉得“好日子终于来了”，还在盘算终于可以孝敬老家寡居多年含辛茹苦的老母亲。这时候新 1 军也改变道路，沿着西江到达广州，原地等待消息。没多久，尤广才就知道了自己部队的命运。

“听说要去东北打内战，从内心讲有点不愿意：跟日本人打得那么苦终于熬出头了，为什么还要打自己人呢？可是作为一名职业军人，服从命令是我的天职。”2009年1月7日上午，90岁的尤广才在北京柳芳南里的家中回忆60多年前的一幕，仍然显得心绪难平。不过他也承认，那时候的国民党部队对马上面临的场面没有足够的心理准备，“我们觉得共产党的部队不堪一击，战争很快就会结束的。”

尤广才所在的新1军从香港九龙乘美军的登陆艇，在秦皇岛登陆。在香港上船时，他们每人拿了一大袋美式防寒装备。在尤广才略显简陋的家里，他还特地掀开床垫，给记者看他印着US标志的那个美军睡袋，这是他这么多年来唯一保留下来的物品，女儿下乡的时候曾偷偷把它带在身边。

日军宣布投降以后，国民党的主要部队都集中于西南。蒋介石最终决定借助于美国军舰，从香港把部队运到东北。当时国民党驻香港最高官阶的军人是50师师长潘裕昆，由他出面统筹安排国民党军队的北运。

“50师在缅甸作战时，曾护送英军西路作战，英军炮兵团长是菲士廷；后来菲士廷在香港做了英军三军总司令，可能考虑到在缅甸战场上的友军之谊，蒋介石把50师派到九龙，38师也跟随前往。新1军、新13军都是从那里运上去的。”潘裕昆的外孙晏欢这些年来成了新1军军史的研究者。晏欢说，新1军在滇缅会战中名声大扬，港九老百姓对其十分拥戴，英军也对之报以敬意，即便新1军在香港对他们有所冒犯，他们也隐忍——1997年7月1日，解放军派部队进驻香港时，有媒体称他们是第一支进入香港的中国军队，而有老记者纠正说，早在1945年便有中国的部队来过，那便是新1军。

“我只知道我们来东北是来接收的，可能会和共产党有摩擦，但直到到了东北以后，才明白要打仗，心里不好受。”曾任新1军谍报队长的梁振奋回忆。那时候很多国民党普通士兵都不知道，与日本人苦战8年之后，他们又要被投入另一场战争。晏欢说，潘裕昆这样的高级将领对此则一清二楚：他把家眷都安排在湖南长沙，然后在北平也买了房子，几个年龄小的孩子住在北平，潘裕昆的夫人有时随军去长春，有时回长沙。

东北记忆

对于沈阳，时年90岁的尤广才交织着诸多复杂的情绪：1948年4月，他在沈阳结婚；仅仅半年后，他所在的新1军便遭受灭顶之灾，而他自己的命运从此也经历了一个大逆转。

尤广才后来的人生颠沛流离，婚礼那天是他人生最美好的记忆。尤广才的部队当时驻在辽中县三台子，新娘是当地人，一直忙于战场厮杀的尤广才也觉得该成家了，他说，那时嫁给国民党军官是很荣耀的事，而他自己也感觉正是春风得意、年轻有为之时。50师参谋长陈时杰给他做的证婚人，师长潘裕昆也出席了婚宴，还把自己的黑色小汽车借给尤广才用，这也成了他关于那支部队最后一丝有点温暖与亮色的回忆。

后来被打成"历史反革命"的尤广才早就将关于那个时代的记忆销毁殆尽，若干年后，他从潘裕昆的女儿、晏欢的母亲潘步南那里，看到了他当年送给潘裕昆的结婚照。照片上的尤广才英气勃发，年轻的新娘则是很西式的曳地白色婚纱。现在回想起婚礼的气氛，尤广才说那时的国民党上上下下丝毫没有大难将至的预感，"辽沈战役之前，国民党摸着头还以为打仗会胜利的"。

时年92岁的赵振英最初对沈阳的回忆，也是轻松和随意的。赵振英时任新6军14师40团第一营营长。部队驻在苏家屯附近的姚千户屯，部队有吉普车可以经常进城，"过得挺不错的"。赵振英回忆，他升迁之后，军队还在沈阳给分了房子，就在市中心一带，大家常去看电影、逛街，14师师长龙天武也都住在这里，大家的心态都比较放松。当时出任东北"剿匪"总司令的卫立煌，还召见营以上军官询问战情，赵振英也位列其中。

1917年赵振英出生于北京通县。读高中时的赵振英参加了学生集训总队，参加过古北口抗战的第 2 师师长黄杰任集训总队队长。学生集训总队在日本人压力下被迫解散，赵振英记住了自己同身边的同学含泪听完黄杰讲话的场面。卢沟桥事变后，赵振英乘挂着白旗、最后一列离开北平的火车南下，到连云港找到黄杰。黄杰将找到他的一些学生送到了江西星子县中央军校特训班。这个班后来被编成黄埔 14 期。毕业后赵振英进入 54 军。

赵振英也是英勇的中国远征军的一员。1944 年 3 月，他也从驼峰被运到了印缅，在那里训练丛林作战。缅甸的生活相对国内反倒条件好一些，“头一个是吃得好，按美军标准，有罐头吃，在国内穿的军服也破破烂烂，穿的草鞋。在这里完全跟英国士兵一样，穿卡其布裤子，皮靴，后来又改成美式服装”，回国时每人还发了一身哔叽制服。唯一苦闷的是见不到人，“完全是在丛林里，进入后看不到太阳，净听到猴子叫。”有一次训练之余，赵振英一个人带着手枪到丛林里找猴子打。除此之外，还要忍受蚂蟥、蚊子的袭击。

赵振英是 1945 年从上海乘船到的秦皇岛。之前，他刚刚经历了人生最辉煌的时刻——在芷江亲历日军投降。今井武夫来洽降时，赵振英的部队正驻在芷江，“我看见今井武夫的飞机挂着白旗，在机场降落。”不久，国民党派人从芷江到南京准备受降，赵振英所在的营是头一批去的，在南京大校机场担任警戒任务。“9 月 9 日，日本投降，我那个营担任会场内外警戒，”让赵振英至今回想起来颇感自豪的是，“在仪式上我们没出一点差错，没给办砸。”南京受降仪式后，南京举行了一个盛大的军民大联欢。赵振英骑马走在队伍前面，这是他一生中最美好的回忆。不过令人感慨的是，在长达半个多世纪的时间里，“低头做人”的赵振英都没有看过自己经历的这一历史性时刻的任何资料照片，直到几十年后晏欢辗转找到他，他才第一次在那张照片中看到站在最边上的自己，而且赵振英是受降仪式上唯一一位健在者了。

仪式后，赵振英及团长王启瑞与军长廖耀湘在南京夫子庙合了一张影，廖耀湘在赵振英的那张后面写了一句话：“振英营长，凯旋回京纪念。

廖持赠。”“凯旅”两字让赵振英琢磨了很久，想来想去觉得这应该是军长的笔误。

14 师野战医院设在吉林铁路医院，赵振英认识了从哈尔滨医科大学毕业后在此工作的妻子。1947 年 8 月 18 日，两人在沈阳部队俱乐部结了婚，14 师师长、后任新 3 军军长的龙天武任证婚人。“当时谁能预料到后来的命运呢？”住在翠微路一普通民居的老人，回忆往事，半是自嘲半是无奈地笑笑。

1947 年初，赵振英当上了 40 团副团长。“仗打得太多我也有点厌烦，总想找办法脱离”。此时，正好有国民党方面在招留美军官考试，赵振英顺利通过了初试。刚结婚不久的赵振英回到北平等消息。“1947 年底国民党在东北打得很狼狈，需要扩军，部队发了几个电报让我回，说再不回去就通缉我，无奈我只好又回了东北。”

赵振英所在的部队驻在沈阳南部。其间他们和共产党部队交过手，但在赵振英感觉“像开玩笑一样”，“小打小闹”。赵振英印象最深的是对手喜欢夜袭，在他印象中，对手完全不是“正规战争”的路数：“他们多是游击战，碰上就打，打完就走。”那时的赵振英对敌手的装备也很不屑：“他们只有迫击炮和手榴弹，也没什么重武器，身上也是破破烂烂的军装。”自视和日本人交过手的国民党部队对敌手很是不以为然。当时东北流传着“只要不打新 1 军，不怕中央百万军”，可见其超强的战斗力。

因为外公潘裕昆而投身于新 1 军研究的晏欢，后来在广西找到 97 岁高龄的新 1 军老兵、时任 50 师 149 团副团长的张永龄，他告诉晏欢，1946、1947 年左右，国民党的团长或营长在长春过得非常舒适，“都是由日本女人帮着做清洁”，当时允许团级家属随军，很多人住在日本人曾住的小楼里，张永龄夫人在长春生的孩子，还是军长夫人给找的日本助产士。

“客观来说，那时候国民党部队普遍弥漫着轻敌骄纵之气。”作为最王牌的军队，他们接收东北后，有些厌战的国民党军官心态已经发生变化。那时的长春一片歌舞升平的景象，“很多人忙着娶东北的大学生做太太，热衷和美国大兵过圣诞节，也讲究穿戴。”从留下的照片看，骑着高头大马的孙立人也一副志得意满的神情，“新1军下面的军官摩托车、吉普车都非常漂亮。”有意思的一个细节是，60军算是杂牌军，到了东北后，很多将士都借新1军的枪和服装拍照寄给家里。60军后来在长春战役中起义投诚，原因之一也是对蒋介石在待遇上厚此薄彼一直有所不满。

那时军官太太们在一起听戏、搓麻将，还经常回北京听戏。“张永龄的夫人告诉我，她那时还经常坐军用飞机回南宁”，作为一名团长，张永龄的收入可以请得起工人、司机，生活优裕。而晏欢后来在台湾看到了一位新1军老兵的回忆录，他很吃惊地发现，当时很多人请假离开军队，其中有一人竟然提到自己在1947年请假跑回长沙，去北平做布匹生意。而那时的林彪，正在冰天雪地里，等待着历史的转机。

转　折

无论尤广才还是赵振英都毫不避讳地承认，作为国民党战斗力最强的王牌部队的一员，他们是带着骄傲的心情迈进东北战场的。“刚开始我们所向披靡，把共产党的部队赶过松花江。”尤广才还记得国民党部队在重装备上面的优势：“有重炮、排炮连、战防连、炮兵营，火力很强。”后来打起来兵源补充很大，补充的兵源战斗力也弱些了。

尤广才参加了1946年那场著名的四平战役。国民党方面投入了新1军和71军，两个军打了1个月，“那时候把四平说成‘中国的马德里’，就是要进行决战。”四平战役一共打了40天，打得很残酷，尤广才也在战斗中负伤。

德惠之战是国共两党最重要的战役之一，其战斗之惨烈，尤广才至今提起来还记忆犹新。1947年2月，当时东北联军用4个师围攻国民党50师的2个团。山东屯是德惠最南端一个突出部，尤广才所在的第二营即守在此处。“当时团长要收复阵地，我就把营部的士兵集合起来。”

两军只相隔一条马路，双方都立志拿下这个地方。夜间，对面的共产党部队隔着马路向尤广才所在的地堡里扔手榴弹，但没投进来，“我整个耳朵都是爆炸声。”50师用机枪压制住了共产党部队的突进。其间两个民主联军的战士冲过来，被打死。

天亮之后情况没有变化。“我出来看一下情况，两军仍是对峙，我也守得很艰巨。正好师部架设电话，我到了地堡里，我跟团长打电话，报告他现在的情况，说现在唯一的办法，是用重炮射击、堵住，师长采纳。同时，孙立人带2个师，从后边过来。”虽然东北联军最终撤退了，但尤广才发现，“共军装备不像过去了，迫击炮、平射炮、榴弹炮，炮兵也很厉害，大炮、炮兵都有了。”

尤广才还记得，这一战结束后，他们把山中清理出来的共产党部队的尸体摆到田地上，一共200多具，“陈明仁、孙立人他们都看，当时都流泪，我看了也流泪，中国人打中国人，这是何苦呢？潘裕昆也灰心，说一将成名万骨枯，也流泪。”因为德惠之战的“英勇”，尤广才所在的团后来被授予“中正团”称号，这在国民党部队里几乎是最高的荣誉。

在尤广才的回忆中，情况在四平战役有了改变。“共产党还是原来的到农村去，绕开交通线绕开大城市”，“共产党运动战法，发动群众发动得快，扩充兵力也快”，此外，国民党高级将官频繁更换，也给军心带来很大动摇，在尤广才看来，除了苏联公开化的支持外，高级将官战斗思想的不统一，也是国民党失掉东北的主要原因。

尤广才也感觉到了当地老百姓态度上微妙的变化。“刚开始去他们肯定是支持我们的，因为我们是国军、正规部队，号召力还大些。地方老百姓对共产党不怎么样，特别是对苏联大兵印象很坏，因为他们有的人骚扰当地妇女，所以当地不少女孩子都把头发剪了，怕被发现。但后来不同了，共产党原来没有根据地，四平战役之后，建立根据地了，很快把群众发动了。”尤广才回想起来，国民党部队似乎从四平之战后便没了心气。“国民党部队开始是有些轻敌，轻敌观念一直没有太大转变，不过后来想打也打不起来了。”

灰飞烟灭

出发沈阳之前，尤广才得了一次神经性的脑热，仿佛冥冥之中有一种暗示，昏迷之中他不知为何有一种感觉：自己马上要跌入人生的最底层。后来的情形完全印证了他的预感。

大黑山，成了新 1 军这支王牌部队永远的耻辱。1948 年 10 月，廖耀湘的第 9 兵团已陷入重重包围之中。“廖耀湘让我们夜间突围，回沈阳。”尤广才回忆。于是，他所在的团沿着事先已经选择好的撤退路线走，忽然听到前方有枪响，前边的部队立即乱作一团，后面的部队也散了。第二天早上天亮，尤广才发现团里只剩下他一个。

“我骑着一匹马，也不知道往哪里走，马跑到哪里就到哪里。结果不知道它是往后走了，到天亮了，我发现走到解放军阵地了，前面就是他们的机关枪；我又往回跑，结果马跑累了，一下把我甩下来。”

尤广才被马甩在解放军的阵地上，“这个阵地也很混乱，解放军有，国民党也有。”有意思的是，解放军对尤广才这样的散兵游勇也不搭理，接着行军。第二天，尤广才跟附近老百姓换了一套便服。在一个关卡处遇到了解放军。“那解放军问我，你是干什么的？我说我是解放军，殿后的。他们就把我放走了，之后化装成老百姓偷偷回到沈阳，沈阳已经完全解放了，都是共产党天下了。”在家住了几天后，尤广才选择了投诚。

时年 92 岁的赵振英仍有些困惑的是，他所在的号称王牌部队的新 6 军，与共产党方面连个正经的战役都没打，怎么一下子就被冲垮了。那个时候赵振英所在的新 6 军正在大虎山一带。“有的人主张打营口，有的主张打锦州，犹豫不决，让我们等了一两天，耽误了时间。”当部队接到廖耀湘往沈阳集中的命令时，赵振英发现这是一个根本不可能的任务。“我们在大虎山一带，周围都是民主联军，白天走不了，晚上更走不了，因为夜间行军不是我们的特长，结果在行军路上就被打散了。”赵振英也在乱军当中换上老百姓衣服，走到锦西，路上有很多关卡，赵振英蒙混过去，他带着下面一个士兵，只敢在天色昏暗时或早上走。赵振英在葫芦岛遇到了他过去的长官、国民党54军军长阙汉骞，赵振英谢绝了他的挽留，厌倦了战争的他想回北平过安稳日子。

“廖耀湘部队被围，走投无路，一直在原地打转，沈阳的将领要求父亲赶紧发电报让廖向沈阳回兵，父亲认为，蒋介石已把指挥权交给杜聿明，他如果下命令让廖耀湘回撤，蒋介石一定会推罪于他，于是起初不肯，但身边的人声泪俱下地求他，说都是远征军部队，有过患难与共的经历，你放他一条生路。父亲听了，也很难过，无论是国是共，身为将领，总是对自己的部队有很深的感情。父亲后来同意发了准许回来的电报，而这封电报救了不少人的命。”卫立煌的儿子卫道然向记者回忆。

乱军当中，潘裕昆被熟识当地地形的一个骑兵抄上战马冲出重围，后来脱下军长服装趁乱逃走。应了“兵败如山倒”的那句老话，国民党部队在黑山一下子被冲垮，新1军全军覆没。而廖耀湘兵团的5个军的军长里面，只有新1军军长潘裕昆和新3军军长龙天武侥幸逃生。

当时解放军部队马上向沈阳包围而来，他们只有一天的时间逃出来，蒋介石派了一架运输机接他们出来。当时卫立煌的指挥部里已是仓皇一片，跟随卫立煌多年的勤务兵后来告诉卫道然，1948年10月30日，蒋介石最后时刻来了一份电报，指明最后一架要送回来的几位国民党军政要员名单，一共8位，其中包括潘裕昆。据说蒋介石有信：我要一个活的潘裕昆回来！那位勤务员看到电报来了，连衣服都没顾上拿——里面还装着金条，赶紧报告长官。

搭上最后一架飞机离开沈阳的8个人有卫立煌、赵家骧（卫立煌的参谋长）、辽宁省政府主席王铁汉以及新3军军长龙天武、新1军军长潘裕昆等。很多逃窜至此的国民党官员早已候在大厅里，见飞机过来，赶紧冲过来，都想搭上最后一班飞机。而卫立煌的卫士把想爬上飞机的那些人用脚踹下，飞机开始滑行起飞。有的人在破口大骂，有的人号啕大哭……这些滞留在沈阳的人最终成了战俘。后来很多人在政协文史资料中都回忆了这一幕。在这一役中侥幸逃走的赵家骧后来在金门炮战中，被解放军的大炮炸死。

潘裕昆有位同乡叫潘茂，时任新 1 军特务营营长。几年前，晏欢曾采访了住在武汉的潘茂。他告诉晏欢，10 月 28 日接到撤退命令时，他想起队伍里还有十几个解放军战俘，于是想先把他们放了再撤；就这么一会儿工夫，回来时潘茂发现已经找不到部队了。他只好根据天上北斗星判断的大致方向，在天亮时摸回了沈阳，又与潘裕昆接上头。此时的潘裕昆还冲他大发雷霆："还不赶快找人？"这位新 1 军军长似乎还没意识到，这对他已是万劫不复的灾难，还想着收拢残兵败将重拾河山。

等第二天潘茂再去见潘裕昆时，有人告诉他："军长已经和卫司令去机场了！"潘茂于是开着吉普车去沈阳机场。一路上戒备森严，还有用汽油桶设置的路障。到了机场一看，不见卫立煌所乘的那架最后的飞机，却碰上宋美龄派去接银行界、文职人员等的另一架专机，他混上了那架飞机，也回到了北平。

时至今日，我们无法想象飞机上的卫立煌、潘裕昆等一干国民党军政要人沮丧的心情。杜聿明在葫芦岛接的他们。在葫芦岛停了一天，一行人到了北平。北平那时虽然仍是在国民党统治下，但潘裕昆与卫立煌等都是便装出行，想避风头。晏欢说，潘裕昆还带着卫士来到尚存的新 1 军驻北平办事处，潘裕昆与副官以假名字办了记者证，从北平去天津，住在天津的皇后饭店，想探下风声。

此时的潘裕昆一定心灰意冷。"他也不想当兵了，想回老家，他把军装给烧了，萌生退意。"潘裕昆先在上海待了一段，其间蒋经国还在和平饭店请潘裕昆吃饭，潘裕昆的长子潘君奇从长沙赶到上海找他，也出席了这场宴请。"我大舅舅回忆，蒋经国并没有怪罪潘裕昆，反倒邀请他出任 80 军军长。可是外公当场谢绝，还告诉我大舅舅：'以后你们谁都不要穿军装……'"

1948 年 10 月 28 日，当枪炮声在广袤的辽西平原上渐渐平息下来时，廖耀湘的10万大军，连同国民党的两大王牌主力——新1军、新6军，一起灰飞烟灭。

廖耀湘和新1军副军长兼新30师师长文小山、新1军代参谋长兼第50师副师长陈时杰、新1军第50师师长杨温、新30师副师长谭道善、新30师参谋长唐山等全部成了俘虏。原属于新1军的新38师早在1948年10月19日在长春向东北人民解放军投诚；新1军最后1个师——暂编第53师，也于1948年11月在沈阳战役中向东北人民解放军投诚。国民党的王牌之星——新1军就这样陨落在辽沈战场。

派系林立

辽沈战役成了潘裕昆人生中永远无法释然的一个心结。“我外公经常说的一句话：我那么好的军队，怎么一下子就没了？”1907年潘裕昆出生于湖南，他与后来成为自己对手的林彪都是黄埔四期同学。

潘裕昆是1947年接替孙立人出任新1军军长的。晏欢说，外公能登上这个“宝座”，一是固然与实力有关，其二，与陈诚来到东北有关。潘裕昆原是陈诚的嫡系，50师出身好，是陈诚的王牌军，被派到缅甸战场后，阴差阳错地变成了孙立人的部队，成了外来人，游离于孙立人指挥之外，和英军关系较好。因为表现好，孙立人慢慢接纳了潘裕昆，“四平之战中，50师冲在最前面，也表明了孙立人对50师的看重。”陈诚把孙立人挤走后，将原来18军的人都提拔上来。孙立人得到了一个东北“剿总”副司令的闲职，从此淡出东北战局。

潘裕昆是39岁当上的军长，也算是风光无限。潘裕昆的一位副官后来告诉晏欢，得知自己被提拔那天，潘裕昆特别高兴，还特地派人找到登载这一消息的报纸来看，岂料巅峰之后就是一个深不见底的低谷。“孙立人盛名在外，接替他出任新1军军长的潘裕昆自然希望自己能继续新1军的威名，可是命运不济，偏偏是新1军在潘裕昆手上全军覆没”，所以这也成了潘裕昆余生中一个永远无法释然的心结。“在回去路上他烧了军装，从此再也不穿军装，连枪都不摸一下。”

新1军不复存在，潘裕昆回到长沙老家，深居简出。在长沙买了四合院。在此期间，潘裕昆与程潜、陈明仁走动较多。潘裕昆与陈明仁曾一起在四平作战过，陈明仁起义前夕，邀请潘裕昆加入其中，也把他名字列入起义将领名单里。潘裕昆觉得新1军是共产党的死对头，再怎么也脱不了干系，于是思忖再三，还是婉言谢绝，潘裕昆选择了香港作为最终的落脚点。

“当时粤汉铁路不通，据舅舅说，陈明仁专门派了一个班护送潘裕昆，从陆路往香港走，后来大陆解放，护送的两个班的士兵也留在了香港。”潘裕昆以为自己只是暂避香港，很快便会回来，他让程潜帮忙照看家里的两辆别克汽车，但后来什么都没有了。

国民党部队的派系林立众所周知。辽沈战役的溃败又恰好印证了这一点。

众所周知，杜聿明与孙立人的矛盾在印缅战场上便开始了，又延续到了东北战场。杜聿明发布了一个对东北民主联军的追击命令，在这个命令中，他把长春划进了新6军的作战区域，同时发布了一个100万东北流通券的悬赏，奖励先进入长春的部队。这一下子彻底引爆了孙立人和新1军对杜聿明的反抗情绪。新38师和50师的部分先头部队不理杜聿明的命令，进入新6军的作战区域，新6军先头部队也在同一天进入长春。杜聿明奖赏了新6军，引起新1军的不满。

“蒋介石把不同兵团捏在一起，很难指挥，互相之间不服气，大大损伤了部队的战斗力。”晏欢说。

杜聿明因身体原因离开东北后，1947年走马上任的陈诚又对队伍进行了整编。“陈诚把他最宝贵的14师拿出来，成立新3军，14师师长龙天武升为新3军军长。”

孙立人离开新1军之后，外界曾普遍以为由李鸿接任军长，却没想到陈诚让自己的爱将潘裕昆接任。新1军保留了50师、新30师，加入暂编“杂牌军”53 师，讽刺的是直到部队全部覆灭，暂编 53 师“没有和新 1 军一起打过一天仗”，而正是暂编 53 师的起义，最终导致沈阳的解放。

另一方面，又将新 1 军中孙立人宠信的 38 师分出去，配上两个杂牌军——东北保安团，组成新 7 军，由李鸿任新 7 军军长。“实际上把原来的新 1 军肢解了”，这支曾声名显赫的王牌部队战斗力也被削弱。

1947 年，蒋介石对东北的国民党部队进行了大调整。新 6 军军长廖耀湘升任第 9 兵团司令，成为最精锐部队的首领。在新 1 军的眼里，黄埔六期的廖耀湘资历比他们浅，但因为有留洋的经历，深得蒋介石赏识。南京受降仪式上，蒋介石也专门派廖耀湘部队，给人以“集万千宠爱于一身”的感觉。因为不同派系，国民党内耗不断。晏欢说，在接到廖耀湘命令时，新 1 军的几位将官在一起讨论是否执行。新 1 军副军长文小山说了一句话：“以廖耀湘一贯的指挥道德，我们不能听他的指挥。”他们认为廖耀湘指挥偏心：攻的时候想让新 1 军在前面，退的时候又把新 1 军放在最后面，拿新 1 军当炮灰，难免心生抵触情绪。被俘后的廖耀湘被特赦出来后，在政协文史资料里，也承认了自己思想斗争很激烈，“他最想保的是自己的新 22 师”。

命　运

1949 年，选择了投诚的尤广才先是在沈阳东陵参加了解放军官教导团。因为是“投诚”人员，待遇与“俘虏”有所区别，“解放军待我还是不错的”，尤广才曾经还面临一个“重新做人”的机会：解放军曾说服他加入部队往南走，但被内战苦苦折磨的尤广才拒绝了，他宁愿回乡做一个普通人。

不久，投诚人员被转移到抚顺参加劳动改造。在那里他见到了许多熟悉的面孔。“国民党高级军官都集中在那里，廖耀湘、周福成，这些人我都见了。”经过思想改造后，尤广才从军管会那里拿到了一份鉴定：“安顺良民”。1952年，尤广才接到了东北工学院接纳他为正式工的通知。一年以后，他被学校开除，理由是“隐瞒历史”。

没了工作的尤广才在沈阳以出苦力谋生。“我记得沈阳有个联营公司，我半夜去那儿，天一亮就在那儿等车，蹬车拉东西。”有时爬南站的天桥，爬着爬着就口吐鲜血。1958年，在北京学习中医的尤广才被打成“历史反革命”。大年三十那一天，尤广才被送劳动教养，后来在清河农场一关就是6年。1965年，尤广才被遣回原籍山东枣庄。追求进步的妻子终于同他离了婚，改嫁他人。尤广才从此一个人生活在乡村一间茅草屋里。老母亲去世时，他还是“历史反革命”的身份，在采访中回忆这一段，90岁的老人忍不住哽咽起来。

后来考上南京大学工学院的赵振英成为一名技术骨干，但也未能逃过大时代的命运，1969年的一天晚上，警察到家里抓走了赵振英；3年后，戴着手铐、脚镣的赵振英在天津一个很大的体育场里接受了公审，被判刑20年。1975年，国家下达命令：释放国民党团级干部后，他才又恢复了自由身。但此后的几十年岁月里，赵振英紧紧关闭了自己，那段经历即便对儿子都不讲一句。所幸的是，他的妻子一直对他不弃不离。

在印缅参战时，新1军、新6军每个部队都有一位美军联络官。赵振英所在部队的联络官叫Gardener。联络官回国时，部队里的很多人在他的通讯录上留言或留地址。他去世后，其子将父亲当年的照片和一些资料扫描后发到网上，恰好被一直关注此事的晏欢发现了。他同Gardener的儿子联系上，也在网站上提及此事，顺便刊登了印有很多人名字的那份联络表。赵振英的儿子偶然间看到了，联系到了晏欢。这位隐藏多年的远征军老兵才被“打捞”出来。这一次也是赵振英第一次面对媒体。

晏欢后来邀请这些曾参加过远征的老兵回到云南，探访他们当年生活战斗的地方，所到之处，得知他们身份的人无不向他们表示敬意。赵振英才慢慢感觉“自己第一次像个人了”，92岁的老人内心的坚冰一点点融化。直到见到晏欢，赵振英才知道，2005年纪念抗战胜利60周年大会上，国家领导人提到了“正面战场”一词。

因为有了共同逃难的这一段，卫立煌与潘裕昆似乎有了生死之交的一层情谊，与蒋介石的关系也都相对疏远。到了香港之后，两人的来往频繁一些，一起在家里发发牢骚。1949年8月，包括龙云、李默庵、黄绍竑等蒋介石原来的一些亲信和旧部40多人，在香港发表一份宣言，宣布脱离与国民党的联系，潘裕昆名字也赫然在列。

晏欢说，共产党方面也一直争取潘裕昆。与卫立煌相似，潘裕昆也将长子潘君奇与女儿潘步南——即晏欢的母亲等几个孩子送到大陆来。也许是相似的命运，使得潘君奇与卫道然也保持了一生的友谊。

晏欢后来结识了郑洞国的孙子，他告诉晏欢，朝鲜战争时，很多投诚的新1军战士又参加了志愿军，与曾经是他们友军的美国人对阵；周恩来总理还向郑洞国咨询怎么和美国人作战、美国军队是怎么训练的；而在香港，也有人找到潘裕昆，问怎么打美国人。

“这些年我也遇到了很多新1军的后人，他们说新1军炮兵很有水平，解放战争时教解放军怎么训练炮兵”，在朝鲜战场上，美国人与他们培训出来的新1军，成了你死我活的对手。

晏欢回忆，潘裕昆在北京长大的孙子特别爱跟爷爷聊辽沈战役时解放军如何神勇地把国民党部队击退；每逢此时，潘裕昆总显得很无奈地说：“你怎么总提我那些倒霉事，怎么不说我带部队打日本人的事？”孙子反问：“你们国民党部队哪里抗日了？”潘裕昆沉默不语。

1982年10月28日，76岁的潘裕昆在香港去世，而30多年前的这一天——1948年10月28日，他率领的新1军灰飞烟灭。

附文　新 1 军将领的命运

新 1 军先后有三位军长：郑洞国、孙立人和潘裕昆，他们后来分别在大陆、台湾和香港，命运也各不一样。

1948 年，被困在长春的郑洞国放下武器投诚，毛泽东主席为中央军委起草致东北局的电文中指出："郑洞国为黄埔高级军官，此次又率部投降"，"应给予礼遇"。郑洞国后来做了水利部参事，全国政协委员，也得到毛泽东的礼遇。1991 年，88 岁的郑洞国在北京去世，算是得到善终的一位。

而跟随蒋介石撤退到台湾的一代名将孙立人，其命运之悲惨令人扼腕叹息。从 1955 年被解除职务，一直到 1988 年解除软禁，孙立人失去了 33 年的自由，而牵连进去的人员也达 300 多人。

"说起来，最逍遥的是我外公潘裕昆，两边都放他一马。"但是第三任军长潘裕昆也永远背上了新 1 军终结者的沉重枷锁。

在新 1 军将领中，值得一提的是新 1 军二号人物李鸿的命运。在仁安羌之战中，李鸿声名远扬，有"东方蒙哥马利"之称，被英美两国授予勋章，战功赫赫。李鸿率领的新 7 军后来在长春被围，孙立人在南京向蒋介石请愿，要求把自己空投到长春，把新 38 师救出来。孙立人对李鸿的爱惜可见一斑。

被解放军围在长春时，重病躺在病床上的李鸿坚决不投降，郑洞国想自杀，身边卫士将枪藏了起来。1948 年 10 月 25 日，李鸿躺在担架上离开长春，经吉林到达哈尔滨。解放军派专人为他看病，不久病愈，他被送去政治学习。李鸿在广东有一原配，后来在东北又娶了一位钢琴老师。他们的女儿 1949 年出生在战俘营里。

中共多次劝李鸿参加解放军，但都被他婉拒，他只希望回湖南老家。郑洞国也再三劝他留下，但李鸿去意已决。1949 年 6 月，解放军同意李鸿返回原籍，7 月到达长沙，不久回到湘阴故居。这时，李鸿收到孙立人托人从台湾带来的信，希望他去台。经过数月的考虑，1950 年 2 月 3 日，李鸿携夫人马真一及幼女离湘经香港赴台，5 月抵达台北。

去台湾的第二天，蒋介石亲自召见李鸿，并许以军长或军校校长的职务。岂料一周之后，李鸿被捕，以“匪谍罪”立案，随行部属十多人也相继入狱。国民党方面怀疑李鸿等受命中共来台策反孙立人将军，李鸿坚决不承认指控，遂以失守长春罪名被关押。

李鸿的儿子一直在监狱里待到 7 岁，李鸿夫人找到蒋介石要求把儿子放出来上学才得以出来。晏欢与父亲后来在台湾见到了李鸿的儿子，但他很不愿意提及这些往事，只是告诉晏欢：“我姐姐是在解放军的战俘营里出生的，我是在国民党的监狱里出生的。”

直到 1975 年蒋介石去世，台府大赦，李鸿才被放出。第二天李鸿找人陪他来到蒋介石墓前鞠了一躬后离开，一句话都没有说。李鸿后来靠夫人教钢琴谋生。“李鸿的儿子告诉我，李鸿出来后，也和孙家无来往，这些都是奇怪的事。”

早期新 1 军的人住在台南屏东平房里，条件很差。孙立人、李鸿等都住在这里。孙立人还有一位得意的部下叫唐守治，是新 30 师师长。当年孙立人与杜聿明为了他大吵一架。唐守治跟孙立人一样到了台湾，唐没有受孙立人影响，官至“国防部”政治作战部主任，升到上将，“唐守治和李鸿都是孙立人的铁杆的拥护者。但为什么他不帮孙立人，也让外界百思不得其解”。1975 年 4 月 5 日，因为家庭纠纷，唐守治先开枪打死了妻子，然后吞枪自杀，因为这一天正是蒋介石去世，于是很少有人注意到这位名将的奇特结局。在曾经的王牌部队里，跑出来的龙天武到了台湾之后也比较落魄，没有一官半职的他，还是靠胡琏给他找了一个闲职。还有传言说他在金门岛上种菜，而当年，他是国民党 200 多个师长中唯一一位参加南京受降仪式的师长。廖耀湘被放出来后任全国政协委员，“文革”中因为红卫兵批斗，受惊吓心脏病发而死。一代名将就这样逝去，令人不胜感慨。

金冲及：卢沟桥事变
——全民族抗战的起点

中国史学会原会长、原中共中央文献研究室副主任金冲及，主持编写了毛（泽东）刘（少奇）周（恩来）朱（德）传，是公认的“官史”第一人。虽然已经退休，但每周金老仍会抽出一天来到前毛家湾1号的原中共中央文献研究室办公。对于出生于1930年的金老来说，抗日战争不仅仅是一个历史名词和学术概念，更是他亲身经历的岁月，是民族陷于危亡、国家遭受践踏的切肤之痛。一直笑意盈盈的金老在提到“九一八事变”东北沦陷后，青年学生们一起唱“我的家，在东北松花江上……”时，老人家更是红了眼圈。

小细节与大历史

李菁：“卢沟桥事变”距今已80多年，我们都知道，引发事变的导火索是一个日本士兵的“失踪”。回到当年的现场，还有一些历史细节，比如第一枪由谁打的等问题，一直是史学界未能确定的。目前对于这些问题，学界有哪些新的研究成果？

金冲及：关于“卢沟桥事变”的经过，大家都知道：当时日本的所谓中国驻防军队已经强行驻扎在离卢沟桥十分近的丰台镇，1937年7月7日夜间他们在卢沟桥附近举行实弹的军事演习时，突然说有一个士兵失踪，要进宛平县城搜查。宛平这个县城很特别，东西是640米，南北

320 米，是一个长方形结构。城里面没有什么街道、民宅和商店，实际上是一个军营，是扼守北京当时仅存的对外通道的战略要地。当时已经是晚上 11 时左右，正下着大雨，人们一般都睡了。日军毫无根据地提出进城搜查的要求理所当然地被中方拒绝，在这种情况下发生了军事冲突。

这个“失踪”的日本士兵很快就自己回来了，不过是自己去解手，但日军仍坚持要进城。因为日军本来在进行军事演习，常有一阵阵枪声传来，天又漆黑，混乱中，谁打第一枪，有各种不同的说法，确实不容易分清楚。日方过去也有讲是日军先开的枪，后来有些人又一口咬定是中国军队先打的，还说是中国共产党指挥的。

有一年，我到日本去参加一次讨论中日战争的学术讨论会。日本一位很有影响、曾写过一部《日中战争史》的秦郁彦教授，在会上说不但是中国人打了枪才引起战争，还说是刘少奇亲自指挥的。我当时回答说：谁打第一枪，在当时枪声不断的情况下，谁也很难查得准确，至于说刘少奇在指挥，那就成了笑话了，刘少奇在 1937 年 4 月离开华北到陕北，参加中共中央召开的白区工作会议，五六月份都在开会。7 月份从延安回来，走到山西交通就不通了，无法前进。刘少奇怎么能指挥呢？休息时，他来同我寒暄，给了我一张名片，也没再反驳我。历史，本来是不能为了某种需要而任意编造的。

历史的细节重要不重要？关键性的细节当然十分重要。冲突发生时，已近半夜 11 时，天又下着大雨，人们一般都已睡了，更不知道那个日本士兵“失踪”的事，日军却强要武装进城搜查，从以往事实来看，日军常在这类借口下乘势抢占中国的要地，扬言不答应它就要强行攻城，把中国的领土和主权置若无物。这样蛮横跋扈的态度，是每个有爱国心的中国人能够忍受的吗？对这些关键性的细节，日本一些右翼分子视若无睹，却专门要在这个在一片混乱中众说纷纭、不容易查清的问题上大做文章，目的无非是要把人们的眼光从关键问题上引开，去争论那些不重要的具体问题上，牵着你的鼻子从要害处移开。

其实，日本军国主义者发动战争，从来不需要理由，更不在乎谁打第一枪。看一看历史就会明白：日本军国主义者发动大的战争，包括甲午战争、日俄战争、“九一八事变”、中日全面战争、太平洋战争等等，无一例外的都是不宣而战，这在世界历史上是罕见的。突击旅顺口、偷袭珍珠港，都不是俄罗斯或美国先开了第一枪才发动战争的。他如果要打，没有理由也很容易制造一个出来。例如“九一八事变”是关东军在柳条湖炸了一段铁轨，硬说是中国军队发动的，并不是因为驻在北大营的东北军开了“第一枪”而引起来的。事实真相，只要多读历史就会明白。

进一步说，“卢沟桥事变”的发生并不是孤立的事件。它是日本军国主义者进一步加紧侵略中国，特别是要把华北变成“第二个满洲国”、变成所谓“日中满亲善”的“自治之本”的必然步骤。

在“卢沟桥事变”发生前，华北早已形成一派人人都能感觉到“黑云压城城欲摧”的肃杀气象。令人难忘的“中华民族到了最危险的时候”的悲壮歌声，就是这时候唱出来的。

我们再来看一点历史细节。日本当时驻扎在北平附近的军队——“中国驻屯军”，最初不多，不到2000人，到1936年便突然增加了4000人，达到近6000人。也是在1936年他们占领了丰台，丰台离前门西南只有30公里，更重要的，它是平汉、平绥、北宁三条铁路连接处。这一来，北平对外的唯一通道只有卢沟桥。一旦卢沟桥再被占领，北平便变成孤城。日军驻扎丰台后，便不断举行军事演习。起初大概个把月、半个月一次，以后就三天两天演习；本来是白天演习，后来晚上也演习；起初是空弹演习，后来变成实弹演习。这种状况，几乎是不停息地进行着。

当时很有影响的杂志——邹韬奋主编的《大众生活》，上面登了一位从南方到北京读书的学生写的信。信里说：“敌人的飞机尽在我们头上掠过，所谓野外演习的炮声震得教室的玻璃窗发抖，机关枪不断地响着在打靶。这一颗颗的子弹，好像每颗都打在我们心上一样地难过。先生，我们能念书吗？”当时的情形，就像“一二·九”运动时蒋南翔为学联起草的宣言中所说的那句名言：“华北之大，已安放不得一张平静的书桌。”

考虑到那个时代背景，考虑日本军国主义者的整个部署，那场战争是非打起来不可的，剩下的只是在什么时候发生罢了。

李菁：“卢沟桥事变”当天，当时握有部队重要指挥权的旅团长河边正三，正赶往山海关附近，督导驻屯军与关东军的协同演习，所以一些日本历史学家认为“卢沟桥事变”本身并不是精心策划的，他们一直强调“偶然性”，声称是一个偶然接着一个偶然，导致事件不断升级和中日战争全面爆发。你怎么看待这个观点？

金冲及：对世间大事，可以有两种不同的思路，一种是只会孤立地看到一件一件具体事情的堆积，就事论事地研究和处理问题，这种思想方法往往是浅薄的、短视的，不能看清事情的根本。另一种要养成用历史的眼光来看待和分析它，整个历史就像奔流不息的大河，中间有起伏，但总体上是一环紧扣着一环地奔流下来的。就像长江、黄河，发源自青海，有时向北，有时向南，最终都向东流入大海，这个趋势是不改变的。现在反观那段历史，中间虽然有曲曲折折，但总的来说，侵华是日本军国主义者既定的国策，当然它不是一下子能实现的，需要有阶段性，这样一步一步发展过来的。

在法西斯国家中，日本有它的特点，它的军国主义有历史的原因。明治维新的口号里“尊王攘夷”，天皇有着很强的权威性，他又有很大的封建性保留下来。明治维新，也有两个方面。对日本来说，实现了维新、推动日本走向现代化，的确起了积极作用；但是明治维新从一开始就野心勃勃。明治元年，天皇的诏书里面有两句话，要“开拓万里波涛，宣布国威于四方”，这不光是天皇一个人的想法，他的一些主要大臣，比如大久保利通，都持这样的想法，要“扬皇威于海外”。

日本统治集团，一方面希望日本振兴，另一方面，又要征服东亚以征服世界。日本一个特别的传统是武士道，明治维新骨干主要是中层武士甚至包括教育家，如福泽谕吉，都是武士出身，他们又是那个时代文化知识最高的阶层。所以日本的武士道精神是根深蒂固的。它的军国主义能发展到那么一个地步，与此有关。他们认为要“扬皇威于海外”，必须靠武力，以此主导一切。曾在日本受过5年军事教育、民国时期曾统治山西38年的军阀阎锡山也曾学着写道："昔以简单之军事立国者，今当以包罗万象之军国主义立国"，"苟欲生存竞争于世界，舍此主义，绝不能也"。日本要称霸东亚甚至称雄世界，野心很大，但它是一个后起的强国，实力有限。所以从明治维新到后来一步步对外侵略扩张，很明显地有几个阶段。

从甲午到"七七"

李菁：日本明治维新崛起后，与中国冲突不断，后来是如何一步步升级为国与国之间的全面战争？

金冲及：近代中日关系有三个里程碑式的事件：甲午战争、"九一八事变""七七事变"。每次都跨进一大步。甲午战争起因是朝鲜，日本要"扬威海外"第一个目标是朝鲜，所以明治维新一开始就是"征韩论"，西乡隆盛的第一个目标就是朝鲜。那个时候朝鲜同中国关系密切，东学道起义以后中国应它的要求派兵，日本要征韩就得和中国打一仗。

老实讲，日本人和中国打的第一仗，是不是真的那么有把握，很难讲的。甲午战争主要是海战，当时中国有两艘主力舰——"定远号"和"镇远号"，日本没有。他们的军舰小，但灵活，并且日本军队的训练很严格。更重要的是，日本是下了狠心的。而中国，李鸿章是尽量地想要避战。这就决定了战争的命运。

甲午战争对中国近代的历程，影响实在太大。中日签订的《马关条约》，赔款"两万万两白银"，后来收回辽东半岛是3000万两白银，加起来是2.3亿两白银。这是什么概念呢？清政府每年的财政收入是8000万两，也就是说，它赔掉的是清政府3年的全部财政收入。赔款这么大，清政府日子怎么过下去？只有两个办法，一个是借款，向英德、向法俄借款，三次大借款，借款的结果是一切就都得听你的，半殖民地化程度大大加强。另外一个是苛捐杂税激增，老百姓日子过不下去嘛。这是辛亥革命发生的重要社会基础。

那日本拿了这笔钱，干什么呢？85%用在军费上。大的国防，像钢铁厂、兵工厂用的都是这笔钱。《马关条约》还有许多其他重要内容，这在某种程度上说，是日本原来没有想到的，这又更加刺激了它的战争野心。

李菁：所以甲午战争对后来中日两国关系的走向影响深远？

金冲及：在我看来，中国人民族危亡意识的空前觉醒，就是从甲午战争时期开始的。我们今天说，1840年鸦片战争后，中国变成一个半殖民半封建社会，这是今天的人们的看法。当时人并没有这样看。鸦片战争失败后，那时最先进的人，如《海国图志》的作者魏源，认为也没有什么了不得，当年新疆准噶尔叛乱，一度几乎控制半个中国，最后还不是都被平定了吗？这次我们打了败仗，只要吸取几条教训，做到"师夷长技以制夷"等几条，就可以改变局面。所以他没有觉得中国已经衰败了。

第二次鸦片战争失败，英法联军火烧圆明园，对中国人的刺激该是够大了，但朝廷也好、士大夫们也好，更看重的是太平天国运动。战后英法支持清政府把太平天国镇压下去，他们感觉到已得到足够的补偿，因为太平天国运动对他们才是心腹之患。当时的流行说法却是"同治中兴"。

所以"洋务运动"时讲的是求富、自强，没有讲"救亡"。一直到甲午战争前夜。郑观应应该说是当时先进的知识分子，出过洋，懂得外部世界，写了一本《盛世危言》——他感觉到应该讲几句危言耸听的话，所以叫"危言"，但是他不敢说"衰世"，还要叫"盛世危言"，否则压力太大了。可见一直到甲午战争前，中国人还认为中华并未面对灭亡的危机。

甲午战争是转折点。吴玉章回忆录里讲，他们知道《马关条约》后说，这实在是一个可耻的条约，以前我们是败给西方的大国，这次败给了东方的小国，而且失败得那么惨，条件定得那么苛刻。他和二哥听到消息后痛哭，那种痛苦的心情不是言语所能表达的。

1907年上海一个报纸的社论也说：现在我们应该直截了当地讲“救亡”，不要再讲“自强”这种门面话了。甲午战争对中国的震动不会比“九一八”小。

李菁：甲午战争之后，日本对华战争又是怎么一步步发展的？

金冲及：老实说，日本当年是在未必有把握的状况下打这场仗的，成功了，以后的胃口就更大。此后，他们的眼光就放到中国的“满蒙”，也就是东三省加现在的内蒙古——至于外蒙古，它当时还不敢跟俄罗斯打一仗。如此看来，“九一八”是必然的。

日本采取行动，也同1929年全球性的经济危机有关。日本当时对外出口占第一位的是丝织品，主要向美国销售。美国经济大衰退，导致日本大量丝织厂倒闭，失业人口剧增，他们就把眼光放到中国东北。改革开放初期有一个日本电视连续剧叫《阿信》，里面的龙三公子找不到工作，决定到中国的东北去，说“这是我们唯一的生命线”。

“九一八事变”总不存在谁打第一枪的问题吧。当时他们自己把铁路挖一段，利用这个借口就攻打北大营。9月18日晚上打的，第二天一早关东军就把沈阳打下来。接着，辽宁、吉林——除锦州稍晚一步外其他都拿下来了。北满要动手得晚一点，因为日本对苏俄还有点顾忌。

拿下东北后，一段时间里日本主要想解决的问题仍是满蒙。1932年成立“满洲国”，1933年进攻热河，也就是今天承德以北的内蒙古地区。守在热河的汤玉麟有20万军队，日本军队进攻的先头部队只有一二百人，没有打，就把承德占了。随后向今天内蒙古的察北和绥东推进，到百灵庙了。它是有步骤的。

也有人问，长城会战、进逼北平是怎么回事？在日本军部的部署，要牢固地控制满蒙，必须要把长城拿在手里。长城会战中，仗打得最狠的是古北口和喜峰口。日军把古北口、喜峰口占领后，面前就是无险可守的一抹平原，下一步自然就是北平、天津。

热河的迅速溃败，受到国内各方舆论谴责，蒋介石逼张学良下野，要他负起全部责任。当时国民政府派到北平的是黄郛和何应钦。他们已经准备放弃北平，认为守不住，蒋介石和行政院长汪精卫都批准了。结果日本人要黄郛去谈了一夜，最后签订《塘沽协定》，日本又顺势捞一把。《塘沽协定》的签订，放弃了长城防线，等于在事实上承认了日本侵占中国东北、热河的既成事实。

为什么日军不趁这个机会，把北平和天津拿下来呢？日本的野心是很大的，但实力毕竟有限，没有把握一口都吃下来，所以只得分阶段来做。在1933年时，世界法西斯阵线还没有正式形成——希特勒1933年1月才当上总理，还没有站稳脚跟；日军占领了东北，还没完全控制住；另外日本还多少顾忌英、法、美的不满和干预。所以，重点还在满蒙，根本没有想一口就把北平、天津一次都拿下，也没有这个力量。这是第二个阶段。

李菁：从《塘沽协定》的签订到“卢沟桥事变”的爆发还有两年时间，这中间发生了什么？

金冲及：第三个阶段，实际上到1935年8月，日本陆军省抛出一个《关于对北支政策》，首先要控制东北，锣鼓就越敲越紧了。

为什么日军拿了东北、拿了满蒙，还要拿华北呢？一个原因是日本这个国家，资源十分缺乏。虽然他们占了东北，但像煤矿、铁矿、棉花和盐都缺乏，所谓二黑（煤、铁）二白（棉花和盐）。华北这一带，有山西的煤矿、河北的铁矿、山东到河南的棉花，山东盐碱地多，河北有长芦的盐。当然，还有政治、军事、外交、交通等方面的利益。所以就策动华北五省的“自治运动”，要使华北脱离中国，日本文件里说要建立“中、日、满（洲国）友好的自治区”。

实际上就是这样的：日本一步一步地，从控制朝鲜、满蒙、华北再到整个中国，称霸东亚。到策动“华北自治”时已经下定了决心要控制整个华北。不是说因为“卢沟桥事变”引起大战，而是日本军国主义者野心计划的必然步骤。看历史，要看到整个一环扣一环的不停运动的大脉络，又要看到中间有明显的阶段性，离开这个只看一件件个别孤立的事件，讲客气一点是肤浅，讲重一点是无知。

李菁：也就是说日本到了控制华北之后，“七七事变”是必然结果，占领华北之后下一步就是全中国了。

金冲及：是这样的。但开始的时候，他们也没有完全料到事件发展的结果。他们有个说法，叫“对华一击论”。有一种讲法：我们刀一拔出来、威胁一下，中国人就会屈服了。从以往的历史来看，中国的统治者确实表现不佳，甲午战争、“九一八事变”、热河的陷落，都是如此。所以日本的陆军大臣杉山元对天皇说，如果一次派出大量军队，“事变大约用一个月时间可以解决”。但是中国军队在华北的激烈抵抗，他们的确也没有料到，结果就越陷越深。

李菁：对蒋介石来说，他的底线是什么？从“九一八”到长城会战，他之前一直认为中日之间差距太大，要大家忍，包括当时的一些知识分子，如胡适也充满悲观态度。为什么到了“七七事变”，大家的认识比较一致？

金冲及：蒋介石本来一步一步地退让，但到后来也把他逼到底线。7 月 17 日蒋介石庐山讲话，最有名的就是那句“如果战端一开，那就是地无分南北，年无分老幼。无论何人，皆有守土抗战之责任，皆有抱定牺牲一切之决心”的话。他中间有几句话，很值得注意。他说：“我们的东四省失陷，已有了六年之久，继之以塘沽协定，现在冲突地点已到了北平门口的卢沟桥。如果卢沟桥可以受人压迫强占，那么我们百年古都、北方政治文化的中心和军事重镇的北平，就要变成沈阳第二！今日的北平，若可变成沈阳，南京又何尝不可变成北平！”也就是说，蒋介石意识到，再继续忍让下去，下一步就要亡国了，所以蒋介石到后来下定决心抗战，这是值得肯定的。

“七七”与全民抗战

李菁：以“七七事变”作为全民族抗战的起点，何时成为史学界的共识？

金冲及：“八年抗战”根本不是史学界的人讲出来的。抗战胜利那一年，我是高中学生，举国上下，包括所有报纸和老百姓，一讲起来都是“抗战八年，中国终于胜利了”，没有别的说法。这和史学界没有什么特别的关系。70 多年来，这个观念在我头脑里可能是根深蒂固。至于“十四年抗战”的提法，我是最近两三年才听到的。我不反对说中国对日本侵略者的局部性军事斗争在“九一八事变”后就开始了，但我想“八年抗战”的提法无法因此取消。因为这八年的全民族抗战，无论革命的任务、联合的群众、打击的目标与它以前和以后都有不同。毛泽东在《如何研究党的历史》中说得很清楚。从个人来说，个人的生活和周围的一切同它以前和以后相比也有极大的不同。这样说，可能比较慎重。

李菁：近年来，我们对国民党正面战场的地位认识也越来越清晰，胡锦涛的讲话就国民党正面战场地位也做出了历史性的论断。这一认识过程是怎样的？

金冲及：对国民党正面战场的贡献，以前也没有全部抹去。北京不早就有张自忠路、赵登禹路、佟麟阁路？他们不都是国民党将领吗？国民党将领中确实有很多人爱国，外敌当前时，他们为了民族的利益奋斗甚至牺牲自己的生命。那个时候印象特别深的是看孙克刚写的《缅甸荡寇志》，讲中国远征军在缅甸的英勇抗战事迹，很受感动，至今不忘。我在《二十世纪中国史纲》中写到了那么几句：“只有把国民党为主体的正面战场和共产党为主体的敌后战场合在一起，才能再现当年全民族抗战的一幅壮丽图画。”

李菁：专门研究国民党作战史的人，自发地研究了当年很多的将领和战士，你怎么评价他们的研究成果？

金冲及：我在1949年以前已经做了两年大学生，那时候的报纸、杂志，都是国民党统治区出版的。台湾出版的民国史方面的书和资料，我大概有好几百册，在大陆算是看得多的。但我在那个时代有个有利条件：可以做些自己的比较和区别。我在《二十世纪中国史纲》里面对张自忠一直到临死时候的状况，还有入缅远征军的战况，对台儿庄会战，不光引用大陆人的回忆，也用了不少台湾方面的回忆，我觉得这些都可以说，但看到有些人走到另一头去了，花园口决口，河南、安徽、江苏三省死亡数十万人，财产损失更无法计算，要美化、称赞，我就觉得太说不过去了。

还有一点，不同时候、不同地方，情况也有不同，拿正面战场上国民党的军队来说，前期包括“七七事变”“八一三事变”、徐州战役、武汉战役，总的说打得不错。到后来，除了缅甸战场，胡绳的一句评论我觉得很恰当。他说国民党军队基本上都是防守，你进攻来了，我要挡；你撤退了，我也就不动了。到后来豫湘桂大溃退就不像话了。另外，前期各支国民党军队的表现也各种各样，不能一概而论，国民党军队里面也有许多爱国、痛恨日本人的，这也是事实，但抓壮丁、苛捐杂税、一些部队的腐败，这也是事实。不能骂他时说他一件好事也没做过，要说他好，又不能说他一句坏话。有些人就是走到另一头去了。他们说的，我作为当事人就觉得不是那么回事。

李菁：你如何评价共产党领导的敌后战场在抗日战争中的作用？

金冲及：共产党八路军成立的时候只有四五万人，在那样复杂艰险的环境中能够发展壮大到 100 多万人，是一件了不起的事。有的人说共产党“游而不击”，如果真那样，老百姓会跟你走吗？你能发展吗？老百姓为什么支持共产党？只有不断打击日本侵略者，保卫人民的生命财产，而且能够打胜仗，老百姓才会支持你。

另外，民族与民生这两个革命是分不开的。白修德在《中国暴风雨》里说了一段话，我觉得很对：中国的农民整个一生都被人看不起，受人家欺凌。他的父亲把祖祖辈辈的痛苦感情转移给他，忽然有人把他们当一个人看待，征求他们的意见，要他们投票选举地方政府，给地方权力，叫他们来确定要不要减税减租，问他们用什么方法来抗日。他们怎么会不相信共产党呢？

抗战到了后期，国民党在敌后实在没有多大作用。现在来看，投降日本当伪军的都是国民党的军队，包括有的集团总司令，共产党连一个团投降日本的都没有，有的话国民党早就大大宣传了。所以我说国民党的功劳也不用夸大，总得实事求是。当时是怎么样就怎么样。

李菁：你觉得未来抗战历史的研究上，如何处理好发掘史实和完善史观的关系？

金冲及：我觉得这两点其实分不开，正确的史观应该是在掌握充分的详细的史料基础上形成。你史料没有掌控多少，就在那里苦思冥想，形成不了什么真正有价值的见解。这些年，我们对抗日战争史研究取得的成果是十分突出的。需注意避免的，一种是大而空，一种是小而碎。小而碎，有些还是有用的，但要优先选择小而是重要的，以及可以从小见大的，那就更好。

（感谢实习记者曹祯、陈雅芳的帮助）

家国风云事

1932年3月6日，溥仪夫妇在日本军人、特务及汉奸的簇拥下，从旅顺来到汤岗子

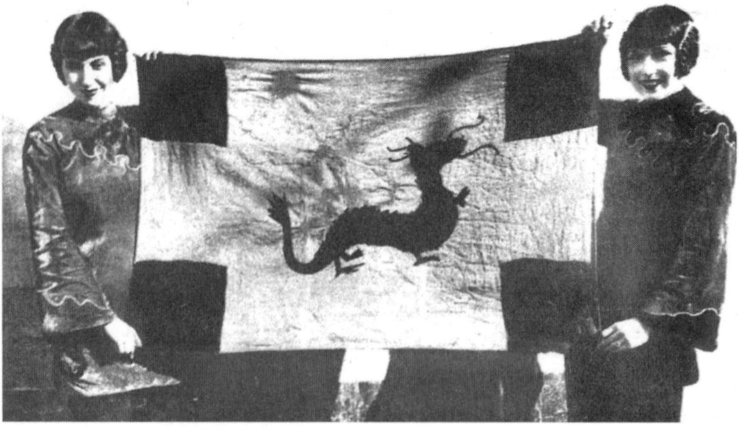

1932年，日本人扶持傀儡皇帝溥仪在东北建立“满洲国”。图为拟采用的伪国旗

1935年4月，溥仪在日本参拜伊势神宫和神武天皇的陵墓

得知“九一八事变”后，溥仪“每分钟都想到东北去”，1934年时的溥仪到东北已经三年，但并没有让他看到任何舒心的前景

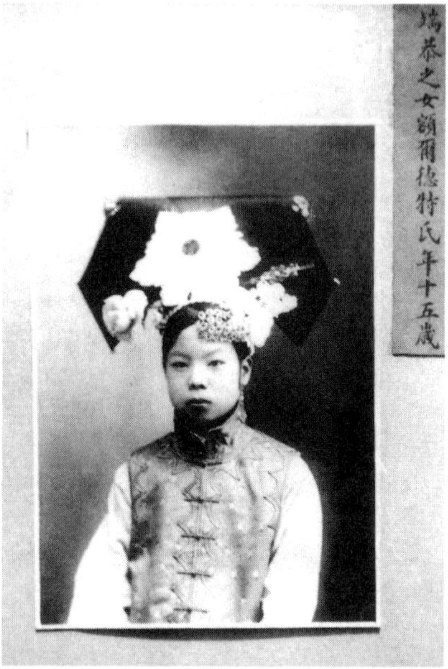

溥仪选妃时，15岁文绣送选的照片

伪满时期，溥仪访问日本，由昭和天皇接待搭乘西式皇家马车进行点阅式

伪满早期的国务院，原为吉长道尹公署，曾为溥仪临时政府

“九一八”前：溥仪的家事与“国事”

1931年9月的盛京气象

沈阳，是溥仪的祖先当年曾经驻留的“帝京”。不过1931年9月的沈阳气象已经完全不同。沈阳是当时东北地区最大的都市，人口70万，城市规模、功能与北京、上海、天津相比还略逊一筹，但已是中国当时的第四大城市，气象繁华，各国人流熙来攘往。“原因就是国际化程度高，说句实话，比起现在的沈阳都要更国际化：当时领事馆有16家，侨民有30余万。火车直接通往国外。”辽宁社科院专门研究30年代东北历史的研究员张志强介绍。

当然，所谓国际化，并不仅仅是硬件，更多的是市民心态。1931年9月16日《盛京时报》的一条花边新闻评论了“近来沈阳青年男女受欧风西化之影响，皆醉心男女欢合事，尤以学校男女学生为最多。每年临时快乐的父母，用敏捷毒辣的手段，导致婴孩死亡，其数目不可计算。”这条新闻的标题是大字的“弃子”。沈阳正为它的国际化欢喜且烦恼着。

与东北其他城市相似，沈阳奉行的是二元政治体制：日本人在日俄战争后，以“满铁”附属地为名，管辖着自己占领的区域；张氏政权在另外的区域忙于建设：从交通、城市规划、商业、教育等方面野心勃勃地制造一个繁华的都会。也许就是双方的竞争之心，才促就了沈阳飞速的发展。“按照现在的说法，张氏政权搞了不少开发区。”张志强说。张作霖和张学良长年聘请意大利和比利时的市政规划人员和建筑师在沈阳破土动工，先后建设了大东新市区、惠工工业区等。“里面的建筑群落全是欧洲风格的，你看老沈阳北站，高穹薄壳，现在也不落伍。”车站外是笔直辐射出去的大道，旁边是高大的树木。完全欧化的新区域使得人们在目睹当时的沈阳照片时仍不习惯。

当时沈阳工商业均具备国际化特征，除了为数众多的日韩企业外，英、美、法、德均在此地开设有银行和企业。国内也有江浙帮、闽粤派、直隶帮等各种商业团体在此地竞争。沈阳当时也是东北铁路枢纽，五条铁路分别通向朝鲜、苏联、北京、阜新和大连。市民交通以追逐新潮为乐，当时有轨电车在沈阳已常见，而小汽车数量不输于北京。关于坐火车到城外域外旅行的广告，也开始出现在这时期的沈阳报纸上。

说到工业，“沈阳的近代城市工业体系可不是日本人造起来的，这种观念一定要纠正。”张志强说。20世纪20年代是沈阳重工业的形成期，当时日本在自己完全控制的大连搞“大大连主义”，张氏政权因而在沈阳大力发展重工业：3万多人的东三省兵工厂占地1000亩；服务全中国的无线电通信业直通欧美；全中国的第一个造币厂、第一台载重汽车都出现在这里。大量的民族资本家也在此地发展。“从某种程度来说，正是沈阳的发展，导致了日本更大的贪婪。”沈阳作家马秋芬说，因为“九一八”之后，这些企业无一例外地落到了日本人手中。

9月16日的沈阳报纸上，奉天肇新陶瓷公司的广告占据了一席之地。这是肇新陶瓷常做的广告，它生产的砖瓦和陶瓷是当时东北一带的名牌产品。所有者杜重远是沈阳一直在鼓吹反对日货的民族资本家。作为陶瓷专家的他设立奉天肇新陶瓷公司，首创中国机械制瓷，将日本的大华等工厂击垮。他被日本人告到法庭上，在法庭上，他的著名演说是“泣血告同胞书”。

9月16日的东北，还在忍受着日本军队的频繁演习。“长春日军示威演习，城郊又遭蹂躏”。《北平晨报》报道当日的日军演习用了这样的标题。“东北各地日军，不时演习野操，驻长春之日军第3旅团第4联队，与独立守备队，分为二组，此前未通知我地方当局，竟演习攻防长春战。划城西北散步关，五里堡，新立屯及城西南之黄瓜沟，田家油坊，城后堡等地为战场，几日枪炮声最烈，昼夜不息，乡民饱受惊虚，而田禾菜圃，又多被捣毁。”

溥仪的家事与“国事”

9月16日的《北平晨报》登出这样一则新闻：《溥仪家庭风波可望和平了结》。文章说，当天午后2时，双方律师约见，“淑妃（文绣）大势已趋脱离一层”，“承谕：事已至此，只可照脱离协商条件”。

家庭危机好像并没有影响在天津静园内的溥仪的日常生活。这一天，除了照例召见了郑孝胥、胡嗣瑗、陈宝琛这些前清的遗老遗少外，溥仪与一个侍从打了两场网球——溥仪喜欢高尔夫和网球，寄居天津还在静园修建了一个小型高尔夫和网球场，两者当中又尤其热衷网球，“凡有网球名手来天津比赛，他总要前往一观”，“溥仪的二妹、三妹以及他的几个随侍都是他的球伴，今天虽然两局分别以4 ：6和5 ：7输掉了。但在这一点上他还算民主，绝不像慈禧那样输棋也要杀人”，自1979年便开始研究溥仪的吉林社科院研究员王庆祥说。

就在一天前，溥仪与文绣各自的代表终于就离婚赡养费达成一致。最初要求15万的文绣做了很大让步，接受了5.5万这个数目，只要求一次交付现金，并在短时间内办理手续。文绣是在8月25日向溥仪提出离婚的。当天下午，她借口外出看戏散心，得到“恩准”后，文绣、文珊并一贴身太监，乘坐溥仪汽车驰出静园大门，直奔国民饭店，与早已等候在此的三位律师协商起诉离婚之事。当晚的静园上下乱成一团，而在文绣逃出静园的第二天——1931年8月26日，这条新闻便不胫而走，“前清废帝家庭之变”的消息占据了当时天津各报的显要版面。与文绣素来不睦的婉容此时坚定地陪伴在溥仪身边，不仅如此，两人还积极为席卷大半个中国的水灾赈灾——溥仪捐赠了一栋楼房，婉容则捐出自己的珍珠项链和大洋。这成为轰动一时的事件，京、津、沪的报纸上都刊登了“皇后”的玉照和那串珍珠，其中《大公报》以“溥浩然（溥仪）夫人捐珍珠赈灾”为题做了专题报道。于是在1931年的夏天，溥仪因“离婚”和“赈灾”而两度成为媒体主角。在水灾已经成为这两个月中国的公共事件的时候，几乎所有的捐献者都能够在报纸上得到彰显——9月16日，北平花市大街的张姓医师决定从当日起捐献所有诊金的新闻也上了报纸，和当时“皇帝”的捐献新闻并列。

这场蔓延中国南方的大水已经持续了一个多月。所有的报纸都已经被闹到疲倦，大水的新闻已经从主角沦为花边，只有《湖北水灾日刊》还在细心地报道当地水灾的一切：三天内，湖北省接到浙江、上海、湖南等地遣送回来的灾民1184人；荆沙地区灾情严重，“一片汪洋，灾区扩大；高原下湿，共叹沦胥”。叹的是湖北监利一号堤终于在长江大水的冲击下崩溃，“人畜室粮同时飘零”。世界红十字会组织在汉阳觅得义地一大块，为收埋浮棺之处，到9月16日，已经收埋了158具。“汉口街市水渐退，洋车数百又行活动于各主要市区，居民骤观陆地复现，皆甚珍奇，水落中一大问题为腐烂，指货物与死尸，救济人员现正督促工人清除，平汉车一部已开通，通车一周内可复云。”

远在江淮流域的洪水因一个人的奇思妙想和东北联系起来：9月10日，总司令部的宣传处长蒋坚忍，提议将江淮一带的灾民500万应急送东三省屯垦，据说“各方对此案现正郑重讨论中，原因为长江流域人口过挤，送往边疆自属于国家有利，且长江受灾农民，既已将田产一概损失，若由政府给资，运往边疆，更属计之得也”。

虽然还有一个多月才到自己的生日，但9月16日这天，婉容收到了荣惠和敬懿两位太妃送的衣料、香皂、手绢、生发油、香水等“千秋贡品”。1924年溥仪被冯玉祥手下的鹿钟麟赶出故宫时，身边还有光绪、同治留下的4位太妃，彼时送礼的两位都是同治之妻。按照规矩，长辈太妃给“皇后”的贡品要在生日前早早送出。

1931年已废除帝制20年，但在遗老遗少们眼中，溥仪仍是高高在上、凛然不可侵犯的“清朝宣统皇帝”。文绣的一个哥哥在得知其妹要求与“皇帝”离婚后，曾在天津《商报》上发表公开信，称“我家受清帝厚恩二百余载”，且不说皇帝并无虐待之事，“即果然虐待，在汝应耐死忍受”。他痛心疾首地训斥文绣：“糊涂、荒谬、大胆妄为、辱没祖宗，终不免为社会上人唾骂而死！”

“静园”之外的军阀混战

“说起文绣和我离婚这一段，我想起了我的家庭夫妇间的不正常的生活。”若干年后，被成功改造成共和国公民的溥仪极其诚恳地挖掘了自己的灵魂深处，他认为婚姻失败的原因在于“我的兴趣除了复辟，还是复辟”。天津的静园成了溥仪复辟梦想的策源地。

1929年，溥仪就搬到了陆宗舆的这所房子，并将原名“乾园”改为“静园”。“我给它改了名字，是含有一层用意的。”溥仪回忆。

1931年9月前两月，溥仪正在日本留学的二弟溥杰和妹夫润麒，被鹿儿岛驻军某联队吉冈安直大队长邀请做客。临告别时，对方曾说：“回到天津，请转告令兄，别看张学良在东北为所欲为，不久中国东北也许会发生什么事情。令兄是大有前途的，希望他多保重，等待时机到来。”之后，为了探听虚实，溥仪曾接连派出三批人员，一批在天津市内，一批派到日本国内，还有一批前往东北。9月16日前后，溥仪手下的一个重要人物——警卫处长佟济煦被派到奉天。“据我所知，上东北的有两人，一人专门了解关东军及日方其他部门的消息，另一人则以联络东北遗老为目标，此即佟济煦。”溥仪的随侍李国雄后来向王庆祥回忆。

佟济煦在奉天面见袁金铠和熙洽等人以后，万分激动地返回天津，向溥仪报告说：“时机已至，切莫迟疑，东北乃我大清龙兴之地，数千万臣民正翘首以待，盼皇上幸临！”声泪俱下中，佟济煦还把在东北带来的一块土用手帕包着献给溥仪，“皇上得到这块土，预兆将得到整个满洲的领土！”溥仪后来还多次动情地向周围人描述这一场景：“我接过土来，用鼻子闻闻，实有一股祖居龙兴圣地的芳香……”

当“九一八”事变的消息9月19日传到天津时，溥仪传下谕旨：“关外之变是否影响到我尚不可知，但不能不先有筹划。”“我从一听见事变的消息，每分钟都在想到东北去”，但身边忠诚的“老臣”郑孝胥倒是很老道地提醒溥仪不必太急，他说，日本人迟早会来请皇上的。

很难说当时的军阀混战与溥仪的复辟有什么明确的直接联系，但是，混战的局面确实给了溥仪以新的机会。

9月16日，阎锡山通过各家报纸表明他的心迹。因为张学良东北军对蒋的支持，中原战局急转直下，反蒋联军土崩瓦解，阎锡山被蒋介石要求出国，他在“心迹”中却表明愿意“去西北办实业，不愿出国，俟父病愈，方能离晋。无其他企图，不可相逼太甚”。这天的《华北日报》报道显示：公开表明的心迹是阎手下大将徐永昌根据他的话草拟的通电稿，据说阎不日将亲自表明心迹。

“张是最瞧不起文人的，他大概从年轻时候就觉得文人不能成事。”采访过张学良的台湾学者郭冠英说，但是，此时的张大约处于人生得意期，并没有制止报纸上连篇颂扬的表示。张学良进入关内，目的是进一步的发展，虽然带走的军队不多，还是给东北防务造成了空虚。

张学良支持蒋介石，声讨阎锡山、冯玉祥的“巧”电，是1930年9月18日发出的，而日军恰恰在一年后的同一个“巧”日发动了“九一八”事变。

1924年夏，张学良在北戴河

1931年，日本关东军占领张学良在沈阳的私人住宅

爱美的赵一荻在为指甲美容

晨起打一套八段锦的张学良

每年元旦，张学良启用一本新的日记本记下该年的读书计划

在大山中相依为伴的张学良与赵一荻

张学良夫妇与张闾蘅（后排左二）及全家合影

张学森夫妇（站立者）与张学良夫妇

张学良：“九一八”前夜与台湾的幽居岁月

1931年9月17日：协和医院里的张学良

内乱稍息

1931年9月17日，仍在协和医院住院的张学良见了三位客人，他们给张带来了远在山西的阎锡山的消息。

一年前的4月，不满蒋介石的阎锡山与冯玉祥联手向蒋发起中原大战，这也是“南京政府10年里面临的最血腥的内部残杀”，美国学者柯博文说。战斗主要发生在河南，双方均伤亡惨重：阎与冯伤亡近15万人，蒋介石大约伤亡9万人。双方都在积极争取的张学良助了蒋介石一臂之力——1930年9月18日，张学良派出东北军两个军入关。阎锡山随后在石家庄发表通电宣告失败，阎锡山兵退太原，不久将兵权移交徐永昌，自己化装潜入大连。

张学良见的人正是徐永昌。就在一个月前（8月5日），阎锡山在奉天关东军特务机关长土肥原贤二的安排下，又乘飞机潜回大同隐居。他的何去何从也被外界猜测不已。9月9日的《华北晨报》也登了这样一条消息："阎锡山出洋事，已由徐次长（永昌）派其秘书黄胪初前往山西晤阎锡山，就近劝告催促，望阎早日成行，现黄未得悉，冯自下野后，即暂住晋境，对一切事件，均不过问，故其出洋与否，无关重要。"

与徐永昌一同见张学良的，就是被派去劝阎锡山离开山西的黄胪初和王平。他们告诉张学良，阎表示在其父病未愈之前不愿离晋，并愿在山西继续做些事情。张学良随后将徐永昌的情况向南京中央政府做了报告。

在北平协和医院已住院治疗三月有余的张学良气色已近正常，随着病情一天天的好转，张学良也开始慢慢处理公务。张学良是在5月赴南京召开国民会议时感染的伤寒，如果不是这场病，他此番的南京之行堪称完美——据《张学良年谱》记载，他不仅会见蒋介石等一干政要，还与南方、中南、盐业等四大银行商谈来东北投资兴办实业之事。在此期间，频频接受媒体采访或当众发表演说的少帅多次表达了他对国家"和平""统一"的愿望。5月20日离开南京时，蒋介石亲临机场欢送这位"中华民国陆海空军副总司令"、仅次于自己的二号人物。8天后，张答应借给蒋介石讨伐广东的20架飞机已飞抵北平。

返回北平后，张学良的病情有所加重。德国医生诊治后，建议入院治疗。6月1日凌晨，发烧已陷于昏迷的张学良离开了在北平西城区白塔寺顺承郡王府的家，住进了协和医院。除了于凤至、张学铭及二三个心腹外，其他人都被禁止出入，由张学良指定的5人负责处理一般政务。张学良的英文病历与蒋介石、孙中山、宋氏三姐妹这些名人一样，至今仍保存在协和医院病案室的铁柜里。他当年住的是协和医院琉璃瓦覆盖的"老五楼"，这栋美国人建造的有90多年历史的建筑至今仍然在用，而张的病房几经修缮现在也还是高干病房。

因为张的伤寒，蒋介石对广东方面的讨伐也不得不延期——蒋介石预定在6月4日与张学良联名正式发表讨伐广东令，因必须得到张学良的同意，蒋介石特派张群赶赴北平，向张面呈蒋介石的亲笔书，但因张氏病重而不能见面。

大　水

张学良的夫人于凤至出现在9月17日《北平晨报》的第一版，“张于凤至主办江淮水灾协赈会征求彩品启事”，文中说，“本年入夏以来，淫雨为灾,江淮泛滥”,一个星期前,由于凤至发起的江淮水灾协赈会成立,代16省灾民“伏望各界同志”捐赠赈品，并“务请近一月内惠赐北平灯市口同福夹道七号”。

在被“九一八”这场外侮惊醒之前，1931年的中国笼罩在一场全国性的水灾当中——当时全国受灾区域达16省，其中长江中下游及淮河流域的湘、鄂、赣、浙、皖、苏、鲁、豫8省灾情极为严重，“是20世纪受灾范围最广、灾情最重的一次大水灾”。《华北日报》发自上海的报道说，因为芜湖“水涨一寸并持续上涨”，连日来饿死江边百姓几百人，许多尸体沿江水顺流而下。后在上海的“芜湖水灾会”对灾情做出统计——共有灾民41.8万多人，乡区死亡4400多人，等待救助的灾民共37万，其中被大水毁掉家业无家可归者22万。

17日，汉口的天气突然转冷。一个星期前，蒋介石乘军舰赴武汉，专程视察水灾处理；《华北日报》每一天都发回报道：先是汉口形势稍有缓解，“行走于市内街道已经可以不用小舟”，戒严了好几天的市民纷纷涌上街头；到17日汉口江水已落，水深处也只没到脚脖子，但到处是污泥，臭气熏天，城中积水迅速向河道汇集，黄包车、大小商店都开始营业。但17日骤然冷下的天气，让许多灾民在寒风中又冻又饿，只好等待救济。

在上海，许多逃往湖南的灾民大多又折回来了，因为盐城阜宁等地都已经被大水淹没。灾民中纷纷相传如今到处都是水患，连着几天断粮使外逃灾民饿死了将近一半。

南京政府也在全力以赴，应对着这场全国性的水患。9月17日，南京国民政府发行了第一批赈灾公债3000万，宋子文设法使发行水灾公债等方法筹集赈灾款的想法得以实施；而孔祥熙致电张学良，要求今年唯一农耕正常的东北运粮赈灾；因为秋风已起，上亿灾民的冬衣问题迫在眉睫，政府开始以每日 1 万套的速度赶制冬衣，并且全国征求破旧衣服和鞋，经消毒后将运发各地。政府劝告全国农民不要用美国运来的小麦做种子，并且下令灾区不可宰杀耕牛。

国民政府许多部门的工作重点也是这场水灾。教育局已开始要求灾区减免学生学费。政府方面有人谈话，认为眼前唯有救水灾，但同时提醒大家“以后要注重修林造堤之各种水利工程”。“水灾奇重”，中央令各级党部不可因国庆日铺张典礼。

“目前中国最大的问题还是水灾的救济”，《华北日报》以醒目的标题刊登了蔡元培在国府纪念周大会做报告时说的这一番话。蒋介石、于右任等也出席了报告会，蔡元培说，因为灾民已达七八千万人，占中国总人口数的 1/6，如果不能得到有效处理，不仅是中国的惨剧，也与民生主义背道而驰。蔡元培还提出各项近期远期的计划，如购借麦棉、禁烟种苗、改良农业等诸多建议。

中国的自然灾难也惊动了当时的国际联盟。9 月 17 日的国联通过救华水灾办法——“一切会员国非会员国一起救助中国水灾”。国联卫生部长拉西曼也专程来中国协助处理水灾后的卫生防疫工作，他刚刚达南京，下榻于宋子文公馆。

这一天，唯一与水灾无关的国内新闻是：中国航空公司南京至北平航线复航。徐州号、沧州号两机对开，每架飞机最多可以坐 5 人。

外　患

17 日，辽宁省主席臧式毅在这一天迎来了两位特殊的客人——日本驻奉天总领事林久治郎和领事森岛。对方要求他“为了不给关东军以蹶起的借口”，必须火速解决中村事件——自 8 月 17 日日方公布中村事件报告后，日本国内对华气氛越来越紧张，一些狂热的关东军的举动也令日本政界有所不安。

自张学良在4月13日从沈阳搬到北平后，东北的事务大多由两位军政大员——东北军参谋长荣臻和臧式毅处理。于是臧式毅马上找到荣臻商议，此前，张学良已向臧式毅指示："关于中日交涉案件，尤应以诚意相待，对小事件尽量做出让步。"从表面上看，日方政府还在做和平处理事件的努力。17日，日本重光公使接见了记者，他说："日本政府对这些问题正在努力采取最实际的手段，不给两国关系设置障碍，尽快向友好的解决方向引导。"

已觉察出气氛有异的《北平晨报》在这一天的八版上就中村事件和日军的异样发表了长文，"盖既用武力以屈服我国，复可完成田中派兵入蒙之计划，野心勃勃，我国同胞，不可漠视也"。

"所谓中村事件宣传以来，东北各地日军，不时演习野操，而本月二日起，驻长春之日军第3旅团第4联队，与独立守备队，分为二组，事前未通知我地方当局，竟演习攻防长春战。划城西北散步关，五里堡，新立屯及城西南之黄瓜沟，田家油坊，城后堡等地为战场，以十一、十二两日枪炮声最烈，昼夜不息，乡民饱受惊虚，而田禾菜圃，又多被捣毁。万宝山水沟损害尚未赔偿，城郊又遭蹂躏，春城人民面日人之鱼肉矣。据接近日军旅部者谈称，近二年来，长春日军屡次下乡演习，对于四郊八十里之地势，业已测绘完竣，而对于北方之二道沟，三道沟，中东路附近地带，特别详细，窥其用意，不外防备北满方面云云。"

"今春以后，日人衣华服，说汉语，入蒙古者甚多，多半携带摄影器，测绘器等物，所有山川，物产，均调查详细记载。《北平晨报》有东洋拓殖会社员十余名，至齐默特贝勒王府，表示愿出巨资，与齐王爷合办哲理木盟等地矿产，交通，齐王未同意，嗣即离去，总之，东蒙土地，日人垂涎已非一日，幸各王拥护中华，未能上其圈弄云云。"

8月，中村事件发生后，张学良先后派汤尔和、赵伯欣和顾问荒木五郎去东京探听虚实，感到战争气氛很浓。他曾先后两次致电蒋介石，希望在政治范围内解决国内纷争，当外患煎迫之时，对东北之安全，应早为之计。

张学良在台湾的幽居岁月

在“西安事变”已经过去整整 70 年之时，在张学良侄女张闾蘅、张闾芝的努力下，《张学良赵一荻私人相册——温泉幽禁岁月》一书悄然面世。书中首次发表了张学良、赵一荻在台湾被幽禁时期的照片，那些不为人知的岁月，那个寂寞而孤苦的张学良也第一次展现在世人面前。

“在许多人眼里，大伯、大妈是曾经的风云人物，但面对人生起伏、荣辱烟云，他们都坦然处之。我希望通过这些真实记录，让大家知道，像大伯这样一个爱国人物，他为了这个国家、这个民族，做出了多大的牺牲。一直到生命的最后一刻，他都在关心着这个国家和这个民族。”张学良的侄女张闾蘅在接受采访时，谈及大伯张学良，仍难掩激动之情。

“九一八”后的张氏家族

与大伯最初的见面，虽已隔了半个多世纪，但那一次特殊会面，却给张闾蘅留下毕生难忘的印象。

“1954 年，那时我正在上小学五年级。有一天，接我上下学的三轮车夫送我一张纸条，说母亲让我放学后直接到台北中心诊所找她。到了诊所，看见一家人都在楼上的病房里，神情有些紧张。母亲告诉我，因为大妈生病要住院开刀，大伯、大妈从山里到台北，我才知道原来一家人都在这里等着看大伯、大妈。”

张闾蘅是张学良五弟张学森的女儿，她回忆中的大伯、大妈，便是那时仍处于幽禁状态的张学良、赵一荻。“一会儿，听到走廊那头有动静，家人都紧紧地贴在门缝上往外看，我也好不容易才看清大妈的模样，但只看见了大伯的背影。那一天父亲不在，是母亲带着两个奶奶（注：指寿夫人和马夫人）一起去的，她们都非常难过；大伯肯定不知道我们偷偷看他。我不明白，为什么一家人近在咫尺，却无法相见？”

从很小时候起，张闾蘅就模糊地感觉到，自己的家族好像多少有些特殊。那时一家人住在天津法租界一幢三层小楼里。楼上房间里有个香案，上面供着一张张作霖的照片。“从家里大人那里知道，我们本是东北人，原来在沈阳有一个很大的家，‘九一八’之后流落到天津，我还有位大伯叫张学良，是个了不起的人物，一直被国民党关押在某个地方。”

张闾蘅的祖母寿懿是张作霖的五夫人，是黑龙江将军寿山的女儿。“我的奶奶虽然没受过现代教育，但很有见识。记得很小时候，她就带我去股票市场，那个年代的女性，这是很少见的。”张作霖去世后不久，张学良到北平赴任，沈阳的张家就由年仅二十几岁的寿夫人掌管。1931年9月，寿夫人觉察到沈阳的局势有些不正常，就在“九一八”前两三天，她专门赶到北平找张学良，商量怎么安排这个大家。

关于张学良在“九一八”当晚的行踪，有各种各样的传言。其实“九一八”当天晚上，张学良在前门的中和戏院看一场为辽西大水举行的赈灾义演。在座的客人中有英国公使，还有张学良的部下何世礼与他的父亲何东。后来因为马君武那句诗“赵四风流朱五狂”，张学良背了很多年黑锅。“1991年大伯在美国过90岁生日，我特地跑到夏威夷为他祝寿。生日会上，何世礼将军特别提到此事，他说可以作证，那天大伯是和他一起看戏的。”张闾蘅回忆。

“九一八”时，张闾蘅的父亲张学森只有11岁，而张家的两个主心骨——张学良与寿夫人都不在沈阳，家里乱作一团。张家的几个孩子被家里的用人化了装、乔装打扮后，连夜坐火车逃到天津，几天后，用人领着几个孩子才辗转到北平找到寿夫人。

“奶奶经常说：等到戏看完了，才知道家已经没有了。”日军在1931年9月19日上午占领了张府，张家所有财产都被日本人掠去，一夜间什么都没有了——“奶奶带着4个年幼的孩子，真的很孤苦彷徨。她出来时，没带什么家产，只有靠在劝业银行还有的一些存款勉强渡过难关。”

山中十年

1948 年，母亲带着张闾蘅姐妹先去了台湾，寿夫人则搭乘天津解放之前的最后一个航班离开，辗转一年以后才到台湾。

“初到台湾，我们的日子过得很苦，全家借了一座日本式房子，破破烂烂，又臭又旧，房顶还被白蚁蛀过，稀稀拉拉往下掉渣。奶奶起初不肯买房，也不肯将她随身带到台湾的几个箱子打开，她总是说：‘再过半年我们就可以回去了。’”那时张家一大家子人全住在地板上，半年后寿夫人彻底死了心，才开始找自己的住房。

到台湾后，家人便听说张学良已被送到台湾关押，可是关在哪里，什么消息都没有。张闾蘅回忆，她上学时的课本也提到张学良，说他是“叛贼”。但学校老师也知道她的身份，所以凡是讲到这段历史的时候就很含混地带过去。但对那时候的张闾蘅来说，张学良只是一个很遥远而朦胧的大伯。

根据张学良日记记载，1946 年 11 月，在不知情的情况下，他和赵一荻被秘密从重庆转移到了台湾，自此进入了更秘密的幽禁。他们被国民党军统局幽禁的第一站是新竹县井上温泉，住的是日本人设计建造的木板房，旧式木板房里只有简单家具，冬天潮湿阴冷，夏天稍遇大雨便四处漏水。周围都是台湾山地少数民族，他们平时不能随便越过警戒线。井上温泉与外界只有一条公路，路面损坏严重，如果遇到暴风雨，人和车都无法通行。

1949 年 2 月 2 日凌晨 3 点，张学良又被突然转移到高雄，秘密藏在寿山要塞的兵舍中。由于走得匆忙，他在井上的书还未来得及搬走。后来据一些军统特务回忆，1949 年 1 月，蒋介石宣布下野，李宗仁任代总统后，曾表示要“释放张杨”。尽管各界呼声很高，但没有蒋介石首肯，谁也不敢出面办理此事。保密局毛人凤以不知道张、杨的下落而推脱。但此时，因为外界已经知道张学良在井上温泉的幽禁地，为“安全”起见，他们遂紧急将其转往高雄。

在高雄住了近一年，因为担心高雄已成为空袭目标，1950 年 1 月，张学良又搬回井上温泉。“那本书（注：指《张学良赵一荻私人相册》）出来之后，我也听到有一种说法：有人还觉得大伯过得不错，住在风景优美的地方，好像过着‘田园生活’，其实他们那十年过得很苦，井上温泉远离城镇，采购困难，大伯靠自己种点青菜、养些鸡鸭才得以维持简单的营养。本是大家闺秀的大妈也能熟练地用缝纫机自己缝衣被，以抵御山中寒冷。那里连电灯都没有，几年里，大伯的听力、视力大为减退。他的精神也很苦闷，有时只能逗弄着小猫打发时间。那十年完全与世隔绝，没人知道他的生死。”

1956 年 12 月是西安事变二十周年，蒋介石想起了张学良。负责看管张学良的刘乙光从台北带回蒋介石的命令，让他“写一篇西安事变同共产党‘勾结’经过的事实”。而张学良本已下决心永世不谈此事，但身在囚笼，又不得不写。这篇文章本是张学良作为私人信函给蒋介石的，但被蒋改为《西安事变反省录》，还要求他亲笔重抄一遍。这篇文章后来还流传到外部，成了所谓的《西安事变忏悔录》。从张学良的日记看，当年这些“奉命之作”让他几度情绪失控。

重新回归的张学良

1960 年，张学良迁至台北近郊北投的安全局招待所。6 月 5 日，刚过完 60 岁生日不久的张学良，按宋美龄的吩咐，与董显光（注：台湾原所谓“驻美大使”）到台北士林礼拜堂。这座礼拜堂是蒋宋夫妇时常去的，被外界称为“私人礼拜堂”。每逢做礼拜，这里总是聚集了很多国民党元老及上层人物。那天，张学良与董显光最后一个到场，他们悄悄坐在最后一排。礼拜结束时，蒋介石与宋美龄一同缓步退出。宋美龄边走边与众人打招呼，走到最后一排，她忽然向张学良伸出手。这一举动，让所有在场者目光都惊讶地投过来，他们发现与宋美龄握手的，竟是“失踪”多年的张学良。

蒋、宋离去后，张群、何应钦等纷纷上前祝贺。张学良后来悟到，这是宋美龄为他设计的露面方式，他心存感激。以后每次做完礼拜，他都能看到很多老朋友，大家一起叙旧，原来严密的看管也有所松动。

“大伯经常说，如果没有宋美龄，他的命运可能改写。宋美龄一直对大伯比较照顾，她经常给大伯写信，信的开头称之‘Dear 汉卿’，有时还会随信寄来各种礼物。”宋美龄原本就与张学良、于凤至很熟悉，20 世纪 50 年代时，宋美龄几次去美国看病，都特地找机会与于凤至及其子女见面。回台湾后，她把见面情形写信告诉张学良，每次提到于凤至，她都称“凤姐姐”。也许因为宋美龄是位虔诚的基督徒，宋美龄那时对赵一荻几乎只字不提。而张学良最终与于凤至离婚、与赵一荻结婚也是在宋美龄提议下完成的。

自这一次公开露面后，张学良的生活有了些变化。在宋美龄和蒋经国安排下，他自己出资选地设计，在台北市近郊北投复兴路建了一栋西式二层楼房，院里有假山、鱼池、花房等，条件改善了不少。

“但那时大伯还是不能轻易与家属见面。记得一个星期天，曾任蒋介石私人医生的卢志德约我们一家去做客，他家隔壁住着董显光。听说那天大伯、大妈到董显光家做客，隔着大玻璃窗。我终于看清了大伯的模样：个儿不太高，有些发福，头发灰白，几乎掉光了。坦率地说，我有些失落，这个形象与大伯在我想象中的‘英俊少帅’的样子相差太远了。”

直到 1961 年 9 月，大伯才在“当局”批准下，与家属见面。而这一面，他与寿夫人、弟弟张学森等亲人之间，整整隔了 25 年。

此时张学良的“自由”仍有限，除了家人，来往朋友只有张群、张大千等几家。“大伯每次外出都要提前报告，出门时，总是两辆车，前一辆是大伯、大妈，跟随的一辆就是便衣特务或警卫。他在外头不可以随便跟生人讲话，否则会被警告。有时大伯在外面会被人认出来，那些人或者想问候他，或者好奇，但一靠近，马上被身边的那些便衣拦住。”

“每次到我们家，身边总是有七八个便衣跟着。伯父来之前，他们先进屋，每个犄角旮旯都看一遍。如果看见有陌生人，就会逐一盘查身份，或者把陌生人赶走。我们一家人聊天时，他们就坐在旁边听着。我那时刚从美国回来，对此也特别反感，经常对他们说：‘可以了吧，你们可以下楼了吧！’到了吃饭时间，我直接下逐客令，他们就下楼自己吃饭。”

而那时的张学良对此已经很淡然，他总是跟张闾蘅说：“行了，你别跟他们冲突了，我们已经比以前好多了！”为了避免给大伯他们找麻烦，张闾蘅平时也不常去，偶尔去了，家人总要再三交代：说话要小心，不能口无遮拦，免得给他们添麻烦。

张家兄弟中，张学良与张闾蘅的父亲张学森走动得比较多。“大伯特别喜欢到我们家来”，张学良对外面的世界很好奇，经常通过姐妹俩了解外面的世界。有时一待就是半天，吃了晚饭还没有动身的意思，“跟班”的就不时上楼来催，赵一荻有些紧张，可张学良正聊得兴头上，故意装听不见。“大伯曾跟我们提起，他在30年代就拥有自己的私人飞机，甚至自己驾驶飞机到南京开会，可当年风云一时的‘少帅’，眼下连基本的自由都没有。他内心的痛楚，是言语无法表达的……”

晚年张学良

张学良真正自由起来，是在20世纪70年代。“那时对他的看管已慢慢放开，允许见的人也多了，像郝柏村等一些老人，他们经常在一起聚，互相请客，聚会越来越多。”但那时的张学良，已是风采不再的七旬老人了。

那时的张闾蘅，从美国留学回来后，先在香港工作了几年，又回台湾住了一段时间。张学良的子女都不在身边，她与妹妹张闾芝便成了大伯张学良关系最亲密的家人。

“大伯、大妈最开心的日子是过年。平时他们家冷清寂寞，连玩牌都不允许，这一天可以例外。吃过年夜饭，大伯带头玩牌，别看他的视力听力都不好，每次赢家总是他，我们口袋里的‘红包’还未捂热，大部分的压岁钱都回到他手里。看我们沮丧的样子，他呵呵一笑说，耍钱，你们差远了，我是拜过师的！有时，玩了通宵也不知疲倦，而我们都东倒西歪了。”张闾蘅回忆，寿夫人虽然不是张学良生母，但他一直对寿夫人很尊重，称其为“五姨”，称马夫人为“六姨”。他经常告诉张闾蘅和妹妹张闾芝：“你的奶奶可不简单，最得老帅喜欢，也最能和老帅说上话，大帅府里上上下下都听她的。”

1964 年 7 月 4 日，在宋美龄等许多好友见证下，张学良与赵一荻在台北北投温泉风景区一教堂里举行了一个小型婚礼。此时张学良已 64 岁，当年的“赵四小姐”也已 54 岁、风华不再。

张闾蘅说，跟爽朗、豪放的大伯比起来，伯母赵四显得“冷”一些，她很少向外人提及自己内心的感受。“大妈是位虔诚的基督徒，我们聊天时她如果插进来，就是宣传她的基督教。有时大伯也不耐烦地打断她：‘行了，我们在聊天呢！’但大妈对大伯来说，是绝对的‘贤妻’，对大伯的饮食起居照顾得非常好，他的生活就是她的全部世界。大伯谈起她时，有时会说：‘人家对我好，我就得对人家好啊。’”

张学良在西安事变后被软禁，先是于凤至陪伴他辗转于安徽、江西、湖南及贵州等地三年多，因为在贵州时患了乳腺癌，1940 年于凤至孤身赴美国治病。而赵一荻则把她和张学良唯一的儿子张闾琳托付给美国朋友代养，专门陪伴张学良。张闾琳如今已有 70 多岁，在台湾再见到父母时，已结了婚。因生长在美国，语言及思维难免有隔阂。

“我后来到美国也见过于凤至，她一个人带着三个孩子在美国生活，以后再没有见到大伯。大伯在国外有一笔存款，所以她在生活上没有问题，但后来一直没有再婚，她还是有怨言的。”1990 年春天，93 岁的于凤至在美国去世。张学良和于凤至生有两儿一女，张闾蘅说，现在只有女儿闾瑛还在世，一个人生活在旧金山。1979 年，张闾蘅成了为数不多的闯入内地的“勇敢者”。张学良后来得知她回大陆的消息后，嘱咐她做两件事：一件是去给爷爷张作霖上坟，“这个我做到了，张家几十年来没有人去老家给爷爷上坟烧香了。”第二件，“大伯又告诉我说：‘我还有两个学生在大陆，一个叫万毅，一个叫吕正操，这么多年了，我想知道他们是死是活’。”

张闾蘅到了北京后，杨虎城的儿子杨拯民将其介绍给了吕正操。1984年6月，张闾蘅第一次在北京拜访了吕正操。“第一眼看到他的时候，我心里就油然而生一种亲切感：这个人怎么那么像我大伯！我也按东北人习俗，像在家里喊大伯一样喊他‘大爷’。见到万毅时更感人，他两眼其实已经什么都看不见了，但‘看见’我时，他就拉着我的手，我知道他更是想传递对大伯的感情。我从两位老人眼中都能看到他们对大伯的思念。”回到台湾后，张闾蘅把会面情况仔细汇报给大伯，“看得出他听了很难过，但他一直努力压抑着自己的感情。”

张闾蘅形容自己“有一种使命感”，来安排吕正操与张学良在美国的会面：“我的内心总有一种无名的动力，我想不管他们中间隔了多少年，让他们能在有生之年还能见上一面。”

1991年3月10日，失去自由达半个多世纪的张学良，终于离开台湾去美国探亲。5月23日，吕正操及随员多人，飞往美国看望张学良。1991年5月29日上午，他们在纽约相会。

在纽约见面那天，张闾蘅陪着吕正操乘电梯，电梯门一开，张闾蘅吓了一跳：平时很少穿得那么正式的张学良，那天西装笔挺站在门口迎接他们。吕正操仍按以前的习惯喊张学良为“老校长”。“见面的日子是吕正操选的，之前我还奇怪，为什么吕正操一定要选在那天？待两人见面后我才明白，他说，校长，到今天我跟你隔了54年5个月零4天没有见……看着两个老人差不多高，头顶都光光的，却像孩子一样一直手拉着手不舍得放下，特别可爱，但我看了却直想掉眼泪……”

1994年，张学良、赵一荻选择在夏威夷定居。赵一荻年轻时曾患肺癌，割除了一片肺叶，而张学良在40多岁时患了严重的眼疾，因居在深山中未能得到及时有效的治疗，视力差到看人只是影子，打麻将全靠手感，一耳全聋，一耳微有听力。多年来，赵一荻就是张学良的眼和耳，但一大声说话，就喘不过气来，非常辛苦，两人以轮椅代步相依度日。“虽然到了夏威夷后，我们全家陪着他们一起沐浴着阳光与海风，但曾经的少帅和风流赵四都变成了老人，看着他们日益黯淡的眼神，我经常有一种揪心的痛苦……”

（根据张闾蘅口述整理）

1938年9月，日本同盟社发出有关中国南北傀儡人物梁鸿志（左）与王克敏（右）会商成立“中华民国联合委员会”的消息,日军促使梁鸿志与王克敏组织联合会，便于控制傀儡组织

1942年12月，日军扶植的伪南京国民政府主席汪精卫（右三）前往东京，参加“大东亚战争一周年纪念会”。图为汪精卫会见日本首相东条英机（左三）时的情形，左一为日军军令部总长，左二为日军参谋总长杉山元

陈公博

周佛海

1938年：深渊边缘的汪精卫

高宗武的秘密之行

1938年7月22日17点，汪精卫在武汉的寓所里，见到了匆匆而来的周佛海。周佛海是专为高宗武一事来与汪精卫商量对策的。

6月23日晚九十点钟，正在香港的高宗武与周隆庠化装成日本人，他们先坐出租汽车到达日本总领事馆，然后换乘领事馆汽车，由领事馆派专人护送上一艘日本轮船，以此避开海关检查，顺利离开香港前往日本。

早年毕业于日本东京帝国大学的高宗武，时任中华民国外交部亚洲司司长，陪他而去的周隆庠是亚洲司日苏科科长。周隆庠在解放后写文章详细回忆了当天的过程，使我们后来得以知道那段历史。

早在1938年2月份，经蒋介石批准，高宗武与周隆庠就到达香港，设立了一名为“日本问题研究所”的情报机构，对外则称“宗记洋行”。此前，高宗武曾派日本科长董道宁到上海，暗中与日方人士联络。董道宁在日本人帮助下，秘密去了日本，会见了日本参谋本部中国课兼谋略课长影佐祯昭。

这一年4月2日，高宗武与董道宁一同返回武汉。第二天，高宗武即向时任中央宣传部副部长、代理部长的周佛海报告他在香港的“接洽情况”；然后由周佛海报告给汪精卫。据《周佛海日记》，4 月 14 日，高宗武负“秘密使命”再次飞往香港。5 月 30 日，高宗武返回汉口，向蒋介石、汪精卫、周佛海等报告与日本交涉的情况。蒋介石仍命高宗武返回香港，继续探听日本情况。

急于开展“和平运动”的汪精卫和周佛海，却希望利用高宗武再次去香港的机会，要他直接去东京，探听日本政府对实现中日“和平”的条件。因为不经过蒋介石，高宗武有些犹豫。据周佛海后来在《中日事变秘闻》中说，他当时告诉高宗武，等他乘上去日本的轮船后，他会向蒋介石报告，此事由他负责。

现有的资料证明，与以往几次的秘密出行相比，高宗武此次属擅自赴日，蒋介石并不知情。高宗武由日本返回香港后，因为害怕而迟迟不敢回汉口。周佛海很快听说高宗武已到香港，因见不到他，不知底细，十分焦急。7 月 22 日前三天，他在日记中写道：“闻宗武返港数日，迄无消息，布 (雷) 兄亦无所闻，为之焦虑。”

直到 7 月 22 日下午，周隆庠才拿着高宗武的报告到达汉口，周佛海看到报告后，立即找陶希圣到寓所，决定先将报告送至汪精卫，商谈对策。

这一年 1 月 16 日，日本曾发表《不以国民政府为对手的政府声明》，宣称：“在攻陷南京后，帝国政府为了仍然给中国国民政府以最后重新考虑的机会，一直等到现在。然而，国民政府不了解帝国的真意，竟然策动抗战，内则不察人民涂炭之苦，外则不顾整个东亚和平，因此，帝国政府今后不以国民政府为对手，而期望真能与帝国合作的中国新政权的建立与发展，并将与此新政权调整两国邦交，协助建设复兴的新中国。”“不以国民政府为对手”，实际上透露了日方谋求“合作”的新政权的战略意图。

高宗武此次日本之行，先后会见了影佐祯昭、参谋次长多田骏、陆军大臣板垣征四郎及陆军省中国课课长今井武夫等人。据长期研究汪精卫的北京师范大学历史系教授蔡德金的观点，“高宗武与日本各方面的会谈，迄今未见当时的记录公布，因此，会谈的全部内容和详细情况也无从考察”。

但据当时传出的消息和当事人事后回忆，他们之间达成了两项协议：第一，接受日本提出的“和平”条件——承认“满洲国”，日本在蒙疆有驻兵权，中国参加防共协定和日本优先开发华北资源等；第二，决定要汪精卫“出马”。据影佐祯昭在自传中回忆，这一点是高宗武先提出来的，高说，“汪早已痛感有迅速解决日中问题的必要，称道‘和平论’，而国民政府内部终究不能容纳他的主张”。“为促使今后日华间的和平，必须寻找蒋介石以外的人。但是，除汪氏以外，难以找到其他人。”

周佛海之所以在拿到报告的第一时间便急着见汪精卫，究其原因，是因高宗武的报告中写有“日本是在希望汪先生出马”的字句。周佛海担心这句话会引起蒋介石不快，所以先来征求汪精卫意见。后来周佛海在《中日事变秘闻》中回忆，汪精卫看过后却并没有像周佛海那样紧张，反而安慰周“没有关系”。

汪精卫的“和平运动”

“委员长钧鉴：职于6月23日由香港秘密东渡，刻已平安返港。兹谨将职东渡日记及在东京会谈记录与职个人观感三项，分别呈阅。倘有可能以供钧座参考之处，则或可渎职擅赴之罪于万一。”7月22日当天，高宗武的报告连同他写给蒋介石的亲笔信，通过机要秘书陈布雷，送交至蒋介石手里。蒋介石并不知道汪精卫此前其实已看过这份报告，邀其与张群在三天之后共同商讨。

蒋、汪此时的身份分别是国民党的第一、二号人物，直到此时，他们仍站在抗日的同一阵营。1935年11月，汪精卫在参加国民党大会时突遭刺客枪击，随后赴欧洲疗伤，西安事变后回到上海。半年后，日本全面侵华战争爆发。卢沟桥事变后，汪精卫曾情绪激昂地说：“数年以来，国民政府不恤以最大之忍耐，期待中日两国有真诚携手之一日。卢沟桥的炮声，使中国实已濒于最后关头了。过此一步，国家民族的命运，便将陷于永劫不复之深渊，所以我们不能不以一致之决心，殉此最后关头。”“目前时局已临最后关头，因此，我们要有绝大的决心与勇气来牺牲……我们如果不牺牲，那只有做傀儡了。”

“抗战初期，汪精卫还是主张抵抗的。”复旦大学历史系教授黄美真评价说，是中国军队一个接一个的失利使他渐渐产生了极度悲观与失望情绪。李宗仁回忆，1937 年 10 月，他去拜访汪精卫时，汪曾一再问他：“你看这个仗，能够打下去吗？”据当时在其身边的工作人员回忆，汪精卫每当谈及抗战之事，总是“摇头叹息”说：“茫茫前途，不知要变成什么样子！”

在汪精卫身边，与他持相似观点的一批人渐渐组成了一个小团体，他们包括周佛海、陶希圣、高宗武、梅思平等人，他们认为所谓争取抗战最后胜利，只是“唱高调”。胡适一度也是该组织成员之一，为这个主张“抗战低调”的团体取了一个名字“低调俱乐部”。1938 年底，胡适被任命为驻美大使，赴任前他说：“仗是打一个时期为好，不必再主和议，打了一个时期再说。”此后便和低调俱乐部脱离关系。

周佛海在南京西流湾 8 号的私宅设有地下室，可作躲避日本飞机轰炸的防空洞，西流湾 8 号因而成为“低调俱乐部”的活动据点。周佛海原是蒋介石亲信，因这层关系，与汪精卫有很深的矛盾。1937 年 1 月，周佛海代表国民党迎接回国的汪精卫时，通过长时间交谈，发现了彼此在对待中共及日本问题上的共同点，慢慢密切起来。周佛海后来回忆：“汪先生的主张，是完全和我们一致的。”“所以我们当时无形中就以汪先生为中心，酝酿和平运动。”

“淞沪会战和南京沦陷后，汪精卫的思想发生了变化，他认为中国无论在经济、军事还是武器都与日本相差太远，比较倾向于与日本人谈和。”黄美真教授特别强调，两国交战，历来有主战派有主和派，那时汪精卫提出“谈和”，“并不等于他投降、做汉奸，也不等于说汪那时已离开抗战阵营。”而在当时全国各界抗日气氛高昂，国民政府内也以主战派为主流，汪精卫只能将此意见私下向蒋介石提出，蒋没有断然拒绝，通过德国大使陶德曼进行的会谈也在秘密进行中。

但是7月22日蒋介石看到高宗武的信，据周佛海在《中日事变秘闻》中说，由于信中有日本政府“希望汪先生出马”的字句，蒋见信后，“怒气满面”，表示今后与高断绝关系，并下令停发高的活动经费。但周佛海却照旧每月从宣传部的经费中，拨3000元支持高宗武在香港继续与日本保持联系。

现在看，汪精卫通过高宗武的日本之行开启了与日本“谈和”的大门，而与此同时，蒋介石却自此彻底放弃了“和平”之路。外交部亚洲司司长高宗武自此再也没有到达武汉和重庆，1940年，高宗武与陶希圣脱离汪精卫集团，将汪精卫与日本签订的秘密协议拿到香港《大公报》上发表，外界大哗。高宗武后来移居美国改做生意，直到1994年去世。

逃离重庆

7月22日夜，刚刚看完高宗武报告、明确知道日本人“锁定”自己的汪精卫得到了另一个消息：当夜，日军攻占九江的第一线部队波田支队，趁夜色在湖口乘船，在海军掩护下逆流而上，在当天半夜到达离九江22公里的登陆地姑塘。与中国军队激烈交战之后，突破庐山北面数道阵地，九江城沦陷在即。

此时的汪精卫面对的是这样一种局面：一方面日军在武汉外围的战役中节节推进，距离武汉的脚步越来越近，本来就对中国人的抗战能力持怀疑的汪精卫内心一片灰暗。另一方面，日本方面又通过另一条渠道传递出某种“诱人”信息——10天以前，日本五大臣会议正式批准“建立一个新的中国政府”的建议，决定立即着手“起用中国第一流人物”；刚刚与周佛海商量完的这份高宗武报告更是将这个意图直接点破。

“主战有主战的道理，不过，主战的目的是什么呢？为的是国家能够独立生存下去。如果能达此目的，与日本言和也不失为一种手段。一味主张焦土抗战的、唱高调的应该再坦诚一点，要说老实话。依我看来，日军占领区日益扩大，重要海港和交通路线大多丧失，财政又日益匮乏，在战祸中喘息着的四万万国民，沉沦于水深火热的苦难之中。为尽早结束战争，我曾多次向蒋委员长进言，要打开谈判的大门。”当蒋介石邀其讨论高宗武报告时，此时的汪精卫仍极力主张由蒋介石出面与日本谋和。但位于权力中心的蒋介石最后做出了相反的决定，汪精卫终于明白：通过党内决议方式，是不能实现他的“和平”主张的。

回到香港后的高宗武因肺病复发，与日方接洽的任务由高的温州同乡、国民党中央法制委员会委员梅思平接任。日本方面的联系人，主要由时任同盟通讯社上海分社兼华南分社社长的松本重治担任。从8月29日开始到9月初，梅思平与松本连续进行了5次会谈。1938年10月，战事上频传着坏消息，广州和武汉相继沦陷。汪精卫利用接受外国媒体采访的机会，多次暗示国民政府没有关闭调停之门，愿意与日议和。而这时日方也已经通过汪精卫的亲信梅思平再次向他转达了希望他出山的意见。

汪精卫在8月初撤退到重庆，主持政务。10月，武汉、广州相继失守前后，汪精卫的“谈和”的言论更公开而急迫。10月12日，汪精卫对海通社记者发表谈话：“中国在抵抗侵略之际，同时并未关闭第三国调停大门。”10天之后，即在广州失陷的当天，汪精卫在接受路透社记者采访时进一步提出：“如日本提出议和条件，不妨害中国国家之生存，吾人可以接受之，为讨论之基础，否则无调停余地。”

时为国民党副总裁、中央政治委员会主席、国民参政会议长的汪精卫，此言一出，令很多人颇感震惊。宋庆龄、何香凝等发出通电，“当广州弃守之日，汪精卫对路透社公开发表主和言论，举国惶惑”，要求国民政府“明令制止，并向国际否认”。10月28日，国民参政会第二次大会在重庆召开，爱国华侨陈嘉庚从新加坡发来的《电报提案》只有11个字：“官吏谈和平者以汉奸论罪。”据邹韬奋在《抗战以来》记述，当身为议长的汪精卫按惯例将提案题目向全会朗诵时，“面色突然变苍白，在倾听激烈辩论时，神气非常不安，其所受刺激深矣”。但汪精卫依然替自己顽强辩护说：“孙总理常说和平救国，如果谈和平就是汉奸国贼，那么总理也是汉奸国贼了。”

入秋的上海，没有人留意到位于虹口区东体育会支路上的一座洋房正进行着秘密谈判。这幢房子在几个月前曾被日本特务头子土肥原贤二当成特务机关所在地，并改称“重光堂”。代表汪精卫的高宗武、梅思平与日方代表参谋本部中国课课长今井武夫在此达成的协议，由此被称为“重光堂密约”。重光堂密约主要包括三个方面：一是关于成立以汪精卫为首的新的政权的措施；二是实现中日“和平”的条件；三是详细安排了汪精卫离开蒋介石国民政府的具体办法。

关于汪精卫如何逃离重庆，双方草拟了详细的预定行动时间表。

11月26日上午，梅思平由香港飞重庆向汪精卫汇报，在香港机场，为躲避检查，梅思平将协议抄录在丝绸上，缝在西装马甲里带回面交汪精卫。汪精卫随即召集周佛海、陶希圣、陈璧君等人商讨。正如梅思平所说：“这件事也实在犯难，搞好了呢，当然对国家有益；搞不好呢，汪先生三十多年来的光荣历史只怕让人一笔勾销。”陈公博也从成都打来电报，劝告汪精卫说：“先生若离重庆将遭到全国民众的反对和唾弃。”

“当时从重庆到国外主要有两条路线：一条是由重庆赴香港，这很便捷，但以汪身份显赫，不可能无故公开乘机去香港，所以选择此路有很大的风险。另一条是经昆明赴河内，这比较稳妥，但必须首先征得‘云南王’龙云的同意。”复旦大学历史系教授黄美真介绍。龙云属地方实力派，抗日战争开始后，他出兵参加抗日，但当国民党政府和军队退到西南后，龙云深感云南有被吃掉的危险，与蒋介石的矛盾也日渐加深。“与蒋介石相比，汪精卫只是个政客，他没有军事权，因此他最初的想法是在中国西南，像龙云、陈济棠这些地方实力派控制区建立一个政府，促蒋和谈。”黄美真说。为此，陈璧君两次到过云南，多次与龙云进行长时间谈话，据在汪身边工作的罗君强回忆，当陈璧君说汪精卫“在重庆徒拥虚名”“很想换换环境”时，龙云也当即表态：“汪先生如果来昆明，我很欢迎，如果愿意由此出国，我亦负责护送，一切决无问题。”摸清龙云的态度，汪一行人最终决定“借路”昆明。

因担心成群结伙走目标太大，12月5日，周佛海以视察宣传工作为名，去了昆明；陶希圣也以讲学为名尾随而去。原定汪精卫以去成都、昆明作抗战演讲为名，12月8日从重庆动身，在昆明与周佛海等会合，然后转飞河内去香港，此前汪氏夫妇也将正在重庆南渝中学读书的两个幼子带去昆明。但12月6日，蒋介石突然到了重庆，这是武汉失守后蒋第一次入川。直到12月18日，蒋介石要到行营作特别演讲，汪精卫可以不参加，于是他决定在这一天出走。12月19日，汪精卫走上了一条万劫不复的背叛道路。1940年，在日本人的扶植下，57岁的汪精卫在南京成立了汉奸政府。

20世纪30年代，曾仲鸣（后排左一）、方君璧（前排左一）、汪精卫（后排左四）与陈璧君（前排右二）在庐山牯岭

1922年9月5日，曾仲鸣（前排左三）与方君璧（前排左四）在法国举行婚礼。后排左三为吴稚晖

在巴黎美术学院读书时的方君璧（倒数二排右六）是唯一的亚洲面孔

左起：曾仲鲁，潘玉良和曾文棣在法国（摄于1950年）

作画时的方君璧

方君璧1921年的作品《吹笛女》

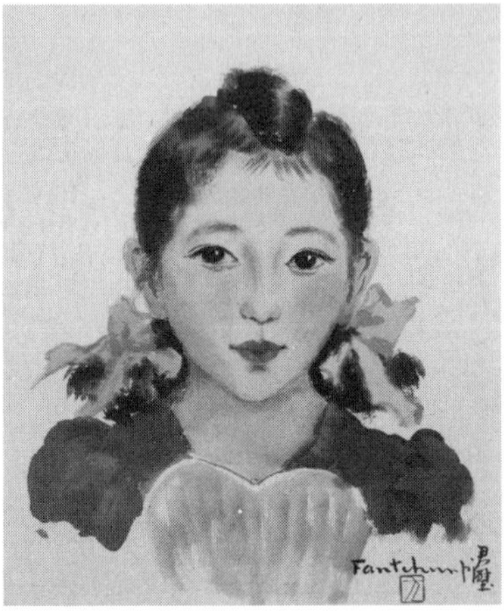

方君璧1954年作品《女孩》

方君璧画笔下的曾仲鸣

曾醒

曾仲鸣：纷乱家国事

1939 年 3 月 21 日凌晨，河内高朗街的枪声，曾震惊中国。本意暗杀汪精卫的军统特务，却误将其秘书曾仲鸣打死。“河内暗杀事件”本身以及它后来对中国历史的影响，一直是史家热议至今的一个话题。从一个儿子的角度来讲，幼年失父，是一个大不幸，但是从大历史来讲，78 岁的曾仲鲁又有些“庆幸”父亲的死，死得及时。

枪　声

那一年我还太小，只有 4 岁多一点，所以当妈妈带着哥哥孟济离开家的时候，我没有任何印象。那一天应该是 1939 年的 3 月 20 日，妈妈当时一定是满心欢喜地登上去河内的飞机，等待着与在那里的父亲会面，她根本没有意识到，一场巨变马上就要来临。

父亲是在 1938 年 12 月 19 日，跟随汪精卫、陈璧君夫妇等人，从昆明乘包机飞到安南（今越南）河内的。父亲曾仲鸣与汪精卫相识多年，曾经担任过他的秘书，后来一直追随他，是他对外的“军师”和顾问，也是他外出时的经常旅伴。父亲当时的地位也非常重要——汪精卫身边有两个最主要的助手，一个是陈璧君，另一个就是父亲曾仲鸣，他掌管着汪精卫的财政大权。

按照约定，汪精卫到达河内后，日本方面发表愿意撤军的声明。可是 12 月 22 日，近卫文麿以首相名义发表了日华关系的第三次声明，却只字未提两年撤军之事。汪精卫大失所望，但他又觉得自己之前答应过近卫——一旦近卫发表声明，他要响应，于是1938年12月29日发表了《致蒋总裁暨国民党中央执监委》，史称“艳电”（注：29号简称“艳”）。不料就在“艳电”发表几天后，近卫文麿却突然宣布辞职，汪精卫的“和平运动”很快就落了空，而原本答应响应他“和平运动”的张发奎、何键等也变了卦。汪精卫一时左右为难，身边的一些人劝他先去欧洲待一段时间，看情形如何发展再决定下一步怎么走。

在重庆的蒋介石得知汪精卫出走越南之后，非常生气。1939年元旦，蒋介石主持国民党中央常委会，决定“永远开除汪兆铭的党籍”，并宣布撤销其一切职务。尽管如此，蒋介石并没有马上采取什么激烈手段，毕竟汪精卫曾是国民党的副总裁，也算是二号人物。所以这年2月，蒋介石私下里又派以前与汪精卫私交较好的谷正鼎到河内，劝说汪精卫去欧洲旅行，出国护照由重庆方面办理，并从香港一家银行拨给一笔钱做旅费。下一步应该怎么走，汪精卫也犹豫起来。

谷正鼎带到河内的三本护照，两本是红皮的，也就是外交护照，是给陈璧君和我父亲的；一本是黑皮的，也就是私人护照，是给汪精卫的。重庆方面大概是这样考虑的：汪精卫已经被开除党籍和撤销职务，所以他不能拿外交护照。而曾仲鸣和陈璧君没有问题，所以可以拿外交护照。这又把汪精卫激怒了。他认为要么三本都是普通护照，要么三本都是外交护照。为了这个护照问题，双方在那里争来争去，你来我往了好长时间，转眼就到了3月份。

抗战爆发后不久，为了躲避战火，妈妈带着我们三个孩子和一大家子人避居香港，住在香港太子道292号。母亲后来告诉我，有一天她突然听说父亲到了河内。母亲不怎么关心政治，也不太清楚具体发生了什么。只是这时候接到父亲发来的一份电报，让她去河内见个面，因为他们要去欧洲待一段时间。我和弟弟都还小，妈妈就决定带7岁的哥哥去河内看爸爸。

妈妈和孟济是20号下午到的河内。妈妈后来回忆，当天下午，她和爸爸带着哥哥，和汪精卫家人一起去爬了山，晚上回到了汪家。

父亲到达越南之后，并没有和汪家人住在一起，而是单独住在法国人开的 Métropole（大都会酒店）。父亲在法国生活了十几年，对这里的一切感到很亲切。况且这里的条件比重庆舒适许多，所以他在那里待得很满意。父亲喜欢西式的东西，写信告诉母亲，自己在河内结识了法国春天百货公司的老板阿兰先生，从那里买了一套银质刀叉。汪夫人也喜欢漂亮东西，看到父亲买了，她觉得一定也不错，也跟着买了一套。

汪精卫到了河内之后，中国领事馆帮他在领事馆对面的高朗街租下了房子。因为随行人员比较多，实际上租的是高朗街 25 号和 27 号两套相邻的房子。每幢房子都有 3 层，每层中间都有门相通。房子的正面临街，汪精卫与陈璧君住在 25 号三楼临街的房间；他的大女儿汪文惺与女婿何文杰住在三楼后面的房间；二楼则住着汪精卫与陈璧君的晚辈、亲戚等一些人。平时汪家人都在 25 号饭厅前一间客厅里聚集。

高朗街 27 号的格局与 25 号完全一样。平时这幢房子没有人住，三楼临街的那个房间，既可当客厅也可当卧室，平时有事需要商议时，他们才会到这里。因为母亲来到河内，当天晚上，父亲离开了他平时居住的酒店，和母亲一起住进了这个房间；27 号三楼后面的房间，住着朱执信的小女儿朱微——她后来嫁给了汪精卫的侄子汪德旋。朱执信的大女儿朱始嫁给了陈璧君的弟弟陈昌祖，他们平时也住在 27 号，不过据母亲回忆，那一天晚上，陈昌祖并不在，只有朱始带着孩子住在里面。孟济大哥则被何文杰和汪文惺两口子接到他们的房间里。晚上，一群人在客厅里聊天之后便各自散去。谁知道没过多长时间，就发生了震惊一时的暗杀事件。

很多年后，我终于有机会去越南河内。我还特地去寻找那幢房子。“高朗街”街名还在，只是那些房子早已荡然无存。母亲在世时，很少给我们讲这一段经历，也许在她心中，这是一个永远无法弥合的伤口。母亲晚年的时候，跟我一起住在瑞士。有一年我刚刚买了一个家庭摄像机，觉得很有意思，就让母亲讲以前的故事。只有这一次，母亲才第一次详细地回忆起那些细节。

那天晚上，突如其来的枪声把他们都惊醒了。父亲当时说了句：“我出去打电话！”就开门向外走——电话在楼下二层。刚到门口，他看到了一个女人的身影，以为是汪精卫的女儿汪文惺，就叫了声她的小名“美美”，赶紧拉她进屋躲避。其实那并不是汪文惺，而是住在他们后面那个房间的朱微。这时候母亲听见父亲说：“我受伤了！”母亲起初并没意识到发生了什么，还很奇怪地问他为什么——其实这时父亲已经被子弹打中了腿，母亲让他躺在床上，她自己赶紧去顶着门，把门锁住。

这时候，刺客们从一楼一路开枪上来。房间的门很薄，子弹一下子就打了进来。妈妈也中弹倒在地上。刺客用斧子把门劈开一个洞，伸手进去扫射——事后在他们的房间里，找到了 40 多发子弹。父亲身上多处中弹，从床上滚到地上。刺客们似乎看到母亲倒在了地上，并没有对她扫射。母亲还对倒在血泊里的父亲说：“无所谓了，我们两个就一起死吧……”

过了一会儿，枪声终于停了。何文杰和汪文惺跑过来，看到他们俩躺在地上，身边是一滩血。朱微躲在门后墙角的位置，逃过一劫。何文杰不会说法语，他把已经快瘫软的朱微连拖带抱地弄到二楼的电话那儿，叫了救护车，把父亲和母亲送到河内的法国陆军医院。

父亲的情况最严重。他的胸部和腹部中了许多枪，马上被送进手术室。何文杰的血型与父亲一样，都是 B 型，医生就直接从他身上抽血给父亲。当时父亲尚有意识，还对何文杰轻轻地说：“阿杰，浪费你的血了……”父亲的小肠中了许多枪，已无法缝补，医生直接将一尺多的小肠切除。听说父亲当时还比较镇静，因为他主管汪精卫的财政，所以他还叫人把支票簿拿来，要签一张空白支票，以防万一有急用而取不出钱来。他人已非常虚弱，签了好几次，才选了一张没有太走样的。

母亲当时也身中三枪。后来的事情，她只记得，有人把父亲抬过来，让她亲一下他，跟他说再见。母亲连声说：“他还没死呢！还没死呢！”其实那时父亲的心跳已经停止了。这一年，他 43 岁。

那是1939年3月21日的下午。实际上母亲到达河内还不到24小时。

家　变

那一年，妈妈在河内的医院治了两个多月才康复。医生感慨她运气真好：一枪打到了腿上，膝骨竟然没有被打碎；还有一枪打穿了她的背部，所幸没有碰到动脉，所以她大难不死。身边的大人们都没有告诉我们三个孩子家里发生了什么事，妈妈一直骗我们说，爸爸到国外去了。爸爸以前的确也时常出国，所以那么长时间没见他，我们也没觉得有多奇怪。哥哥孟济那天晚上没有看到那个场面，所以他也不知道爸爸死了。对这次河内之行，他最感兴趣的是坐上了法航有三个引擎的新飞机，回来之后一直和我津津乐道这一点。

汪精卫的身边虽然有一些警卫，但身在异国，不能携带武器，所以事发当晚，他们没有任何还手之力。刺客们行刺完毕，又按原路撤走，没有受到任何阻挡。他们离开的时候留下了胶鞋、手套和两排没用过的完整的子弹。

事情一发生，汪精卫和他身边的人就知道：刺客们是冲着他来的，而父亲是被误杀的。其实当天晚上，汪精卫听到枪响后本要出门查看，但被女婿何文杰拦住。很巧的是，平时连接25号与27号的那道门都是开着的，只有那天晚上被关上了。否则刺客们很可能就穿过去找到汪精卫。

汪精卫得知父亲受重伤后，非常悲痛。他从住所打来电话，坚持要来医院看我父亲。汪精卫身边的人，包括陈璧君在内，都不同意，他们担心刺客们仍在门外潜伏，见到汪精卫后会继续追杀。法国警察也劝汪精卫不要冒险去医院。但汪精卫流着泪说：“我是看着仲鸣从小长大的，他又为我工作多年，我一定要去看他！”陈璧君与何文杰只好从医院赶回高朗街的住所。他们最后想出一个办法：一位在当地工作的朋友开着车过来，陈璧君坐在前面司机旁边的座位上，汪文惺与何文杰分坐在后面，汪精卫夹在他们俩中间，尽量把身体放低，以免被外面看到。

大门一开，车子一冲而出，以免被人跟踪。到了医院，父亲已更加虚弱无力，还勉强安慰汪先生。在家人的催促下，汪精卫短暂停留后，还是按照来时的办法坐车离开了。回到家后，他一边擦眼泪，一边为父亲找出一套干净的衣服让何文杰带回医院备用……

刺杀当天，当刺客们翻墙而出的时候，有三个人被闻声赶到的巡警抓到。他们当时都用了假名字，自称是小商人，激于爱国之心，奋而杀人。本想杀汪精卫，不想却误杀了曾仲鸣。事实的真相现在已经很清楚：这次暗杀是在戴笠指挥下进行的。负责这次行动的是军统行动组负责人陈恭澍。他组织了 18 个人的行动组，很早就进入河内。他们通过对面的领事馆，一直在观察汪精卫的动静，伺机寻找下手机会。

父亲和汪精卫等人，当时对这一切并不知情。母亲后来回忆，她到的当天下午，和汪家人一起乘车出去爬山的时候，路上一直有车跟着他们。中途休息时，一位自称是警察的法国人来到他们身边，劝他们不要到偏僻的地方，因为他们接到情报说有人要对汪先生不利。所以他们一直跟在后面，暗中保护。听到这个人的一席话，大家将信将疑，后来还是取消了出游计划，掉头回家。后来陈恭澍的回忆里也提及，他们驾车追踪这一行人，本想伺机下手，但是因为目标突然调头返回而告吹。

后来有一些文章说是因为母亲到来，汪氏夫妇把他们的卧室腾了出来，才导致后来的误杀。这个说法是不准确的，因为汪精卫与陈璧君一直住在 25 号三楼没动过。不过，既然军统特务们为这次暗杀筹划了那么长时间——而且，据陈恭澍回忆，其间还派过一个叫唐英杰的刺客蹿至屋顶，用“倒卷帘”式查看过房间——为什么还会出此重大失误？所以有些学者认为，这次暗杀事件，还有很多蹊跷之处，甚至有人认为，军统是故意打死秘书曾仲鸣，意在给汪精卫一个警告。

在我看来，这种可能性并不大。其实军统特务的能力也不是外界想象的那么高，甚至可以说，组织得也一塌糊涂。我后来看了陈恭澍的回忆，在此之前，他们设计过很多刺杀行动，先是想在浴室里下毒，没有找到机会；又在 3 月 20 日那天白天开车跟到郊区想行刺，结果车子调头回来，也没有得手。正是因为觉得白天错失良机，他们深为恼火，才断然决定在当天晚上就开始行动。他们的效率没有那么高，打的时候也乱打，看到一男一女两个人影，以为是汪精卫和陈璧君。具体进入高朗街行刺的是王鲁翘。他好像喊了声“汪先生”，我爸爸没有回答，他就开始扫射。要翻墙走的时候，一下子被法国警察抓住三个人，所以我觉得他们没有那么精心设计。

不过，略显奇怪的是，陈恭澍本人 1941 年在上海被捕，后来投靠了李士群的“76 号”，1949 年后又去了台湾，他的经历也很特殊。陈恭澍被“76 号”抓到时，陈璧君还亲自审问他，问了他很多河内行刺的细节。按道理说，陈璧君恨他恨得要死，但不知道为什么最后还留下了他。这一点我也一直迷惑不解。几年前我看到了陈恭澍的回忆录，就像看历史传奇，没什么特别的感想。倒是听妈妈的口述，切身得多，也伤感得多。

国　变

对于 1939 年河内的暗杀事件，曾有史家这样评论：“河内的枪声，爆出了一个汪政权。”他们认为，日本方面，近卫文麿下台之后，继任的平沼首相对汪精卫比较冷淡；而汪精卫也有远赴法国的打算。如果不是父亲遇刺，汪精卫也许最终不会被激怒，从而走上与日本人合作的道路。历史不能假设，我也不知道如果没有遇到暗杀事件，汪精卫又会做出怎样的选择。但是有一点至少是可以肯定的：父亲的遇害，宣告了汪精卫与蒋介石之间的彻底决裂。

暗杀事件没多久，蒋介石又一次派谷正鼎携亲笔信来河内。谷正鼎一再对汪精卫表示，蒋先生对暗杀事件毫不知情，而且保证尽快缉拿凶手——蒋介石事先对这次暗杀行动是否知情？现在似乎也找不到特别明确的证据证明这一点。但是此时的汪精卫，已经完全失去了对蒋介石的信任。在此之前，汪精卫身边的人已经遭遇过数次不测：先是 1939 年 1 月 16 日，梅思平在香港的路上被数人袭击打伤头部；1 月 17 日，林柏生在回家途中被两个大汉用斧头砍伤头部；1月18日，汪精卫的外甥沈次高在澳门被人开枪打死。汪精卫认为这一切都是针对他而来的。这一次，又是与他相识多年、感情十分深厚的曾仲鸣去世。汪精卫悲痛之余，也陷入了对蒋介石的极度愤怒之中，认为蒋介石对他太过心狠手辣。

汪精卫到了越南之后，他身边有一大批的随从，包括他的侄子、陈璧君的侄子等，而且他的大女儿汪文惺与女婿何文杰就是在河内举行的婚礼。对他们来说，原本是过着很正常的生活，也并没有感觉随时有人要行刺。突然遇到这暗杀事件之后，汪精卫和他身边的人非常慌张，觉得在越南非常没有安全感。

暗杀事件发生在汪精卫与重庆政府交涉过程之中。事件发生后，汪精卫仍留在河内，过了一个多月，才决定到上海租界暂避。而日本获知刺杀事件后，影佐祯昭、犬养健等人前往河内“营救”汪精卫。但是，汪精卫提出：一不乘日本船，二不住日本控制的虹口，由陈昌祖租了一艘700吨的法国小轮航行去了上海。4月20日，汪精卫夫妇与陈昌祖等人一同登上小船离开河内。犬养健和影佐在后面的大船“北满丸”上跟着。因海上气候恶劣，小船被刮到小岛上，失去了联系，几天后才被重新找到，日本跟随的“北满丸”乃乘机追上，把汪的小团体接到上海。

一旦上了日本的军舰，汪精卫实际上就已经被日本人控制起来了。

我想汪精卫心里也很明白，他走上了一条什么样的道路。1940年11月底，他身穿礼服站在“行政院”礼堂的石阶前，欢迎日本特使阿部信行到来时，忽然痛哭，而且用力抓自己头发。他也很清楚这段历史将为他留下千古骂名，只是那时候，他已经没了退路。

后来母亲带着我们也在南京住了一段时间，我们的家就在汪公馆对面，妈妈时常去颐和路34号看汪精卫，陪他和陈璧君吃饭。母亲后来告诉我，那时的汪精卫时常很愁闷的样子，有一次回到家后哭了起来，还挂起了国民党党旗。

母亲不懂政治，但她尊敬汪精卫，视他为兄长。在她眼中，仲鸣有缺点，而“四哥”汪精卫则是绝对的完人。不过她大概也对汪精卫组织的“政府”有很多疑惑，有一次问他：“如果日本人要我们打重庆怎么办？”汪精卫回答：“不会的，我们的军队只要保护我们自己，不会帮日本人打的。”汪精卫可能觉得我妈妈没什么政治概念，有一次跟她说：“很多东西我都没有向你讲，讲了你也会难过，还要保守秘密，不如你一点都不知道的好。”

父亲一生同日本没有什么瓜葛，没留学过日本，也没有日本朋友。而他的死，竟促成汪精卫投靠日本，是很讽刺的。可是有时候我也忍不住这样想：如果没有这次暗杀事件的话，他们按计划到了法国，那也只会是暂时的。因为到了 1939 年 9 月，法国也陷入战事，他们也不可能常住在那边，最终的结果也未可知。以他对汪精卫的信任及追随，如果没有死，而汪政权在南京成立后，他必然会是伪政府里的主要成员。那么过了 5 年，他肯定会与陈公博、林柏生等人一样被押去枪毙，还要负上“汉奸”的罪名。从这一点上讲，我又庆幸，父亲的死，又死得其所。

父亲去世后，他的朋友、巴黎春天的老板阿兰先生出面，安排下葬在通常只有法国人安葬的拉雪兹神父公墓。下葬时，我妈妈没有在场。我后来去河内时，还曾试着找过他的坟，结果发现：越南解放后，所有法国人埋在越南的骨骸全部运归法国本土，收在地中海畔的一座万人墓里。父亲的遗骨大概也在其中。

革　命

汪精卫的家人曾经和我说过这样一句话：“自你爸爸去世以后，我们没有开心过一天。”其实父亲与汪精卫相识多年，他绝不仅仅是其身边一个简单的“秘书”的角色；而汪精卫对父亲而言，也是亦师亦兄亦友。

这段故事，要从我母亲的家族讲起。方家出自福州，依靠茶叶生意成为富商。我的伯公，也就是我外公的哥哥方家澍，考上了举人中了进士。回乡的时候当地百姓很隆重地给他修了一个凯旋门，让他骑马从下面过，很有点衣锦还乡的意思——我 1978 年到福州的时候还看到这个凯旋门，那时候还没拆，现在大概没有了。方家澍后来被派到浙江做官。他用官俸回福州买房置地，积累了不少家产。方家是大家族，父辈兄弟三人的儿女、媳妇及仆从上百人同住城中“九彩园”大院。

在清末，许多有志青年鉴于中国穷、弱，都盼出国到欧美学习。日本明治维新之后，跻身列强，成为最热门的留学目的地。方家澍虽然是传统读书人出身，但是思想并不保守。正是在他的支持下，方家的年轻人成为第一批出国学习现代知识的人。母亲的五哥去了法国；六哥方声涛进入日本士官学校学军事；七哥方声洞则去了千叶医学院。七姐叫方君瑛，1903 年，方家澍出钱也把她送到了日本——在那个年代，能把女孩子送出去读书，实在了不起。方君瑛也很争气，学了几个月的日语后，通过了东京女子师范大学的考试，成为这所学校第一个中国留学生。那个年代，也正是革命思潮风起云涌之时。1905 年，孙中山在东京成立中国同盟会，方声涛、方声洞与方君瑛都加入了同盟会，成为同盟会的第一批成员，立志追随孙中山参加革命，推翻清朝政府。方君瑛为人正直，有胆有识，虽是女孩子却被同志们选为同盟会暗杀部部长，被称为“同盟会女杰”。方君瑛也非常认真，学习之余，还常常练习投掷手榴弹。

方家的第四个儿子叫方声濂，很不幸，婚后第三年他就因病在上海去世，留下妻子曾醒和一个儿子。当时曾醒只有 21 岁，在中国的大家庭里做寡妇是很受气也很凄惨的。方君瑛与嫂子曾醒是很好的朋友，她觉得嫂子就这样荒废一辈子太可惜了。所以就给她父亲写信，希望把曾醒也送到日本学点知识，将来也好独立。那时候，方家澍因心脏病在上海去世，家境大不如以前。外公觉得学费太贵。方君瑛提出，她可以把自己的奖学金分一半给曾醒用。不久，方声洞回到福州，把曾醒和她的儿子方贤俶接到了日本。曾醒在方君瑛的影响下，也加入了同盟会。

那时候，在日本东京法政大学留学的汪精卫，成为孙中山手下的一得力干将。汪精卫口才好、相貌也好，经常跟随孙中山到海外向华侨演讲、筹款。在一次去南洋筹款的时候，当地富商陈耕全的女儿陈璧君对其一见倾心，不仅捐钱捐物，还要追随汪精卫去日本。陈璧君是在南洋长大的，没有中国女孩子所受的那些传统礼教的束缚。就这样，17 岁的陈璧君也去了东京，要为同盟会工作。孙中山为此还特地写了一个条子说愿意让陈璧君加入同盟会。汪精卫当时是《民报》的主笔，所以陈璧君就到《民报》去工作。考虑到陈璧君在日本孤身一人，年龄又小，孙中山就委托方君瑛和曾醒两个人去照顾陈璧君，她们 3 个人后来结拜为干姐妹。

当年，当汪精卫决定冒险入京行刺摄政王载沣，以壮烈一举挽回革命者的声誉时，他们还专门成立了一个 7 人“暗杀小组”。方君瑛、曾醒、陈璧君都是成员。她们各自把炸药缝在棉背心里，从日本坐船到天津，再坐火车到北京，因为背心里面全是炸药，密不透风，方君瑛和陈璧君后来告诉我妈妈，她们一路上热得要死。她们后来也觉得炸药在她们身上没爆炸，简直不可思议。为了纪念这次“死里逃生”，他们 7 人还拍了一张照片留念，这张照片现在我还有。

汪精卫和黄复生把炸药埋在后海银锭桥下，他们的计划是：他们藏在桥下，等载沣的马车从醇亲王府出门过桥时引爆，同归于尽。前一天晚上，汪精卫找到陈璧君，两人一边握着手，一边流泪，以为天亮就是诀别。没想到有人半夜出来发现他们形迹可疑所以报了警，警察顺藤摸瓜，很快抓到了汪精卫和黄复生，喻培伦和陈璧君刚好出去，逃过一劫。后来的结果大家都知道了：审理此案的肃亲王决定免他一死，判他终身监禁。陈璧君买通狱卒，给汪精卫写了一封很热烈的求婚信。汪精卫看后大为感动，就把手指咬破了，写了个“诺”字。这次未果的暗杀行动，倒是成全了汪精卫与陈璧君的感情。

那时在汉口做公司经理的外公方家湜根本不知道，他在日本的几个孩子都成了“革命党”。方君瑛与方声洞都参加了 1911 年的黄花岗起义。起义前，姐弟二人还到照相馆合影一帧寄回家做纪念，相片上面他们给父亲留下这样的话：“儿等报国，即以报亲，尽忠亦即尽孝。”方声洞与林觉民、喻培伦等人都自告奋勇充当敢死队员。而当时分配给方君瑛与陈璧君、李佩书等几个女同志的任务，是让她们出去跟胡汉民联系，把军火运进广州城。于是她们假扮奔丧的女眷，披麻戴孝，陪伴胡汉民扶着三口装满枪支的棺材进入广州。

谁知快到广州城时他们发现城门紧闭，只有一老人坐于门下，对他们说：“年轻人，不能进去了，里面事已失败，你们快点走吧！”原来官方闻得风声后，已全城戒严。形势对起义军非常不利，有些同志主张改期。黄兴不同意。4月27日下午，黄兴带领120名敢死队员，臂缠白巾，手执枪械炸弹，直扑两广总督署，想生擒两广总督张鸣岐。张鸣岐越墙逃跑，黄兴等便放火焚烧督署衙门。黄兴带领方声洞与朱执信等出南大门时，与另一支起义军相遇，双方发生误会交火，方声洞死于乱枪之下，牺牲时年仅25岁。事后，黄兴向党内报告起义经过，对方声洞这样评价：“以如花之年，勇于赴战。”

黄兴当时带领的那支敢死队只有120人，里面的朱执信、邹鲁、方声洞、林觉民、喻培伦等人，都是知识分子当中的精英。这些“秀才造反”，就是凭着一腔热血拿枪上去跟清兵打，结果伤亡惨重。方君瑛本来早就抱定杀身成仁的决心，结果她没有死，弟弟却牺牲了，方声洞的死对她打击很大。

辛亥革命成功以后，汪精卫从狱中获释，终与陈璧君在广州举行了一个盛大的婚礼。为他们证婚的，是已经当上广东都督的胡汉民。汪精卫和胡汉民曾经是最好的朋友，革命成功之后，他们却变成了政敌。正应了那句话：可共患难，不可共安逸。后来胡汉民卷入廖仲恺案，汪精卫要抓胡汉民，胡汉民就跑到汪精卫家里去了，陈璧君把他留了下来。后来汪精卫打电话给陈璧君，说胡汉民叛变了，抓他杀他也不可惜。陈璧君告诉他：你不要讲话，胡汉民就在我们房间里。把汪精卫气得把电话扔到地上。

那一天，方君瑛带着她的十一妹——也就是我的母亲方君璧参加了这场婚礼。母亲后来回忆，婚礼那天摆了几十桌酒，汪精卫一身白衣白裤，陈璧君则是黑上衣黑裙子。她一度还羞得躲在房中不肯出来。那个时候，这些年轻的革命者肯定以为，等待他们的那些未来的日子，就只有幸福和安宁吧……

因为有了这些生死与共的经历，方君瑛、曾醒与汪精卫、陈璧君之间结成了一种特别深厚的情谊。那时候的他们也都是一腔热血的理想主义者。他们在革命之前都曾宣誓过：革命成功后，一不做官，二不做议员，愿意功成身退、解甲归田。他们只希望政府能提供一笔官费可以出国读书。袁世凯已经上台，他当然乐得把这些革命党人送出去，以免留在国内多事，所以很痛快地答应下来。他们 4 人得到的官费很优厚，每一份足够两个人用，所以方君瑛就决定带她的妹妹方君璧，曾醒带了儿子方贤俶和弟弟曾仲鸣，陈璧君带了她的弟弟昌祖，加上汪精卫，一共 8 人，1912 年乘船离开中国。那一年，曾仲鸣 16 岁，方君璧 14 岁。父亲在家里排行第十，他们喊他“十弟”，排行十一的母亲则被喊“十一妹”。

他们这 8 人先是到了南洋陈璧君的家。陈璧君的父亲陈耕全是橡胶园主，很有钱，陈家在海边有别墅，这 8 人在陈家的别墅里住了一个月之后，又继续起程。那时候坐船去欧洲，要在海上航行很长一段时间。大家都不怎么会讲外文，陈璧君的弟弟陈昌祖年龄最小，只有 8 岁，他曾在马来西亚的英国学校寄宿过，在船上有时就由他来做翻译。陈昌祖在学校吃惯英国人的白煮鸡蛋和白煮土豆，所以在船上也点这两样。他们这 8 人吃了几天的鸡蛋和土豆。母亲后来回忆，她看到船上其他人都有鱼和肉可吃，还奇怪为什么只有他们吃这两样。直到有一天他们忍不住问别人，才知道事情原委，后来也才吃上别的菜。

其实母亲的原名叫方君玉。汪精卫觉得“君玉”这个名字不好听，他说既然陈璧君喜欢十一妹，都有一个君字，那不如倒过来叫君璧怎么样，所以母亲的名字后来就成了“方君璧”。

到了法国之后，他们这 8 人在巴黎以南 30 公里的蒙塔奇租了房子住了下来。一句法语都不会的仲鸣、君璧进入法国学校寄宿读书，周末回家，由蔡元培教他们中文，汪精卫教历史和诗词。成年后，他俩不但能读写中文，还能作诗作词，父亲更写得一手好字。这要感谢蔡元培和汪精卫为他们打下的中文底子。我后来看过父亲与母亲之间的通信，他们都是用中文而不是用法文写。

1914年夏天，欧战爆发，这个中国小集体迁移到法国南部的波尔多，避开战火。那段特殊的时光，也使他们之间的友情更加牢固。汪精卫也用自己的方式铭记这份特殊情谊——他的大儿子叫汪文婴，就是为了纪念君瑛；大女儿叫文惺，是为纪念曾醒。文惺刚出世时，是个早产儿，医生都认为活不了太久，那时汪精卫与陈璧君回国参加反袁世凯革命，全凭君瑛和曾醒用棉花蘸牛奶喂她，她才得以生存下来。

喜欢画画的母亲在1917年考上波尔多的美术学校，正式开始了她的艺术生涯。母亲在这里从开始学习画石膏像开始，她很有天赋，画得很好，老师也很欣赏她的作品，这给了她很大鼓励。后来想如果继续画下去，不如干脆到最高学院去试一试。于是她就带着她的画作去了巴黎，给老师们看。他们都觉得她画得很好。几个月后，母亲正式考入巴黎国家高等美术学院，成为第一位进入这所学校的中国女性。

巴黎美院当时还分男女教学，教女生的是一个叫恩贝尔的老先生，他只教素描、水彩画，却不教油画。他可能觉得油画是最难的，而女孩子不必要学油画。可是想做一名画家的话，必须学习画油画。母亲班里有一个犹太女孩子，她之前学习过油画，她来教母亲怎样买颜料、画布，怎样画画，她们白天就跑到街上画人物、画街景，到了晚上太冷了就跑回学校上课，所以母亲的油画等于完全是自学的。

刚到法国时，方君瑛曾经对君璧和仲鸣说：你们应该像我们一样，有如兄妹，好一辈子。在母亲眼里，这句话就像誓言一样。可是慢慢地，仲鸣对君璧的感情就有了变化。可是，君璧听了他的表白之后，却非常生气，大概一是觉得有点亵渎这种纯洁的兄妹之情，二来她觉得大家都是出来读书的，不应该谈恋爱浪费时间，所以就不搭理仲鸣。君璧的性格像方家人，意志坚定，她的决心也很大，整整两年都没有跟他说话。

那时候，中国国内政局仍然动荡不安，汪精卫他们经常回国参加诸如“二次革命”这种政治运动。有一段时间大人们都回国了，只剩下他们两个管理更小的小孩子，不得不重新开始交流。仲鸣和姐姐曾醒一样，性格温顺。他每天都会采一大把野花，偷偷放在君璧的房间里，有一天君璧终于感动得掉了泪……他们的感情也得到了大人们的祝福。1922 年，他们两人在安纳西湖畔结婚。

父亲本来是学化学的，在波尔多大学毕业后，又进入巴斯德学院攻读硕士学位。不知道是否受到汪精卫或蔡元培的影响，他后来愈发觉得自己更喜欢的，还是文学。于是他转学到里昂大学文学系，最终拿到博士学位。

1921 年，里昂大学与广东大学在里昂合设中法大学，专门接收中国学生。大学由吴稚晖任校长，父亲做秘书长，负责管理校务，以及中法双方的联系等。比如学生的学费没到、付不起学费需要找他，谁的自行车被偷了也去找他。父亲少年时即到法国，在这里多年，其实他本来同中国人的关系不是那么亲密。而中法大学三年秘书长的工作，让他有机会认识了很多中国学生，才逐渐回到中国人的圈子里去。

当时吴稚晖亲自在上海招了 120 名学生，他们一起乘船到马赛，成为中法大学的第一届学生。这批人里面有很多人后来成为很有成就的人，包括学画画的潘玉良、常书鸿、孙福熙，写作的有苏雪林、李丹等。他们刚到法国时都不会说法语，也不熟悉法国的情况，所以我妈妈就替他们做翻译，带着女孩子出去买东西、吃饭、喝咖啡等，就跟那些中国女孩子很熟悉。

婚后，母亲在巴黎租了一个画室，当时还在坚持画画。母亲有时也去大磨坊，买票就可以进去，里面有裸体的模特可以画，潘玉良就经常去大磨坊画。1924 年，母亲带着她的几幅画去沙龙试试看，没想到《吹笛女》和另一幅作品《H 小姐的画像》很顺利地被沙龙收了，于 1924 年在巴黎美术沙龙展出。因为她是第一个进入沙龙的东方女性，在巴黎引起了轰动。《吹笛女》被一本艺术杂志作为封面使用，记者纷纷来采访她。母亲觉得一切都很容易，就像一场游戏。

《吹笛女》的原型叫方裕，也是中法大学的第一批学生，学习音乐。

方裕后来改名“方于”，她与同一届的李丹结婚，他们回国后开始翻译《悲惨世界》。其间经历了不少政治运动，历尽坎坷。李丹 1977 年去世后，方于忍痛继续翻译，终于完成全部译稿。1976 年我妈妈回来在南京见过方于一次。

那段时间，母亲在巴黎，父亲在里昂，他们几乎每天都写信。父亲的房东太太都奇怪：为什么你刚从巴黎回来就写信？我想那时大概是母亲一生中最快乐的时光。

纷　乱

时光推移，他们这个特殊的大家庭，到后来就渐渐地解散了。汪精卫与陈璧君回国参加一次又一次的运动，反袁世凯，反军阀；1922 年，广州成立了一所执信学校，方君瑛与曾醒也受邀回国，分别担任校长和学监。

听母亲回忆，方君瑛是一个很正直、很严谨的人，她每一件事都很认真地去做。她一到法国就去认真地学法语，最后拿到数学硕士学位，那是东方的女孩子第一次在法国拿到数学硕士，也是非常了不起。不幸的是，回国前夕，方君瑛在波尔多街上被汽车撞倒，脑部受伤。伤愈后发现记忆力退化，神经衰弱，她很焦虑。

方君瑛在法国一共待了 10 年，过的是十分简单的学生生活。可是回国后，她看到的情形是中国社会依然秩序混然，贫穷落后未改，即使是上海那样的大都市，也是满街乞丐。方君瑛是个认真而纯粹的人，当年革命成功之后，本来有人请她做福建省教育厅长，但她认为革命不是为做官，所以只接受了做福建女子师范校长的委任，著名作家冰心就是该校学生。可是回国后更让她失望的是，那些从前的革命同志都变得腐败而堕落，内斗不断，抽大烟、娶小老婆，比清王朝还有过之而无不及。方君瑛的理想完全破碎。她觉得当年那么多人为革命付出生命代价，包括她的弟弟方声洞，可是现在看起来，究竟意义何在？……

方君瑛年轻的时候，家里也给她定过一门亲。未婚夫看方君瑛那么激烈地革命，担心惹祸上身，要求退婚。可是民国成立之后，方君瑛名气大响，他又想结婚，方君瑛很看不起他，就一直拒绝。可是未婚夫告诉她：你不答应，也是我妻子，我就这样守着你。方君瑛毕竟仍受中国传统文化的束缚，不像陈璧君那样，敢于主动而大胆地掌握自己的感情，所以这给她造成了很大的心理压力。

车祸后遗症留下的病痛、对中国现状的绝望以及不堪婚姻困扰，重重压力下，1923 年 6 月 12 日，方君瑛在上海吞下大量吗啡自杀。她在遗书中说："国危如卵，民若倒悬，而同志尤多他背弗振，社会腐败至极。自恨力不能济，只有死耳！"

汪精卫对方君瑛素来比较尊重。他在广州得到噩耗后，极为震惊。他特地赶往上海，参加方君瑛的丧事。他后来给我父亲母亲的信中数次提及此事，后悔不该召方君瑛回国，后悔回国后没有好好给予照应。汪精卫也知道，方君瑛的绝望就是因为中国的革命变成这个样子，所以沉痛之余，他也很自责。

现在网上有一些文章，说方君瑛之死，是因为卷入了汪精卫与陈璧君的情感之中，因不堪三角恋情的困扰而自杀，这完全是没有根据的。这个说法大概来源于香港出版的一本名为《汪精卫恋爱史》的书。母亲当年在香港看到此书，非常生气，她还专门写了封信，痛斥此事。

1925 年，汪精卫在与胡汉民的争斗中赢得胜利，出任广州革命政府主席。跟一手建立了黄埔军校的蒋介石相比，汪精卫手上既无军队也无一套可以信赖的组织系统，于是他就想到从小在他身边长大，像弟弟又像学生的曾仲鸣。父亲毫不犹豫地接受邀请，进入到国民政府做秘书。

因为对中国政治不感兴趣，一年之后，母亲又回到法国。但是这次回国，她最大的收获是结识了"岭南派"画家高剑父。高剑父教她怎么用中国的纸、笔和颜色来画画。之前她受过专业的美术训练，专门学过素描，所以她画中国画，比如画花尾的时候，先是用铅笔画轮廓，再上颜色——传统的中国画家不是这样画的，他们一般是一笔画的；她还把西方学到的透视法、明暗、阴影等技法用上去，又不是纯粹的中国画，所以她的画很有特点。

回到巴黎后她有一次找到巴黎美院的校长阿贝尔·贝纳德，想请他做老师。结果贝纳德告诉她：你已经画得很好了，我没有资格做你的老师。不过我们定期有个沙龙，你可以带着自己的作品来参加，我们互相交流一下。通过贝纳德的介绍，方君璧的名字也渐渐被巴黎艺术圈所知晓。母亲后来连续几年送作品参加春季和秋季沙龙，屡获好评。

那时候的父亲，很快被提拔为汪精卫的秘书，后来又做了铁道部副部长。在中国纷乱的政治当中介入得越来越深。可是从父亲的性格来说，他其实更像个文人。他一向喜欢中国书画，父亲回国做官，也有了钱，开始收藏。他为自己的收藏取名“颉颃楼”。“颉颃”一词取自《诗经》，“燕燕于飞，颉之颃之”，是说两只鸟比翼双飞，寓意婚姻美满。在吴湖帆的建议下，他收藏了大量中国的古书画，包括赵孟頫、董其昌、沈周、仇英等人的作品等。抗战爆发后，南京国民政府转移到了汉口，只让他们携带两个手提箱的东西。父亲面对着一屋子的书画，哪个也舍不得。最后父亲看到桌边有幅沈周画的兰花，就顺手带走了这一幅。守卫南京的唐生智要采取“坚壁清野”政策，先把房子统统烧掉，说是让日本人来了没地方住。我们在南京的房子也被烧掉。所以父亲当年的收藏，除了部分转移到香港之外，其余很多东西也都毁之殆尽。

飘　零

父亲去世那年，母亲只有 41 岁，她一下子成了独自带着三个男孩的寡母。母亲与父亲的感情很特别，就像她自己说的那样，“不只是夫妇，同时也是兄妹，同时也是朋友。”她后来把他们当年写的诗、词结集出版《颉颃楼诗词稿》。在序中她写：“我们两人的血同时流了，混在一起，我的一半已与你同死，一半的你生存在我的身里。”

父亲遇刺以后，汪精卫始终对我们一家心怀歉疚。他常常找我们几个孩子到他家跟他们一起吃饭。那时候我们很怕陈璧君，她脾气比较大，经常骂人。陈璧君总是说："我们马来人就是这样子。"她认为他们华侨性格直爽，有话就讲，不像国内长大的人那么含蓄那么胆小。她最宠爱的是弟弟陈昌祖和儿子汪文婴，弟媳朱始——她是朱执信的大女儿。她儿媳谭文素成了最常挨她骂的人。她有时也会骂我妈妈，因为我妈妈年龄比她小很多，所以暗自流了眼泪也就算了。

陈璧君年轻时也算是一个有理想的人，可是后来也变得很贪。可能因为跟蒋介石斗一直处于劣势，所以她后来"悟"到了要抓权力，所以她用的也都是自己身边的人。她的五弟陈耀祖做"广东省长"，1944 年被刺杀；她就又让自己的妹夫褚民谊去做。连我妈妈都说，在广州，汪夫人是太上皇。

对政治不感兴趣的母亲，虽然也有许多对汪精卫的疑惑和不解，但是对她来说，汪精卫始终是她尊敬的兄长。1944 年夏的一天，妈妈突然不见了。后来才知道她离开上海去日本看汪精卫。1935 年，汪精卫曾遭受过一次暗杀，嵌入他背部的一颗子弹引发了骨癌。在医生建议下赴日本治疗。母亲先是从南京乘火车到沈阳，穿过朝鲜，然后登船去日本。那时候，美国的 B-29 轰炸机天天对日本进行轰炸，美国潜水艇也把日本围得水泄不通，很多船都被炸沉。母亲还是越过重重障碍，到达名古屋，去探望汪精卫。她后来告诉我，陈璧君一直显得特别神秘，也不告诉她汪精卫究竟得了什么病。母亲曾向陈璧君建议，让汪精卫在清醒时写一份遗言留下来。但陈璧君不愿意听这种话。

1949 年，陈璧君被判终身监禁，关在苏州监狱中。那时，解放军已到了江边。母亲单枪匹马去苏州，想说服典狱长乘兵荒马乱之际释放汪夫人。典狱长同意了，但要求 10 条黄金为代价。母亲打电话到上海，嘱汪家托一名亲戚带 10 条黄金来苏州。结果那人失踪，很可能是途中遇劫被害。新中国成立后，旧时同盟会的同志宋庆龄和何香凝曾到监狱探望陈璧君，告诉她只要她承认汪精卫的错误，人民政府便可以特赦她，但被她婉拒。尽管如此，陈璧君在狱中还是勤恳学习毛主席的著作，很得启发。1959 年她因心脏病去世。

汪家的几个孩子虽然比我们都大很多，但是因为从小长在一起，关系也很密切。汪精卫二女儿叫汪文彬，今年已经 92 岁了，年轻时也是很坚决的一个人。有一次她到王府井路过一教堂，很好奇地走了进去，结果里面有个嬷嬷对她说："我一直在等你。"她就信了教，做了修女。后来她到印度尼西亚最穷困的地方服务，老了在那里的一家修道院里养老。今年新年我们还互相寄了贺卡。大女儿汪文惺后来定居美国。有一年她来瑞士，我们见了面，谈了很多话题。我直截了当地问她："你对你爸爸怎么看？"她承认父亲走错了路，但是她也为父亲做了辩护，认为他动机是好的。

抗战胜利之后，起初我们也不知道是怎么给父亲定性的，我们兄弟三人，跟着一个亲戚都改姓了冯。母亲到南京去问曾仲鸣到底算不算汉奸。人家说，曾仲鸣不算汉奸，因为他是死在伪政府成立之前的。所以他的财产不算汉奸财产，不充公。我们放心了，重新回到原来的房子里。而母亲马上大张旗鼓地开了一个画展，不是叫"方君璧画展"，而是叫"曾仲鸣夫人方君璧画展"，在上海轰动一时。

1949 年，母亲带着我们去了法国，1956 年又移居美国。1972 年，尼克松访华之后，中国开始慢慢敞开大门。时隔多年，母亲第一次重新回到中国大陆。那一次，周恩来接见了她。周恩来曾在广州黄埔军校工作过，还告诉我母亲："以前在广州的时候见过你。"我妈妈当然全不记得了，她对周恩来过目不忘的记忆力惊讶不已。这一次，她在大陆停留了好长时间，画了许多画，这是她艺术生命的最后一段辉煌灿烂的时期。她的画风变了，颜色鲜明起来。很明显，她受当时国内文化思潮的影响，画的人物有耕田的、赶鸭的、挑水的、敲石的，都是很有生命力的普通的人物。

1981 年 3 月 29 日，是母亲在中国的最后一天。这一天，也是广州黄花岗起义七十周年大祭。母亲在方声洞的儿子方贤旭的陪同下来到黄花岗，给在起义中牺牲的烈士们鞠了三个躬——69年前，她与方君瑛、曾醒、汪精卫、陈璧君一道去法国之前，曾来这里做了同样的动作。她哽咽了。那一刻，不知道她是否想起了身边那些熟悉的亲人和朋友，他们也曾经热血沸腾，意气风发，在那个时代的大舞台上轰轰烈烈地演出，各自扮了生旦净末丑，最终又以各种方式谢幕，留下不尽的话题，纷扰几十载……而这群人当中，对政治最无兴趣，距离又最远的她，却成了最后的见证者。

（曾仲鲁口述）

1936年，陶希圣夫妇和儿子恒生、晋生合影

1946年4月5日，江苏高等法院开庭审讯陈公博，最终因汉奸罪被处死

1949年，在台湾读书的陶恒生

1967年，陶希圣（右）和高宗武在华盛顿重逢

在北京大学任职时的陶希圣（摄于1932年）

校园里的陶琴薰

陶希圣与“高陶事件”始末

1940 年 1 月 22 日，来自汪精卫集团的核心人物高宗武和陶希圣，在香港《大公报》上披露汪精卫与日本在上海签订卖国密约之事，一时举世震惊，这段往事，史称“高陶事件”。后来成为蒋介石“文胆”的陶希圣，主持国民党文化宣传工作数十年，却为子女留下了“远离政治”的家训。为了探知父亲的人生轨迹和心路历程，本是学工出身的陶恒生在退休后开始潜心研究“高陶事件”的前前后后，惊心动魄的故事似乎带着我们重回那段波谲云诡的岁月。

从　政

我还记得那是一个炮火连天的晚上，几天前刚突袭珍珠港的日军开始进攻香港，他们从九龙发炮弹轰炸港岛，油库烧了，房屋也烧了，整个天空都被映得通红。我们全家围坐在一起，为未知的命运而忧虑。

炮声隆隆中，父亲长叹了一声后很严肃地对我们说：“将来你们一个一个都不要搞政治，还是学点一技之长，自己养活自己吧。”父亲的话，我们一直铭记在心，长大后，我们兄弟几个既不学政治，也不参与政治。

时隔多年再回顾父亲当时说的话，我相信那是他根据自己的前半生经历，从内心深处发出的最真实的感慨。

父亲是湖北黄冈人，1915 年，16 岁的他投考北大预科，师从沈尹默、沈兼士等人攻读国学。北大毕业后，他做过教员、当过编辑，很快就因为参加中国社会史的论战而声名鹊起。

20 世纪 20 年代，中国知识界围绕着中国社会性质和社会史问题展开了激烈论战。父亲提出，中国不是典型的封建社会，而是士大夫和贵族结合起来剥削平民的社会。但在历史学家看来，陶希圣的社会史是“旁门左道”，因此也引起很大争论。父亲第一次论战的论文后来结集成《中国社会之史的分析》出版，一时洛阳纸贵，销售一空，4 年之内一共印了 8 版。

1927 年 1 月，父亲被国民党中央军事学校武汉分校聘为政治教官，与国、共两党有了实质性接触。在他担任中央独立师军法处长、咸宁县政府委员会常务委员兼司法科长期间，因为禁止农会书记随便枪毙当地农民，被指控为“反动军阀”，在陈独秀帮助下才得以保全性命。父亲因此对陈独秀感激终生。陈独秀落难时，父亲也鼎力相助。1938 年，康生写文章批判出狱不久的陈独秀每个月从日本人那里领300块钱的津贴，陈独秀也拒绝说明钱是从哪里来的。其实那是父亲以他主持的“艺文研究会”的名义资助给陈独秀的。

很长一段时间，父亲扮演着“亦政亦学、亦朝亦野”的角色。1931 年我出生，我 8 个月大时，正在南京中央大学法学院教书的父亲接到北大邀请，回到母校讲授中国社会史，在北大的 6 年教授生涯，父亲陆续出版 4 卷本 70 多万字的《中国政治思想史》。第二次论战结集出版的《中国社会与中国革命》被当时的知识分子争相阅读，一版再版。

中国社会史论战持续了 5 年，父亲后来突然醒悟：与其花时间打笔仗，不如退到书房里好好读书。1934 年 12 月，父亲创办《食货》半月刊，主张以史料的整理与分析为基础，根据史实立论重写中国社会史。当时为《食货》撰稿的青年学者俨然形成了“食货学派”，声望相当高，开启了中国社会经济史学的新风气，甚至于学界称那段为“陶希圣时代”。

1937 年，38 岁的父亲成为北大法学院政治系主任，那是他一生学术成就的最高峰。我相信，如果不是抗战爆发，父亲会沿着纯学者之路顺利而成功地走下去。

卢沟桥事变后，蒋介石邀请各党派及无党派人士在庐山牯岭举行茶话会，父亲与胡适、张伯苓、蒋梦麟、梅贻琦、傅斯年等都在受邀的著名学者之列。蒋介石在此次会上正式宣布“战端一开，只有打到底”的抗战决心。蒋介石在下山之前，单独召见了父亲。他可能当时也没预料到抗战会打那么久，还对父亲说：“你在北平干得不错，回北平以后好好干，指导言论。”父亲听罢很惶恐：“我指导谁？”“那些宣传人员。”父亲又问：“我怎么指导他们？”蒋介石说：“我让他们听你的。”蒋介石一直对父亲另眼相看，他可能觉得父亲的见解很清晰，在与共产党论战中占了上风。父亲形容自己的立场“左不至共产主义，右不至国家主义”，是中间偏左的立场，蒋介石也许很想争取他。牯岭茶话会后，父亲到南京加入蒋介石的委员长侍从室第五组，从事国际宣传工作，从此弃学从政。

“和平”

加入侍从室第五组，是父亲涉足政治的开始，也是他卷入波诡云谲的政治漩涡的开始。父亲后来曾说：“我这一辈子，读书、演讲、写文章、上课，连我自己都没想到做什么翻江倒海之事。”在我看来，他从事政治，并不是为了什么利益，因为那时他在学术上已很有建树。“九一八”之后，很多知识分子出于“精英意识”而介入现实政治，父亲也是一样，他基于知识分子的爱国之心，以为出来登高一呼，可以凭一己之力解决一些问题。但他的理念与抗战现实，究其根本是不一样的。

全面抗战爆发后，一些学者文人常到周佛海家里的地下室里躲避空袭。他们常常讨论时局，都对中日战争前景持悲观情绪，认为取得抗战胜利，只是“唱高调”，久而久之形成所谓“低调俱乐部”。低调俱乐部里的人认为，不要光喊口号，还是要坐下来想想怎么解决当下的实际问题，在他们看来，通过外交途径求得和平，是更好的方式。

常常在低调俱乐部走动的人包括陈布雷、胡适、熊式辉、周佛海等。父亲也是低调俱乐部里的一员，在父亲看来，主和不是投降，谈判也绝非通敌，和与战并非不可兼容。1937 年 8 月初，胡适与父亲两人联名写了一封密函，通过陈布雷转给蒋介石。父亲在信中建议：尽量避免大战，大战会使中国的现代化与经济建设倒退十几年。胡适则建议通过外交谈判解决中日纠纷，为此他还向蒋介石推荐了外交部亚洲司司长高宗武，高宗武早年留学日本，毕业于东京大学，素有“日本通”之称。

蒋介石收到这封密函不久，便派胡适出任驻美大使——胡适自此也与低调俱乐部中断了联系。半年后蒋介石又派高宗武到香港，主持对日情报联络工作，这些举动显示当时的中国政府还是想通过外交途径来解决中日问题，而父亲与胡适的密信对蒋介石多多少少是有些作用的。

日本方面，少壮派掌权的陆军本部对华态度强硬，而参谋本部见 3 个月不能亡华，则有些动摇，他们也有通过德国大使馆调停之意。但是，在德国大使陶德曼（P.Trautmann）奔走期间，蒋介石始终不表态，他在等待国联的态度。不幸的是，国联连“谴责”二字都不敢说。中日宣布断交，近卫文麿发表宣言称“不以重庆为对手”，而日本参谋本部并没死心，见调停不成，他们把谈判对象瞄准了国民党的二号人物汪精卫。

这个信息是高宗武带回来的，1938 年 6 月，他从香港偷偷去了日本，与新上任的陆军大臣板垣征四郎等秘密会谈。因为日本之行未经过蒋介石首肯，高宗武一时滞留香港不敢回国，而是通过部下周隆庠带话给蒋介石。汪精卫初闻此讯，还对父亲说：“我单独对日本言和，是不可能的事。我绝不瞒过蒋先生。”话虽如此，但是汪精卫内心深处，对当蒋介石的副手一直是心有不甘的，加上陈璧君的鼓动：孙中山指定的接班人为何屈居蒋介石之下？他渐渐有所动摇。汪精卫身边的人于是开始以他为中心，与日本人开展所谓“和平运动”的谈判，父亲也是其中一员。

高宗武的秘密日本之行，让蒋介石非常生气。几年前，蒋家后人把蒋介石日记送到美国斯坦福大学胡佛研究所暂存，我正好住在旧金山，有空便去看蒋的日记，我很注意日记中关于这一段的相关记载——蒋日记里写道："高宗武荒谬妄动擅自赴倭，此人荒唐然亦可谓大胆矣。"他停了高宗武的活动经费，但是暗地里，周佛海仍出钱资助高宗武的副手梅思平继续"和平谈判"。

1938 年 11 月，高宗武与梅思平两人先后到了上海，与影佐祯昭、今井武夫两位军方代表进行了 3 天的秘密谈判，签订了一个《日华协议记录》，史称"重光堂密约"。梅思平将秘密协议草稿带回重庆，面交汪精卫。汪精卫召集会议，陈公博、梅思平、陈璧君与我父亲参加，大家觉得这个条约中的"尊重中国主权、撤销日本法外治权、考虑归还租界、不要求军费赔偿、两年内完成撤兵"等条款并不苛刻，可以接受，于是让梅思平回香港与日本人继续谈判，并要求日本安排汪精卫等人到安南（今越南），离开蒋介石的国民政府。

歧　途

父亲在中央军事学校武汉分校任政治教官时，便与汪精卫结识，成为具有汪系色彩的学者之一。虽然他后来暂避政治，却一直铭记汪的一份"知遇之恩"。抗战爆发后，因为上海、南京相继失守，父亲随国民政府迁到武汉，在那里，他和汪精卫的关系再度密切起来。因为父亲生前从未向我们讲过他的心路历程，所以我也无从知晓当年他的真实想法。他选择了汪精卫——1938 年 12 月 19 日，父亲与周佛海、梅思平等人跟随汪精卫夫妇从昆明乘包机飞到安南（今越南）河内机场。这也是父亲人生一段歧途的开始。

按照约定，汪精卫到达河内后，日本方面发表愿意撤军的声明。之后，便由汪精卫号召对日和平，另立中央政府，结束中日战争。3 天之后，他们等到了近卫文麿以首相名义就日华关系发表的第三次声明，却只字未提两年撤军之事。汪精卫大失所望，陈公博与父亲觉得日本人在骗中国人，他俩劝汪精卫不要继续下去，去欧洲远离是非之地，但周佛海与梅思平坚决反对。

面对自己集团内部的争执与分裂，汪精卫很是动摇，他又觉得自己之前答应过近卫：一旦近卫发表声明，他要响应。1938 年 12 月 29 日，汪精卫起草了一份电报，响应近卫文麿的第三次声明，他把电报交给陈公博、周佛海与我父亲 3 个人，让他们带到香港交给《南华日报》主编林柏生发表。被看成汪精卫一派的顾孟余在香港看到了电报文稿后，也坚决反对："万万不可发表！这是既害国家又毁灭自己的蠢事。"陈公博说："汪先生交代，我们不敢不登。"

12 月 31 日，香港报纸发表了汪精卫响应近卫声明的"艳电"（注："艳"即代表 29 日），它公开要求蒋介石接受近卫提出的所谓的"善邻友好，共同防共，经济提携"三项谈和原则，这份声明引起当时整个中国的愤怒和声讨，就连蒋介石也在日记里说："不料精卫之糊涂乃至于此，诚无可救药矣。党国不幸，竟有此寡廉鲜耻之徒……"尽管蒋介石大怒，但他没有马上采取什么激烈手段，毕竟汪精卫是国民党副总裁，是二号人物。而国民党元老态度尤为激烈，不久，重庆方面宣布开除汪精卫国民党党籍，撤销他的一切职务。

不料就在"艳电"发表几天后，近卫文麿却突然宣布辞职，汪精卫的"和平运动"很快就落了空。汪精卫左右为难，很是消沉。高宗武、陈公博与父亲一起劝汪精卫就此打住。汪精卫说："那我应该怎么办？"高宗武说："你不是一发脾气就去巴黎吗？你再去一次好了！"此时，蒋介石正好派谷正鼎送护照给汪精卫，也劝他到欧洲避一避，汪精卫也有点动摇。

但谁也没料到，在此关头突然发生了一场刺杀事件。

1939 年 3 月 21 日凌晨，军统派出的特务潜入河内汪精卫的住所行刺，结果却误杀了曾仲鸣。侥幸逃生的汪氏夫妇坚信杀手是蒋介石派来的，汪精卫认为蒋介石在与他玩两手策略，因而对蒋介石愤恨不已，自此与蒋正式分道扬镳。

刺杀事件发生后，重庆方面始终不置一词，也不对汪组织的激烈质疑做任何回应，直到 40 多年后，当年参与者才陆陆续续打破沉默。当年参与刺杀汪精卫的人，一个叫王鲁翘，后来成了台北市警察局局长，他算是具体执行人员，对更高层面了解有限；另一位叫陈恭澍，他曾写过回忆录《河内汪案始末》，他后来被汪精卫伪政府的特务组织“76 号”逮捕而又成了“76 号”的人，所以他的说法也显得扑朔迷离。军统很多事情都是戴笠负责的，而戴笠 1946 年因飞机失事去世后，汪精卫遇刺之事便成了悬案。

因为父亲的缘故，多年来我一直在搜集这个时期的资料。我在蒋介石日记里看到，在刺杀汪之前的 1 个月前，蒋介石曾召见过汪的某好友，要他到安南安抚汪精卫，但未提送护照之事。3 月 22 日，蒋的日记里有一句话：“汪遇刺未中，不幸中之幸也。”当然不同的人对这句话有不同的解读，有人认为蒋是要把日记留给后人看的，所以故意撇清自己，我觉得此话值得玩味。我也希望寻找更多的旁证。

我又翻译了高宗武完稿于 1944 年的英文回忆录，他在书中对汪被刺一事另有一个推断：是日本人干的，理由是日本有情报知道汪精卫有所动摇，故意制造这样一个事件离间他和蒋介石的关系。不过不管是谁干的，动机如何，结果是汪精卫从此一头栽进了日本人的诱降圈套。

悔　悟

父亲把“艳电”带到香港之后就留在那里。此时，国内一致的批汪舆论，已经让他开始心生悔意。父亲给胡适写过一封信，虽然流露出失望之意，但此时仍为自己辩解，认为汪精卫留在河内的活动不是“反蒋”，而是“从事和平”。

8 月，汪精卫不断写信来，劝父亲去上海，说他需要父亲的帮助，同日本人谈判。父亲本不想去，他给学生何兹全写信说：“悬挂在半空中，去也不成，不去也不成。左右为难。”而在给姐姐的家信中，父亲说：“从前我把周佛海、梅思平引见给汪先生，现在竟成为我良心上的苦痛，这是我追随汪先生十余年来唯一对不起他的事。现在便是想赌着生命到上海去纠正他们，以尽我心。”现在看来，这些观点都是出于学者的天真的幻想。

何兹全是与父亲关系最密切的学生之一，他评价父亲好面子、遇事优柔寡断、犹豫不决。虽然此时已对所谓的“和平运动”产生动摇与怀疑，但父亲还是又一次选择了汪精卫。1939 年 8 月 26 日他从香港到了上海，住在愚园路 1136 弄 60 号。8 月底，汪精卫在上海召开所谓“中国国民党第六次全国代表大会”，指定周佛海为“中央”秘书长，梅思平为组织部长，陶希圣为宣传部长。蒋介石的国民政府随即下令通缉这几个人，但略有蹊跷的是，“陶希圣”的名字却没有在通缉名单之列。这一点引起汪精卫及日本人的猜疑。

11 月 1 日，汪精卫成立的“新政府”很快又与日本展开新一轮谈判。日方首席代表是影佐祯昭，汪方首席代表是周佛海。影佐拿出了一份《日支新关系调整要纲》草案，汪精卫、陈璧君、周佛海、梅思平、父亲 5 个人看了，觉得这份草案面目全非，不但与重光堂谈判时的条件差距太大，甚至连近卫的声明都不如。

如果说父亲以前还对“和平”心存幻想的话，那么此时，他的幻想已完全破灭。第一轮谈判中，双方吵得很厉害，而父亲两次写信给汪精卫和周佛海，要退出谈判。

谈判一直延续到 12 日，但仍有 17 项问题无法解决。其中驻兵和撤兵问题，双方争执不下。父亲找到陈璧君：“请你告诉汪先生，如果这个谈判答应的话，从黑龙江到海南岛，从矿业到气象，内至河道外至领海，日本人全要！这份‘要纲’实质是德、苏瓜分波兰之后，日、苏再瓜分中国。这不是我们要的‘和平’，所谓谈判，不过是这一瓜分契据，由几个中国人签字而已……”

陈璧君将此话转告给汪精卫，汪听后表示：“他们要我签，我就签吧。”他对高宗武说：“看来那些主张抗日的人是对的，而我们错了……”之后，他与影佐见面谈话，影佐低着头，一面听一面做笔记，听到后来，两泪直流，滴落在笔记本上。汪精卫心有不忍，认为影佐还是有诚意的。他回来讲述这一场景，父亲反问："先生你相信影佐的眼泪吗？"周佛海打断他的话："希圣，你太刻薄了！"然后又与梅思平一起说："已走到这一步，还有哪条路可走？"

影佐回东京后向陆军大臣汇报，没想到碰了个大钉子，日本陆军部次长阿南惟几反问他："你们两个中级军官有权决定吗？你们二人能影响政府吗？你对得起在中国阵亡的日本军人吗？"有趣的是，这位阿南惟几的儿子就是后来曾出任驻华大使的阿南惟茂，他对中国态度很友好。

这段时间父亲一个人在上海，与汪精卫、周佛海等人住在愚园路汪的"总部"，他陷入极度的苦闷与绝望中。有时候他的学生去看他，他跟学生说："你到香港去告诉师母，我在这里处境很困难，但又脱离不了，我现在只想到怎么去死，是触电还是跳水、跳楼。我实在活不下去了。"他写给母亲和姐姐的信里也满是类似的绝望之语。

母亲在香港听说后，果断地决定去"救"父亲。1939 年 12 月 13 日，母亲带着我们 5 个孩子，从香港到达上海，在法租界租下一幢房子，让父亲有了离开愚园路的理由。

不久，父亲得到通知：汪精卫决定在 12 月 26 日召开"干部会议"，最后审议谈判条文。父亲回信，表示不想参加。但汪精卫亲笔致信父亲，要求他"宜以毅勇精神，担当一切，即有非议，置之不顾"。父亲不忍拒绝，只得参加。

那天的会吵得很厉害。4 个人就分成了两派，父亲跟高宗武是一派，强烈反对签字，而周佛海与梅思平是一派，冲突之激烈连汪精卫都说："这样下去要杀人流血了！"陈公博从香港来探望汪精卫，听了大惑不解，问及父亲，父亲回答："杀人流血是不可能的，但现在纵然意见不合又有什么办法？"陈公博不想搅和进去，赶紧回到了香港。

12 月 26 日下午，汪日谈判正式结束，决定 12 月 30 日与日方共同签字。父亲后来回忆，那是他一生中最痛苦的时刻。父亲回到家，便一头扎进卧室里再也不出来。父亲他们每人配有一把手枪，母亲把枪拿了过去。母亲问："陈公博可以走，你为什么不能走？"父亲说："我在监视之下，走不了。”母亲问：“你打算签字？”父亲回答：“不签便死在这里！”母亲又问：“签字呢？”“签字比死还难看！”母亲说：“我把全家的生命带来上海换你逃走。如果走不出去，我们一同死在这里。如果你签字，我就打死你……”

第二天父亲便给愚园路汪公馆打电话称病告假，30 日，汪精卫与日本人的签字父亲也没参加。我记得那段时间他整天胡子拉碴的，脸色苍白，很少说话，一回来就上楼，一点笑容都没有。母亲不让我们大声说话，怕吵了他让他生气。实际上，那时候父亲已几近崩溃，也是真的病倒了。

逃 脱

30 日晚上，家里突然来了位不速之客——高宗武。父亲在回忆录里是这样描述的：他躺在床上，对高说，我们俩都被监视了……高宗武只说了三个字：走了吧。父亲说，1 月 3 日、5 日、7 日都有船，我们搭哪条船走？高宗武说，1 月 3 日是美国“总统号”，比较安全，不如我们就搭“总统号”吧。

高宗武后来回忆说，他到我家探望父亲时，其实早已买好了两人的船票。其实在此之前，高宗武与父亲并不是很熟识，但为什么高宗武会那么大胆地向父亲提出“逃走”的想法呢？

因为父亲生前对这一段谈之甚少，我特别仔细看了高宗武的回忆录，它给了我许多启发。高与父亲心里有相通之处，早在汪精卫带他们去南京时就开始了。1939 年 9 月，汪精卫带着周佛海、梅思平、高宗武与父亲几个，去南京与日本人谈判成立“新政府”。这期间过得很不愉快，他们感觉所谓的“和平谈判”都是在日本人的压力下进行的，双方不对等，自己没有尊严。

离开南京时，日本“华中方面军”司令山田乙三中将在一幢洋房里宴请他们，高宗武吃到一半突然脸色苍白，几乎昏厥，周佛海搀扶他上楼休息，怀疑高中毒了，高后来说：“我是被这些准汉奸的丑态气晕了。”

在对日谈判过程中，汪精卫集团内部分歧颇多，父亲和高宗武在与周佛海等人的争吵中探知了彼此的立场，他俩也一直被日本视为“强硬派”。汪精卫与周佛海也察觉到父亲与高宗武态度的变化。当时有人密告父亲，李士群、丁默邨的“76号”，正在计划刺杀他，高宗武也被特务监视。父亲对丁默邨心有畏惧，他对高宗武说：“丁会杀我们的。”

父亲后来在回忆录里面说，1940年1月3日一早，他坐家里的车到了和平饭店，告诉司机：“你先回家，我要车时会打你电话。”进了饭店他立即由旁门出去，叫了辆车上了码头，悄悄地登上了开往香港的船。

父亲与高宗武都是用假名字登记上的船。上船之后他们把自己的假名字和对方的假名字都忘了，互相在旅客名单里查了半天也找不出来。好在两人后来在甲板上又碰到了。他们在船上商量到了香港之后下一步该怎么办，他们后来在《大公报》上发表的揭露密约的那封信，就是在船上起草的。

在此期间，起了重要作用的一个人是杜月笙。抗战期间，杜月笙虽然人在香港，却帮着国民政府做了许多抗日救亡工作。高宗武在谈判后期心生悔意决定退出汪精卫集团时，暗中与杜月笙取得了联系，杜月笙马上命令他留在上海的“大总管”万墨林营救高、陶二人。杜月笙的命令来自重庆蒋介石，这是确定无疑的。不过他们之前不太确定的是父亲究竟是否会同意走，于是有高宗武上门试探之举，但父亲之前完全不知道来龙去脉。

早在日本人与汪精卫谈判期间，高宗武已经寻机把谈判密约拍下了照片。1月5日一到香港，高宗武立即把他拍下的《日支新关系调整要纲》交给杜月笙，杜月笙7日乘飞机直赴重庆，面交蒋介石。虽然蒋介石已经拿到了密约，但他并未马上公之于众，因为杜月笙告诉他：陶希圣的家人还在上海。蒋介石答应等到我们都脱险后再公开。杜月笙不止一次营救过我们。父亲在香港期间，“76号”仍寻机刺杀他。杜月笙一直派人暗中保护我们，我们全家后来从香港逃难到桂林，一路上也都是杜月笙的人护送的，当然这最终也来自蒋介石的授意。

回　归

逃离上海的轮船一离开吴淞口，父亲立即从船上发了一封报平安的电报给家里，一接到电报，母亲开始准备全家秘密离开上海。她悄悄到码头买了船票，但万墨林派了一个人到我家里带话给母亲，说买票的事已引起特务的注意，这样走有危险。

母亲转而做了一个更冒险的举动。母亲主动打电话到汪府，要求见陈璧君。母亲带着姐姐到汪府。看到陈璧君后她做了自我介绍，陈璧君问母亲有什么事情，母亲说：希圣到香港已经五六天了，我很怕他在香港说不得体的话、会见什么人，我想赶快把他劝回来。陈璧君将信将疑。

这时正好汪精卫下楼，听到了她们的对话。他对母亲的话深信不疑，说："什么条件，我都可以答应，只要希圣回来。"他还上楼拿了2000块钱给母亲："快去快回吧，要我派人送你吗？"母亲赶忙谢绝。母亲又说只带两个没上学的孩子去香港，把三个大的留在上海，实际上是暗示把我们留做"人质"。陈璧君有点放心了。

1月13日，在十六铺码头，琴薰姐、泰来哥和我，我们3个大的送母亲带着晋生与范生两个弟弟搭船，姐姐在码头号啕大哭。那年我只有9岁，只知道情况危急，什么时候再见、能否再见都一片茫然。回到家里，我一个人对着墙上的父母亲合影，痛哭流涕。

那段时间，我们住宅附近突然多了许多形迹可疑之人，万墨林托父亲的学生告诉姐姐，要提防身边的"76号"特务。那时上海很洋派，圣诞节像西方一样，姐姐故意装作很喜欢待在上海的样子，逛商场，带我们看了两场电影，我还有印象，是《飘》和《绿野仙踪》。一星期之后，姐姐带着我们，在万墨林的安排下兵分三路逃到码头，上了一艘小电船。直到驶出吴淞口进入公海，我们姐弟3人才敢相见，不免又痛哭一场。

到了码头后，父亲的学生连士升把我们送到家，车一到门口，姐姐就冲了进去，连连叫着"姆妈"，抱着母亲痛哭不已。虽然我们分开只有 7 天，但那一周是最煎熬的一周，再见面真的有恍如隔世之感。我后来才知道，在杜月笙交代下，万墨林暗中部署了强大火力，准备万一有情况发生，不惜与敌人火并。

我后来知道，1940 年 1 月 21 日我们乘坐的船刚刚驶出上海，香港《大公报》便收到父亲与高宗武联名写的公开信以及那份汪日密约，我们到达香港那天，汪日密约在香港、重庆、昆明、上海等地同时见报，这份密约全文公布，一时震惊中外。1940 年 1 月 20 日蒋介石日记里写："汪逆已飞青岛开会其密约速发表。"显然他已得到我们安全离开上海的情报。

母亲把我们 5 个孩子成功地救出来后，陈璧君很生气："她先生骗了我，我又被老太婆（指母亲）骗了！"

母亲是中国传统的家庭妇女，她和父亲是指腹为婚的，但关键时刻，比父亲有决断力，在大是大非面前，深明大义。父亲逃到重庆后，给在西南联大读书的姐姐写信说："你妈妈很坚强。大劫大难，如果不是有她的话，我们不会有今天。"

1940 年 1 月 5 日，汪精卫等人在青岛与北方的梁鸿志、王克敏这些人开会。接到高、陶逃跑的消息后，汪精卫生气、难过之余，并没有破口大骂，只是说早就发现高、陶这两个人不坚定。而周佛海对高、陶二人的举动很愤怒，据今井武夫回忆，周佛海一提起这件事就泪流满面，气得不得了。他说，他们两个要走我可以理解，可是他们把密约发表了，是大大的不应该。周佛海甚至在日记里说"高、陶这两个动物，势必杀之"。很多人认为父亲与高宗武此举背叛了汪精卫，高宗武曾说："此次举动，论私交不能如此做，论公则不能不如此做。感情与理智冲突之痛苦，莫可宣言。"其实父亲何尝不是如此？

那一年，我上小学四年级，和父母在香港团聚后，我最大的心愿是不要再东奔西跑，能老老实实地在一个地方把小学念完——我的小学整整换了 6 所学校，最终是在重庆读完的。父亲在香港办了"国际通讯社"，和知名学者讨论中日战争、苏联及欧战等，他在写给胡适的信中说，将来宁愿流落海外，让国人忘了他。

但短暂的宁静很快又被打破。1941 年 12 月 8 日，日本突袭珍珠港的第二天，日本飞机便开始轰炸启德机场，不久香港英军宣布投降。日军一来，父亲必将成为日本人追杀的对象，母亲劝说父亲一个人先走，于是他经过朋友联络到一个潮州人的还乡团。为了躲避日本人的追捕，一个朋友买了一个椰子壳，在家里点一个小油灯烤出椰油来，把脸擦得黄黄的，像一个大烟鬼一样。1942 年 2 月，父亲一路走了 17 天，躲过了日本人的搜捕，历尽艰险回到重庆。

一回到重庆，陈布雷马上带他去见蒋介石。蒋先生说："你回来了，很好，你马上开始做宣传方面的工作。"父亲有失眠的问题，本来想开口说等休息几天再工作，陈布雷偷偷捅了捅他没让他张口。出门时陈布雷对父亲说："你跟老先生说失眠，他也不懂，他军人出身从来不失眠。"父亲和陈布雷的关系非常融洽，我印象中的陈布雷瘦瘦的高高的，脸很苍白，陈布雷后来在南京自杀，父亲接替了他的工作，替蒋撰写文告，被视为蒋的又一个"文胆"。

父亲很快被任命为侍从室第五组组长。学生何兹全问他：既然已经脱离了政治，为何又要回到蒋身边？父亲半是自嘲地说："你有所不知，如果不在蒋身边工作，不知多少人指着我骂我；现在我在这里，他们背后可以骂我；当面却要奉承我，说我好话。"蒋介石对父亲一直很好，蒋介石很重要的两本书《中国之命运》与《苏俄在中国》都是由父亲捉刀代笔的。

对蒋介石，父亲是内疚加感恩的心态。父亲在蒋介石身边工作，算是"大隐隐于朝"。据说当年也是蒋介石亲自把父亲的名字从那份通缉名单里勾掉的。"高陶事件"发生后，还有人揣测父亲是蒋介石派到汪精卫那里的卧底。我认为不可能，一是父亲的个性和人格不适合，二来客观上讲，从技术上也有难度。他不懂得电台那些东西，在上海的家里，又是司机又是佣人，都是特务派来的。对于自己的拥汪（精卫）又脱汪，父亲说过一句很形象的话："好比喝毒酒，我喝了一口，发觉是毒药，死了一半，不喝了。汪喝了一口，发觉是毒酒，索性喝下去。"

沧　桑

“高陶事件”后，高宗武退出政坛，蒋介石给了一笔钱让他出国，他最终定居美国。蒋介石对高宗武的态度，显然有异于对父亲的。也许在蒋介石看来，高宗武的身份是政府官员，官员做了违反长官意志之事，必然要遭受惩罚，而父亲的身份更是学者，虽然是国民党党员，但没担任过任何职务，学者本来就好高谈阔论，犯错在所难免，因而对父亲网开一面。

高宗武自始至终认为自己没有背叛蒋介石，他认为蒋当年发脾气是一时的，汪精卫曾取笑高宗武：“你始终忘不了蒋介石。”蒋介石还派陈布雷去慰问过他。胡适任驻美大使时，高宗武还时常去使馆与胡适会面。这事给在重庆的国民参政员傅斯年知道了，傅是个直筒子大炮脾气，当即在议会中大骂高宗武“高逆”“高丑”，竟然在使馆走动。自此之后，高宗武不敢再露面。

1967 年，父亲去美国访问时见到了高宗武，高宗武住在华盛顿一幢很简单的公寓里，两个人在华盛顿的顿巴敦橡树园椅子上长谈，大哥在旁边，不知道他们在谈些什么，只是给两人拍了张非常宝贵的合影。

父亲一直对汪精卫怀有内疚之情。他对汪精卫的评价也相对温和，他说汪欠缺判断力，“自误”，没有抗拒日本人操纵的勇气。一直到晚年，只要提到汪精卫，必然是“汪先生”，从未直接喊过名字。1944 年我们一家在重庆时，传来消息，说汪精卫死在名古屋医院的地下室里。重庆报纸上有“汪逆”“毙”的字眼，父亲对母亲说：“汪先生过世了。”片刻，又长叹一口气说：“死了也好……”便没有再多说。

父亲早年跟周佛海关系很好，《食货》便是周佛海创办的新生命书局出版的。在周佛海被关押期间，他的夫人杨淑慧四处托人救周佛海，结果受了军统特务不少的骗。有一次她到我们家里来，父亲还劝她不要盲目找人，唯一可以救周佛海的人只有蒋先生。但她像落入海里的人一样，任何一人的话都视为救命稻草，最后钱财被骗得精光。1948 年 2 月，周佛海死在南京老虎桥监狱里。

陈公博与周佛海一样，早年参加过中共一大。高宗武从汪精卫那里逃出来后，在香港见了陈公博。陈公博质问高宗武："你们两个都走了，汪先生怎么办？"陈公博自幼受侠义思想影响，在汪精卫的"和平运动"中，他本来是个若即若离的人，但听说高宗武与我父亲"背叛"汪精卫后，却死心塌地地追随汪精卫以示忠心，最终因汉奸罪被处死。汪精卫、周佛海、陈公博这些人本来都是很有学问也很有抱负的人，最终却以这种方式定格在历史上，想起来无不令人扼腕叹息。

梅思平的弟弟叫梅仲协，梅思平被捕后，他为了救哥哥亲上庐山求见蒋介石而未果，梅思平仍被枪决。梅仲协对我父亲不肯谅解。梅仲协的儿子跟我是台大好朋友，但我们大家从不谈父辈的事。命运有时很奇怪，我后来在南洋工程界建水泥工厂，认识了一位美国同行陈炳森（Philip Chen）——我后来得知他竟然是陈璧君的弟弟。我们两个人很谈得来，但彼此心照不宣，我也特别关照他的生意。到我们这一代人，基本已经可以超越上一代人的恩恩怨怨了。

父亲的性格严肃，因为长期在蒋介石身边工作，他出言谨慎，也不轻易透露他工作的内容，我们也不敢问。他在世时，我跟他有很多相处时间，尤其是到了晚年，相处时间更长。但对于那些往事，他从来都是轻描淡写地提及几句。在他看来，汪精卫 1940 年 3 月 30 日组织南京伪政府之前，不能算汉奸，应该称为"汪组织"，之后才叫"汪政府"。

坦率地说，直到现在，我每次看到"汉奸"这个字眼，心都会隐隐作痛。很多人形容父亲的人生轨迹为"书生误搞政治"。父亲是国民党的核心人物，难免有些政敌，也有不少闲话，认为他有污点，对于这些议论，他只有一笑置之，但我相信他内心深处还是充满苦楚的。有一年我们夫妇回台北，住在父亲出版社的家里。有一天父亲深深地叹了口气，对我内人说："我这个人，'贪、嗔、痴'三个字，'嗔'心我老去不掉！"嗔就是"动怒"，我明白，父亲心中还有很多解不开的怨和恨。但这些心结、这份心理压力，他从来不与外人说，即使是对我们。

父亲的另一个心伤应该是姐姐陶琴薰。1949 年 5 月，父亲与蒋介石乘军舰到上海吴淞口一带，他特地请求蒋介石稍停兵舰，再给我姐姐发电报，希望她跟他一起走，并派一只小汽艇想接姐姐到吴淞口会合。这是父亲身居要职数十年，很少有为个人私事向蒋介石张口的。而蒋介石竟然也特许了这个要求。但姐姐和她的丈夫选择了留在大陆。姐夫沈苏儒是沈钧儒的堂弟，他们的选择也或多或少地受沈钧儒的影响。

在共产党公布的国民党首批战犯名单里，父亲位列第 41 位。在新政权下，身为“战犯”的女儿，姐姐面对的生活可想而知。1954 年，姐姐被调出工作单位——全国总工会，姐夫下放农村。1978 年，患上急性类风湿关节炎的姐姐在病痛中去世，年仅 57 岁。此时，母亲已去世 3 年。父亲在海峡这一端，写下：“生离三十年，死别复茫然；北地哀鸿在，何当到海边。”

1987 年 10 月，90 岁（虚岁）的父亲给我写信说，自己这一生，“前一半抽烟，后一半喝茶。80 岁有感慨，90 岁自觉轻松，连感慨都没有了……”父亲说他一生是教授，是记者，不知为何，却恰恰不提政治，政治对他来说，似乎只是好茶喝尽剩下的淡水与残渣罢了。这是父亲给我们的最后一封信。第二年 6 月，他在台北去世。“书生论政，论政犹是书生。”这是父亲为自己一生留下的评语，恰似陈布雷自杀前那句“参政不知政”的自嘲。同为“文胆”，他们仿佛隔着时空，发出同病相怜的一声慨叹。

（陶恒生口述）

1944年10月，在缅北前线，战区总司令索尔登中将向新38师官兵颁奖。师长李鸿少将被授予一枚勋章，以表彰他在胡康河谷和孟拱河谷诸战役中的杰出表现。李鸿当时是该师的一位上校团长

1944年12月，滇缅公路38英里路标处，手持1917年美制带刺刀步枪、握着手雷的中国驻印军新1军新30师士兵

1944年春，史迪威将军（右）与新38师114团团长李鸿上校（左）在缅甸丛林前线 起研究作战方案

1945年3月8日，新38师团长陈鸣人上校、李鸿、印缅战区总指挥索尔登中将、孙立人将军、艾伦中将及列维勒上校、唐守治（人物左至右）一行查看老腊戍—曼德勒铁路线上的车场

1950年，台湾“吴石案”涉案人（右左至右）陈宝仓、朱谌之（朱枫）、吴石、聂曦在判决现场。获知死刑判决后，吴石留下遗书

李鸿：蒙冤25载的远征将军

纵观父亲一生的兴衰荣辱，可以说与孙立人将军密切相关。他们是在南京中央军校结识的。父亲李鸿1903年出生于湖南湘阴，幼时读私塾。1925年，经表叔杨觉庵先生引荐，考入中央警官学校。毕业后，又考入黄埔军校第五期，编入工兵科。1927年毕业，被分到南京陆军教导师学兵营任中尉教育班长。而此时，孙立人正担任排长，两人由此结识。

孙立人的出身与我父亲不一样，他在清华大学毕业后赴美国普渡大学学土木工程。本来已拿到工程师资格的孙立人却要从军，又考入弗吉尼亚军事学院。1928年，孙立人毕业回国后不久，先是在中央党务学校待了一年，后来也到了陆军教导师工作。1932年，孙立人调任宋子文的税警总团特种兵团（后改为第4团）团长；他上任后，把父亲调来任税警总团第4团一营机枪连连长。

不过，在那个时候，孙立人与父亲之间，也只是简单的上下级关系。说起来，父亲早期的军事生涯并不顺利，从黄埔毕业之后，他在连长位置上待了10年之久。与那个时期的大部分军人一样，无论是“北伐”还是“剿匪”，抗战前，他们的主要经历都在内战战场上。父亲是工兵科出身，对各种技术都很娴熟，所以他对士兵训练得很好，但又不愿意让士兵在战斗中无辜伤亡，而且他对内战中被殃及的平民一直满怀同情，平时流露于言语中，加上他本人沉默寡言的性格，于是有一些人说他“贪生怕死”。这种说法多了，必然影响上级对他的看法，这也是父亲长期得不到提拔的原因。

孙立人真正对父亲有所认识是在抗战时期。淞沪会战爆发后不久，税警总团奉命由海州开赴上海前线作战，配属张治中第九集团军，先后参加蕴藻浜和大场两场战役。孙立人任团长的第4团的位置与日军隔一小河，双方阵地相距二三十米远，手榴弹一掷就到对方阵地。

由于机枪连阵地处于全团防线的突出部，位置十分险要，坚守数日后，全连伤亡过半。孙立人下令让死守3天，不准退却。父亲向他举手敬礼，保证：“有我李鸿在，就有阵地在。”不久，孙立人来巡视防御阵地，看到机枪连的掩体没有留下通路，就问父亲为什么不留退路出口；父亲说，他要与阵地共存亡，所以不留退路。到了台湾后，身边的人经常听孙将军讲起这个细节，他说，以前觉得李鸿是个窝窝囊囊的人，但是这一幕让他觉得自己之前一直对李鸿有误解。

临行前，孙立人紧握着父亲的手，让他坚守阵地。后来日军久留米师团对机枪连阵地发起最猛烈进攻，双方展开了肉搏战。父亲腿部受伤，血流如注，他让一个排长解开他的绑带，用劲绑着伤口，继续战斗。孙立人听到机枪连阵地危急，亲率敢死队100名官兵前往支持。他急忙跑向枪声最激烈的地方，只见父亲单膝跪在机枪射手旁边，指挥数挺机枪交叉火力射向敌兵。这让孙立人非常感动。等这一拨战斗过去，孙立人对父亲说：“你连损失太大，坚守3天的任务已经完成，可以组织剩余官兵撤退。”父亲说：“这时不能动，一动整个防线就溃了，先把敌人的气焰压一压再说。”孙立人对父亲的表现很是赞赏，他当即提升他为少校营长。

也是因为这次战役，孙立人建立起了对父亲的信任。孙立人本人在淞沪战役中遭受重伤，宋子文当时指示要不惜一切代价救他。孙立人伤愈之后，重新整顿税警总团的旧部，在孔祥熙的支持下又成立了“缉私总队”。孙立人又把父亲、唐守治、陈鸣人、刘放吾等这些旧部相继召回。

父亲被命令为缉私总队教育长。到了 1940 年，税警总团又恢复建制。第二年，被改编为新 38 师。孙立人任师长，下辖 3 个团，原学兵团和特务团之一部合编为 114 团，父亲担任团长。1942 年 2 月，中国政府决定出兵缅甸，新 38 师奉命于 3 月 27 日入缅。

缅甸战役起初不利时，孙立人带着新 38 师到了印度，在蓝伽受训。在反攻缅北的战役中，新 38 师崭露头角，其中父亲作为 114 团团长，帮助孙立人屡建奇功。1944 年 6 月 15 日，父亲带领 114 团正在全力进攻孟拱重镇时，突然接到孙立人命令，让他分兵救援在孟拱城东南被日军包围的英军第 77 旅。父亲率团迅速强渡南高江，以一部兵力解救英军出围，并接替英军防务，让英军后撤。然后主力沿孟拱东侧南下攻击，经过连续几日的进攻，终于在 25 日傍晚，攻占孟拱城。英印军第三师蓝敦师长获此捷报后，立即致电，向孙立人师长和李鸿团长表示谢意。为此，父亲获得英国女王颁发的金十字勋章。

1944 年 8 月，新 38 师在盟军配合下攻占密支那，中国驻印军第一期反攻缅北战役宣告结束。孙立人升任新 1 军军长，他把自己一手带出来的新 38 师的师长职位交给了父亲。这里还有一个小插曲：父亲当年曾先后两次收到中央军事委员会的委任状。第一次是擢升为新 30 师师长，父亲正准备履任，即被孙立人制止。原来，孙立人早就在为他一手创建的新 38 师物色自己的继任者。经长期考察，他看中了李鸿，因而说服蒋介石收回成命，第二次才下达了任命李鸿为新 38 师师长的委任状。父亲是由团长直接升任新 38 师师长的，未经参谋长或副师长之职。

自此之后，父亲率新 38 师攻克八莫，远征军在芒友会师。八莫之役为整个缅甸战场的胜利奠定了基础，英国政府和印缅战区盟军最高指挥部，为纪念这一战役之伟绩，特令颁布将八莫至莫马克的一段公路命名为“孙立人路”，将八莫市区中心马路命名为“李鸿路”。

就在激战中的 11 月 30 日，父亲还接受了美国政府授予的银星勋章。当时新任中国驻印军总指挥兼印缅战区的美军总司令索尔登将军代表美国总统罗斯福向父亲颁发了勋章，以表扬他在胡康河谷战役中的表现。

索尔登还宣读罗斯福总统的嘉奖词和授勋祝语。1945 年 1 月 27 日，自滇西向缅北反攻的中国远征军和中国驻印军会师于畹町附近的芒友。2 月，在南坎举行隆重的会师典礼，父亲还担任庆典的指挥官。

史迪威特别欣赏我父亲，可以说我父亲从团长升到师长，史迪威还有孙立人都对此有帮助。要不然我父亲的资历是赶不上其他几位的，比如潘裕昆是黄埔四期，跟林彪是同一期；还包括同是五期的唐守治，其实他们的级别或资历都在我父亲前面，但是我父亲最终升到 38 师师长，跟史迪威和孙立人的坚持有很大的关系。遗憾的是，大力提拔他的史、孙二人都不为蒋介石所喜，我父亲后来在台湾的命运就可想而知了。

前两年，我在台北见到史迪威将军的外孙约翰·伊斯特布鲁克。他告诉我："史迪威在日记里骂了很多中国将领，极少数没有骂过的，就包括李鸿将军，他很称赞你父亲。"有一次，史迪威一个人穿着便装到前线视察，路上没人认识他。沿途他看见一队人正在挖壕沟，他问这些人，你们谁是这里面的头儿？有一个人举手，给他敬了一个礼，向他介绍说自己是团长李鸿。当时史迪威很惊讶，一个团长怎么会自己下来挖壕沟。他之前也没有通知别人要来这里视察，所以当然不是事先安排的。可是史迪威还是狐疑，他就伸过手去，李团长自然也伸手跟他握了一下。史迪威顺势抬起他的手一看，上面都是老茧。父亲当年在黄埔是工兵科的。这一幕给史迪威的印象很深，他以往对中国军官的印象并不太好。史迪威日记里多次表扬李鸿，对父亲深为信任和尊重。史迪威后来因与蒋介石不和被召回国，临行前来不及话别，还特地给父亲留了一封充满感情的告别信；我父亲也写了一封信给他。

1945 年 8 月 15 日，日本宣布投降。按照军部命令，父亲带领新 38 师连夜起程，沿着广西南宁至广州湾的梧州公路，向广州急行军，于 8 月 25 日进入广州。"李氏接收广州，功不可没，欲发接收财，俯拾即是，然其清廉刚正，一尘不染，凡敌伪财产，均派员一一清点查封入库，等候上缴长官部，李氏此举，广州市民皆为之倾倒。"这是当时广州媒体的报道。9 月 7 日，第二方面军在广州举行受降仪式，张发奎作为中国

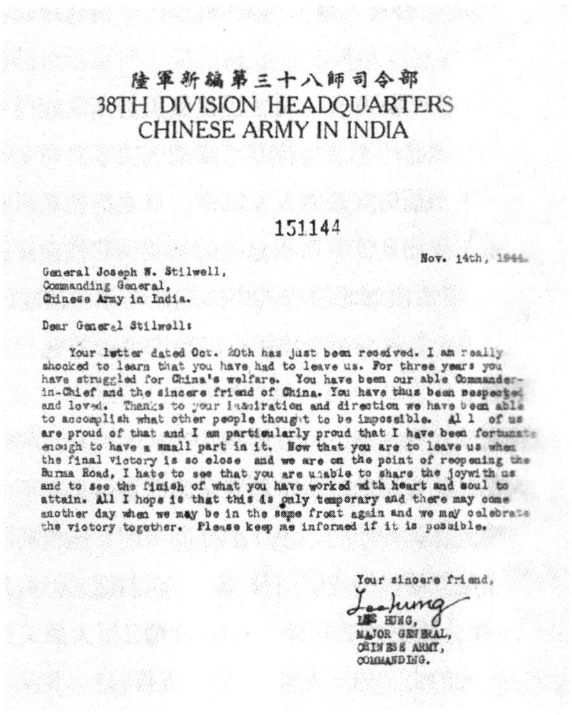

陸軍新編第三十八師司令部
38TH DIVISION HEADQUARTERS
CHINESE ARMY IN INDIA

151144

Nov. 14th, 1944.

General Joseph W. Stilwell,
Commanding General,
Chinese Army in India.

Dear General Stilwell:

Your letter dated Oct. 20th has just been received. I am really shocked to learn that you have had to leave us. For three years you have struggled for China's welfare. You have been our able Commander-in-Chief and the sincere friend of China. You have thus been respected and loved. Thanks to your inspiration and direction we have been able to accomplish what other people thought to be impossible. All of us are proud of that and I am particularly proud that I have been fortunate enough to have a small part in it. Now that you are to leave us when the final victory is so close and we are on the point of reopening the Burma Road, I hate to see that you are unable to share the joywith us and to see the finish of what you have worked with heart and soul to attain. All I hope is that this is only temporary and there may come another day when we may be in the same front again and we may celebrate the victory together. Please keep me informed if it is possible.

Your sincere friend,
Lee hung
LEE HUNG,
MAJOR GENERAL,
CHINESE ARMY,
COMMANDING.

李鸿给史迪威告别信的回信（史迪威外孙约翰·伊斯特布鲁克收藏）

方面代表，接受日军“南支那派遣军”司令官田中久一的投降。受降仪式不久，父亲奉孙立人将军之命，在广州白云山修建“新一军印缅阵亡将士公墓”。父亲原本并不喜欢战争，尤其厌恶内战。他大概以为这一切终于结束，可是没想到，更大的劫难还远没有到来。

受困长春

从缅甸战场回来仅仅几个月，父亲就接到副军长贾幼慧的电话，说是陆军总司令何应钦来电，要新 38 师尽快做好移防东北的准备。父亲本计划回湖南老家探亲，可是军令难违。1946 年 2 月下旬，新 38 师奉令由九龙登上美军第七舰队的登陆艇，开往葫芦岛，接着便开始经沈阳北进。

抵御外寇侵略的硝烟刚熄，父亲厌恶的内战又重新开始燃起战火。5月，孙立人指挥新1军先后占领四平、长春、吉林、德惠等地，和林彪率领的东北民主联军隔松花江相望。6月，在马歇尔调解下，东北全线停战。两个月后，新1军奉令调防长春。

1947年4月，因为与蒋介石宠信的杜聿明不和，孙立人被调离东北。蒋介石对孙立人的新1军还是心存忌惮的。到了年底，陈诚借整编之名把新1军分割为两个军：新1军下辖新30师、50师及东北保安部队，新7军下辖新38师、暂56师、暂61师。值得玩味的是，孙立人离开新1军之后，外界都认为会由他最信任的李鸿接任，没想到却由50师师长潘裕昆接任，而潘裕昆是陈诚信任的人；另一方面，新38师本来是新一军最核心的部队，也是孙立人的“发家”之地，却被抽调走，与另两个新组建没怎么经过战斗的杂牌部队组成新7军。

父亲被任命为新7军军长。虽然是给了他一个军长的头衔，但其实只有他一个“光杆司令”。本来是新38师生长出来的新1军，最后被拆分掉；而新7军当时的处境也非常尴尬。被整编之后，它已变成了一个二流军队，其实力根本就没法和新1军、新6军当年一起在缅甸形成的“拳头”相比。所以虽然说起来新7军也是中央军，属于嫡系，但是新7军上下又会觉得自己在中央军里明显遭到歧视。据说已经到台湾练兵的孙立人听说这个消息后，还专门致函陈诚，希望他不要分割新1军，以保留新1军的战斗力——但这也正是蒋介石所忌惮的。所以孙立人的建议也无济于事。

60军是由滇军整编而成的，是龙云最早投入到内地参加抗战的部队。当年他们在越南完成受降仪式之后就被派到东北战场。蒋介石此举也是一箭双雕：一是滇军是有名的能征善战，正好可以用他们来对付中共的部队；二来也借机把滇军分化掉。

中共方面也深知滇军与蒋介石的矛盾，所以他们也非常重视对滇军的策反。很多战役中，他们主动放滇军一马，滇军攻哪个村，他们就退出。

另外，因为龙云当年在西南实行开明政策，使得昆明成为左派知识分子云集之地，滇军的很多将领也深受影响，容易接受中共地下党的宣传，所以中共在东北战场对滇军的统战相当有效。

到了1948年夏天，国民党军队在东北处于劣势，被共产党部队围困在沈阳、长春和锦州这三个孤立据点。守长春的，主要是父亲的新7军和曾泽生的第60军，一共约10万余人，隶属于郑洞国的第一兵团，父亲李鸿兼任长春警备司令。

当时长春市以中山马路划为两个防区，新7军守市区西半部，60军守东半部。早在当年5月，长春西郊机场被中共部队占领。长春对外陆、空交通断绝而成孤城。国民党在长春的守军兵员、武器弹药无法补充，就连口粮、燃料也逐渐断绝。士兵士气低落。到了10月，长春守军已经山穷水尽，每天连病带饿，死很多人。10月初，蒋介石下令突围，手令是派空军投下来的。这时，长春守军已经饿得没力气走路，突围根本行不通。即便是走出去，也走不了多远，不是被饿死、冻死、病死，就是被共产党的部队抓走或打死。

在长春还没有被围之前，我父亲面见蒋介石，他当时提出，长春继续守下去已很困难，不如把美式装备部队移到关内去——这里面还有些闲话出来，抗战胜利后，美式装备、以广东、湖南南方人为主的新1军，被蒋介石发到冰天雪地的东北去了。有人说蒋介石和陈诚两个是要“借刀杀人”，断送这个部队。南方的部队跑到东北去打，这也确实是件很奇怪的事。为什么不派浙江的老乡直接去东北？

然后蒋介石把他们几个有实力的部队东一块、西一块，像切饼一样分掉。然后三大据点，包括沈阳，被人围起来，成为一座座孤城。我父亲跟蒋介石说守不住，蒋介石说，你放心去，到时被围的话，我会派飞机去解救。蒋后来的确也派飞机了，但是听说还没有靠近的时候，就被共军的高射炮打下来，所以他们就乱丢补给，结果老百姓抢，共军也抢，国军也抢，乱作一团。

10月15日，锦州的范汉杰兵团被全歼，解放军攻克锦州，国民党军在东北的退路完全被切断。第60军本来就不属于嫡系部队，在东北也没有一心一意地打下去。60军官兵经过密谋，决定于10月16日向中共投降，并要求新7军一致行动。而新7军官兵认为“起义”对不起孙将军，还是准备突围出去。

当时，我父亲病倒了。我外婆后来告诉我说：“你爸爸去巡视前线的据点，跟着下属一起吃拌米糠的窝窝头，以后就得了伤寒。”他把兵权交给副军长史说，下面的人也在病榻前向他报告。曾泽生在他病倒之前也跟他讲：大势不行了。而曾泽生的第60军宣布起义后，即把枪口对准新7军，要求新7军与共产党军队和谈。史说派副师长彭克立等5位代表与共产党谈判。郑洞国17日晚赴新7军军部探望父亲，相对黯然。当时郑洞国的武器已经被部下收走，是防止他自杀。父亲躺在病床上，动弹不得。郑洞国见大势已去，遂召集营长以上军官当众含泪宣布：“由本长官负起历史罪名，即日起解散部队；任官兵依各人志愿，自择出路。”新7军放下武器，士兵被共产党部队收编，军官成为战俘。郑洞国与父亲一起，由解放军护送去俘虏营集中。

决意赴台

10月19日上午，解放军主力开入长春。当时父亲由担架抬着和救护车护送着，被送到了哈尔滨。解放军方面派了专门医生和护理人员为他治病。郑洞国被俘后，留在了大陆。他后期写回忆录里提及这一段，意思是李鸿是在装病。不过我妈妈和我外婆后来都说，父亲当时的确病得蛮严重的。我外婆说，长春被围时，城里面没有抗生素那一类药，如果不是解放军相救，父亲的一条命就没有了。

到了长春，父亲认识了我妈妈。我妈妈马真一毕业于长白师范学院（现吉林大学）音乐系。她是满族人，镶黄旗，说起来还是格格呢。她在父亲担任长春警备司令的时候与父亲相识，后来经兵团司令郑洞国当证婚人举办了婚礼。父亲被俘时，母亲已怀有身孕，后来在哈尔滨的战俘营里，母亲生了我姐姐，父亲为她取名“哈生”。

长春解放以后，听说林彪曾希望我父亲能加入到解放军里面，像60军军长曾泽生一样——曾泽生后在抗美援朝战争中，打得虎虎生风。几位解放军的高级将领去看望过他，其中有第一兵团司令萧劲光，同是湖南籍的肖华、何长工都来看他，想说服他为共产党政权工作，在军队或地方任他选择，享受解放军高级将领待遇。但父亲说，决不与国民党兵戎相见，这是我做人的起码原则。他唯一希望的，是想解甲归田，回老家种地，做一个普通老百姓——父亲不愿意中国人打中国人，不喜欢内战，这是他一贯的想法。

1949年1月底，父亲与郑洞国等诸多在长春被俘的将领，从哈尔滨转到抚顺。几个月后，他们各自选择了各自的命运：史说、龙国钧还有一个兵团副参谋长杨友梅等，被分配到解放军的军事院校去任高级教官。父亲与彭克立、陈鸣人等人回原籍。当时郑洞国也没有接受安排，直到1952年才去北京。

父亲回湖南途中路经北平，领导方面再次善意相劝，陈以利害，要他参加工作，无奈他去意已决。在北平停留数日之后，他乘车南下，回到长沙，与亲人团聚。当时长沙还属于国民党控制，守城的是黄埔一期的陈明仁。当年陈明仁率71军守四平街，曾与父亲率新1军新38师并肩作战。此时此地相见，别有一番感慨。陈明仁邀父亲协助守长沙，被父亲谢绝。事实上陈明仁后来也在长沙起义。在长沙期间，父亲闭门谢客，平时读书、练字、整理战史。到了1949年7月，长沙局势急转直下。解放军已进驻东郊。父亲带着大哥李定一回到老家湘阴县乡间的李家大屋。

作为父亲的老上级，孙立人一直牵挂着他以及部队的情况。父亲被困长春时，孙立人曾要求蒋介石用飞机送他去长春，亲带李鸿的部队解围，但被蒋介石拒绝。这时，孙立人在台湾任陆军副总司令兼台湾防卫总司令，他派人多方打听新1军将领的下落。听到父亲与彭克立、陈鸣人、曾长云这些他过去的旧部被释放后，他派曾在新38师任谍报队队长的旧属葛士珩寻访李鸿。葛士珩由基隆上船偷渡至香港，再转赴上海，奔长沙打听李鸿下落。听说父亲已回湘阴老家，葛士珩又到湘阴李家老宅找到了父亲。

另一方面，孙立人面见蒋介石，请求准许李鸿等人来台“戴罪立功”。蒋介石起初默然不语，后来问孙立人：李鸿丢了长春，又在共产党那里受训多日，如果他是“匪谍”怎么办？孙立人回答说，他对李鸿知之甚深，愿以身家性命担保。

葛士珩找到父亲后，给他看了孙立人的亲笔信，上面只有寥寥数语“立人已面呈蒋总统，并蒙总统明示，联系来台，共赴时艰”。这封信让刚刚心情宁静的父亲又不再平静。他听说蒋介石对丧师失地但重回归蒋身边的黄埔同学不予追究。北平守将李文、石觉是李鸿前期的黄埔学长，李、石都曾列名傅作义的和平通电，并向中共交出本兵团的兵马武器，只身南返。但蒋介石并未处罚，反而召见慰问，并迅速让李文任第5兵团司令官、石觉出任上海防守司令并兼汤恩伯京沪杭警备总部的副总司令官，重掌兵权，再挂帅印。

最重要的是，自己的老长官孙立人在台湾正如日中天。他思考了很长时间，终于还是下决心去台湾追随孙立人。

1950年2月3日，父亲化装成商人，带着母亲、我外婆还有刚刚一岁多的姐姐，到了香港。当时很多国民党将领寓居香港，包括卫立煌在内，知道父亲的选择之后，都劝他留在香港，不要去台湾；他们说，你知道校长的脾气，不要去做“张学良第二”！可是父亲心意已决。

他们坐轮船到台湾后，孙立人派人到基隆，将父亲接到屏东，安排他们住下。当天晚上，孙立人宴请父亲，两人相见，父亲情绪甚为激动。谈到新1军灰飞烟灭，两人都感到很伤心。

父亲很快给陈诚写了一封信，详细讲述丢掉长春以及自己后来的经历。但他一直没有收到陈诚的回信，心里不免不安。不久，孙立人带我父亲去见蒋介石，蒋介石告诉他们说过去已过去，不必再提，今后要好好做事。当时蒋介石当面告诉父亲，给他两个选择：一是担任新成立的成功军军长；二是担任陆军军校校长。父亲回到屏东家里，听母亲说，那几天家里可是贺客盈门，十分热闹。

谁知话说完不到一周，父亲就被抓了起来。

身陷囹圄

1950年5月初，“国防部”派人从台北来到屏东，告诉父亲“上面召见”。母亲也被要求同去，除了他们，还有陈鸣人夫妇以及彭克立等人——当初除了父亲以外，葛士珩还找到在湖南的彭克立。当时，彭克立的妻子住院即将生产，彭克立留了一点钱给妻子，只身取道香港搭船至台湾。他打算在台湾把生活安顿好之后，再接妻女来台。彭克立于4月底抵台，不久得知妻子在家乡生下第二个女儿。可是6月，他即被捕。

接到通知时，父亲已预感到这一去就会凶多吉少。果然，到了台北之后，他们立即被押送到保密局。不久，曾长云也被收押进来。最初被捕的是4人，后来增加到8人、16人，都是孙立人在新38师和新1军的将校级军官，可知立案的最终目的在于对付孙立人。

保密局指控他们是共产党派遣来台湾，策反孙立人的“匪谍”。在保密局，他们4个人被隔离审问，受到残酷的刑罚，包括坐老虎凳、用针刺指甲、灌辣椒水入鼻口……父亲坐“老虎凳”后，双脚几乎废掉。后来靠狱中难友扶助才能进行简单的康复，慢慢恢复步行。殴打、疲劳审问，最终目的都是逼迫他们承认和共产党有联络，是奉“匪”命潜台工作。

在保密局的看守所关了一年多后，他们又被移到桃园南坎的保密局监狱，囚禁了三年之后又被移送到龙潭的保密局监狱。这是保密局新建的牢房，却起了一个文雅的名字——卧龙山庄。包括父母在内一共16人都被关在这里。

我妈妈被抓走的时候，已经怀了我。我是1950年10月20日在监狱里出生的。那里并不是一般的监狱，是关所谓“自己人”，就是情报局自己施“家法”的地方，里面关的都是一些大人物，比如蔡孝乾（注：

也叫蔡乾，中共潜伏特工，1950 年 1 月被国民党逮捕后供出了在台湾的所有地下成员名单资料，包括朱枫以及职务最高的国民党国防部中将参谋次长吴石等）、吴石等所谓的“大匪谍”关在一起。不过在我出生之前，吴石已经被枪毙了。

同案者不关在一个房间里，但可以见到。白天他们被允许走出囚室，在庭院里走动。但不能走出大门。他们可以在经过彼此的牢房门口时匆匆打个照面。同监的还有几个军统人员，像黄埔六期的乔家才和王功鎏、外籍人员，还有写《杀陈诚以谢国人》的报人龚德柏也被关在这里。里面有真正的中共地下党员，也有被诬陷的。时常有人被拉出去枪毙，有的临死前高喊共产党口号，有的大声喊冤……

被关在这里的成员复杂。乔家才在军统当中资历很高，他出身山西大户人家，当年是热血青年，不从事家族生意非要从军。后来做到保密局（后来的情报局）北平站站长，和毛人凤资历相当。乔个性耿直，得罪了毛人凤。戴笠死后，毛人凤怕乔抢他的大位，诬告他贪污。他在北平被逮捕入狱，随后五花大绑押送到台湾，本来毛人凤还要把他枪毙的，据说是蒋介石下手令饶了他一命。乔也被关在这里，狱卒们对他十分客气。出狱后，他写了很多文章，并出版了自传《关山烟尘记》，后以 90 高龄在睡眠中逝世。

母亲临盆时，狱方没有带她到外边的医院，而只是把她带到牢房附近的一个小空屋做临时产房。他们从外边找来一个护士为她接生，接生的医疗工具很简单，护士的态度又不好。妈妈生下我之后，护士为她缝合伤口时，也不打麻药，妈妈痛得难以忍受。因为在产前产后，她都要做粗活、擦地板，用冷水洗衣服，妈妈后来长期关节疼痛。洗过的衣服，只能挂在牢房里靠窗的地方，让风吹干。父亲与母亲见不了面，他知道生了个儿子，狱友们建议他给我取名“狱生”——我后来被改为“定安”，意思是将来一定能平安走出黑牢。李敖先生曾说，李鸿的这两个孩子，一个生在共产党战俘营里，“哈生”（哈尔滨出生的），一个生在国民党监狱里，“狱生”。

我后来最好奇的是，对政治没有一点概念的母亲，怎么会被控为“匪谍”、被关了 7 年？父亲后来告诉我，1948 年，曾有《新闻天地》一记者来长春，说是要采访国军整备情况，实际上却是要求父亲给一笔跑路费。当时长春被围，情况恶化，父亲没有答应，那位记者恨恨地走了。国民党失去长春以后，这个刊物发了那个记者写的文章，说长春的沦陷，是因为“匪谍”马真一给李鸿军长打了一剂毒针，导致他患了伤寒而卧床不起，最后不得不投降。台湾的一些书，包括当时在五六十年代钦定的《大陆是如何失去的》，竟也引用这篇报道，说是我妈妈拿了一剂毒针给我爸爸打下去，威胁他：“你现在要替我们人民立功。”说我妈妈是共军使用的美人计，“匪谍”，埋伏在他身旁。我母亲在判决书上的罪名是“知匪不报”，那时候在台湾这是一个很重的罪名，想关你多少年就关你多少年。

妈妈后来也多次谈起，保密局的人其实查得非常清楚，知道她对政治、军事一窍不通，压根儿不是什么“匪谍”。妈妈虽然没有遭受酷刑，但是被打耳光。审讯她的人说：“你知道我们为何只抓你而不抓其他人的老婆？因为你受过高等教育！你识字，她们不识字！”

我就是在监狱里长大的。原本他们是想把我们一直关在这里的。关到第 7 年的时候，母亲抗议说，孩子该读书了。这样才开了一个庭，把我们放了。我被关了 7 年 2 个月。

过去的很多事情我都不愿意提。所谓的白色恐怖不是阴影，是深深的伤害。我能记事的时候，偶尔会在某一天一大清早，进来几个大汉，把牢房内的难友像抓鸡一样抓出去——我们的牢房都是一小间一小间，牢房的门低矮，进出是要俯身钻过去的，就是要羞辱你。我记得有一个中年女子，身穿旗袍，我至今也不知道她的名字，当时她一见狱卒就知道大事不妙，双腿颓软，几个人三两下子就把她架走。接着大门“砰”的关闭，过了一会儿，就听到外面“砰”的一声枪响，一个好好的人就这样永远不会再见到了。这是我亲眼所见，这样恐怖的经历一再出现，怎么会对我的一生没有影响呢？曾经有很多媒体想要采访我，我都不愿意重提往事。虽然过去也让我愤愤不平，现在好不容易有种走过乱世劫后余生的感觉，就好好活着吧。

蒙　冤

“中央研究院”的朱浤源博士给我看了一整份 1950 年蒋介石对父亲案件的批示，上面写着：“此案未呈阅，待阅后再定。”蒋的手下把李鸿抓走，关了好一阵子了，用现在的说法，“羁押期满”，再下去总得要给个说法，起码下面军法单位没有办法，只能写个签呈上去，意思是问老蒋该怎么处理，如果是“匪谍”就得枪毙。老蒋这个批文是在装傻，好像在说：“你们这些人是在干什么，我说过等我了解以后再说，你们搞不懂吗？怎么玩忽如此。”下面的人才知道原来蒋介石根本是杀不下手，想把这个抗日有功但“剿匪”无力的学生打入大牢不要处理，让他就此人间蒸发。我后来想，在长春被围的时候，蒋介石大抵是希望李鸿能像邱清泉、黄百韬这一类的门生，兵败就“自裁”在沙场上，然后给他树立一个“烈士”的贞节牌坊，当个好样板。老蒋应当会这么想：李鸿、廖耀湘、郑洞国，你们几个戍守东北的将军，兵败而没有“殉国”，实在太令我失望了！我原来这么重用你们，你们又是我的学生，现在要你们殉国的时候，一个个都贪生怕死——“贪生怕死”这四个字，是后来明明白白地写在李鸿的起诉书上的。你没有死，现在来台湾了，我又实在黑不下心把你杀掉，因为我知道你不是“匪谍”。如果李鸿真的是“匪谍”的话，像吴石、陈宝仓、朱谌之那样，早就没命了。讽刺的是，败走台湾的人心里都明白，丢掉大陆的责任，哪里是几个将军扛得起来的？我父亲葬礼上，有几副挽联是这么写的：

> 统帅有权丢大陆，自可复职；
> 将军无力保孤城，当然坐牢。

谁敢讲，统帅无能，整个江山丢弃尽；
人皆说，将军有罪，剩余生命未拼光。

父亲一直不承认是受中共指派来台策反，漫长的岁月里，除了在军法处曾开过一次草率的庭讯外，他们从来没有收到起诉书、没有开庭审理。所以父亲他们是“不杀不审不判不放”，一直被关在黑牢里度过漫漫岁月。那个黑牢，即便是台湾当地人也没几个人知道。地处偏乡，四周都是田，它像一个戒备森严的城堡，高墙缠绕刺铁丝，持枪卫兵把守铁门，外边人只知道是一个公家机关，大门打开吉普车进去之后里面就是另一个阴森森的世界。可能蒋介石到老了自己都忘了还有那些被他牺牲的“棋子”关在里面。蹲进黑牢 16 年后，1966 年，军法局方以“弃守长春”为罪名起诉，判处李鸿无期徒刑。

乔家才在那里关了 10 年才被放出来。他后来亲口告诉我，他出来以后，想去找能讲上话的人，跟老蒋求个情，关了李鸿十几年，应该放了。可是思来想去大家都不敢轻易动作。乔伯伯说他们怕提起这事，那个老糊涂的反应如果是“什么，李鸿还活着？”然后红笔一挥“枪毙”！那样的话谁都救不了。我看过蒋介石红笔签过的字：“留之何用，枪毙！”明明下面人呈上的公文是判了几年，他用红笔画一个大叉，“枪毙”！这个人就完了，明明下面人想救他，结果适得其反。

父亲是 1950 年被抓的，孙立人当时还没有被软禁，至少从表面上看，还正是如日中天之时。后来很多人也问：孙立人为什么不出面力保李鸿？

1998 年 3 月 5 日，台湾“立法院”为“孙案”举办了一个公听会，主持人是“立法委员”谢长廷和谢聪敏，当时谷正文、李敖、曾心仪和孙家子女都在。谷正文在台湾被称为“活阎王”，当时是很会抓“匪谍”的保密局地下局长，他的儿子谷和我是大学同学，在一次华航空难中不幸殉职。谷正文当时起立发言说：“我以前主管‘肃谍’，李鸿这个案子我是知道的，我相信他不是‘匪谍’，李鸿将军自上海保卫战之后，就一路跟随孙将军，前后 20 多年。李将军既然被诬陷为‘匪谍’，那时候孙将军还当陆军总司令，孙将军为何没有辞职以力保李将军？”当时孙家子女，还有孙立人的侄孙孙善治都在场，会场鸦雀无声，场面有点尴尬。

散会以后，孙善治过来跟我说，情治人员当时恐吓孙将军，如有任何救援行动，他们将会先下手立即毙了李鸿等人。所以孙将军也不敢有所动作。另外，当时孙将军已经逐渐被削弱，其实也没有多少实权。

父亲的属下袁子琳来看我们的时候，我也问过这个问题。他有不同的见证。他说，1950 年，李鸿即将被捕的消息传出，孙立人也在场，他非常愤怒。席中甚至有部属说大家要和蒋家拼了。但是，反而是父亲很冷静地制止，并交代了后事。袁子琳分析说，孙将军、李将军都是标准的军人，不搞政治，却因此而得罪了某些人，甚至某些当道之人，所以才有这个下场。他还告诉我，宋美龄曾经推荐某个亲戚进入陆军总部服兵役，以免被派往危险的金马前线。这名亲戚本人更亲自来到凤山，但是被袁子琳代替孙拒绝了。后来宋美龄更亲自引荐，但是袁子琳说：“还是被我们拒绝了。”孙系人马如此不识时务，乃至于被当局排挤，由此可想而知。孙将军在 1955 年被罢官软禁。现在看来，“李鸿案”正是“孙案”的前奏。当年，父亲与陈鸣人、彭克立、曾长云等税警 4 团和新 38 师的能征善战的军人来台，在那些要把孙立人搞掉的人看来，这是为虎添翼，一定要剪除掉。炮制李鸿等人“匪谍案”，既可剪除孙立人的羽翼，又为整肃孙立人制造口实，可谓一箭双雕。

当年孙立人下面还有另一位得力干将——唐守治。唐守治属于孙立人这一系列里比较高阶的，很早就“靠拢”蒋经国了，所以他扶摇直上，一直做到“总政治作战部主任”。到了台湾以后，新 1 军的主要干将大多集中于屏东和凤山。比如我们住的屏东这个眷村里面几乎全都是孙立人的部下。我还是小孩子的时候就知道，里面有一些人被蒋经国“吸收”了——我们这儿叫“细胞”，作为眼线替蒋家收集情报并监视其他的人。

唐守治后来是怎么从高位跌下来的呢？听那些父执辈说，有一次他未经核可就把派驻台湾南部的嫡系部队调到北部，让蒋家起了疑心：你想干什么？大概骨子里还是不太信任他，因为他毕竟跟随了孙立人很长一段时间。另一方面，孙将军其他的部下都跟他断绝来往，根本瞧不起他，他自己必定也相当难过。虽然不能说他是“背叛或出卖”孙将军，但他当时所作所为起码是不合做人的义理的。台湾有句俗话，“切西瓜偎大边”，有几分趋炎附势的意思。他儿子不学好，与另外一对兄弟拿枪去抢一个名歌星，跑到人家家里，把人绑起来，逼问银行账户，抢到一笔巨款。这个案子很快就破了。因为当时台湾是戒严时期，施行军法，结伙抢劫是死刑。有人向蒋经国求情，说这是唐守治的儿子；蒋闻之大怒，说这种东西留他干什么。就这样三个年轻人都被枪毙了。唐守治的太太据说好赌，加上儿子又出大事，他可能感到人生无望，先是拿枪把他老婆打死，然后饮弹自尽。那一天正好是蒋介石去世，师徒俩携手同见孙中山。各大报纸头版头条，连篇累牍地说蒋“崩殂”；唐的死，只缩在小小的一角，不到 50 个字。

彭孟缉和唐守治一样，同是父亲黄埔五期的同学。当时任高雄要塞司令的彭孟缉是“二二八”事件的所谓刽子手之一，因为滥杀了一些台湾士绅而被称作“台湾屠夫”。我爸爸出事的时候，正是他在小蒋面前最得意的时候。我父亲后半生的落魄，包括他出狱后的生活，这些人没有一句话的关怀、一个电话的问候，什么都没有，唯恐避之不及。甚至有传言说，一期的学长黄杰曾向老蒋建议枪毙李鸿。不过回想起来，在那个风雨飘摇、兵荒马乱的时代，那些蒋家近臣不对我父亲落井下石就不错了。蒋经国是 1988 年 1 月去世的，父亲则在同年 8 月去世。他去世的时候，这些黄埔时期的学长与同学，像是黄埔四期，曾同在一个连队，跟他借过钱的“国防部长”高魁元等，没有一个出面致悼的。

艰难时日

孙立人将军当初在陆军总司令任内时的官邸是在屏东，所以我父亲从香港来台湾的时候，就直接到了屏东市的胜利新村住下。在这个占地甚广，绿树成荫的日式眷舍里，住的大多是所谓孙立人系的高级军官，邻居们甚少往来，也绝口不谈政治，生怕惹祸上身。在全台为数众多的军人眷舍中，这个安静无声的胜利新村可以说是十分特殊的一个。远征军的葛南杉、刘放吾将军，陆军副总司令董嘉瑞将军，清华大学毕业留俄的李法寰将军，清华大学毕业的化学兵工翟念浦将军等，都是认识而不相往来的邻居。有很长一段时间，我被眷村里同龄的孩子视为“匪谍之子”。

父亲和母亲被召往台北拘禁之后，我外婆和我 1 岁多的姐姐就被赶出大宅院，带着一小包细软寄人篱下，于一个姓田的中级军官，在他家右侧一间约 10 平方米左右大小的房间里生活了 7 年，直到我和母亲被放出来。当时外婆靠变卖从大陆随身带来的一点碎金子过活。那时孙立人还没有被软禁，他偶尔也会送来一点生活费。那个时代里，眷村内外，本省外省，同样“均贫”，大家就这样活了下来，走了过来。

我 7 岁的时候我们母子被放出来，父亲的属下买了张火车票让我们坐火车回屏东。外婆挺奢侈地叫了一辆人力三轮车接我们回家。那个屋子太小了，4 年后，我妈妈跟另一个孙将军的部下鲍慕贤借了一笔钱，在他们家隔壁买下来一间房，同样是日式的眷舍，却隔成三户，我们就住在其中最小的那一间里。15 年后，老蒋死了，爸爸出狱，这蜗居仍旧是一家人的栖身之所。

母亲毕业于长白师范学院音乐系，主修钢琴和声乐，出狱后教些小朋友弹琴。她当教员也是经过一番辛苦的挣扎，因为入狱之后，她之前所有的学历证件都没有了。其实她有很多同学到了台湾，他们都知道她的背景，却不敢出面为她作保。后来，曾经担任长白师范学院院长的方永蒸敢于出面替她作保，她才能参加一关关的检定考试。记得母亲刚开始担任教员的时候，每天清早 5 点多出门，搭乘军用大卡车，一路颠簸到位于穷乡僻壤的学校，傍晚 7 点左右才能回到家。

对于我来说，幸运的是，小时候虽然因为坐过牢而被戏称为“小匪谍”，却没有被同龄的孩子排斥。基本上，台湾在五六十年代像是一个逃难社会，或者说，是一个巨大的难民营，人心是浮动的。三教九流，五湖四海，都聚集在这个破茅草屋里混口饭吃，有几分相濡以沫，苟全性命于乱世的味道，当时的台湾就是这个样子。

我求学谋职，参加大学联考、毕业后通过特考及高等考试，都没有受到什么影响。在戒严时期，我可以出海出国实习。蒋经国当政的时候，我去中华航空公司参加空勤人员考试——那时候我们要离开台湾是很困难的，我知道他们做了很多身家调查，最后都让我考取了。之后又回到公务体系服务，职场生涯算是十分平顺的。

从另一个角度说，父亲的情况仍然有一些影响：我年轻时交女朋友，来往一段时间之后，对方父母一听到我父亲是“政治犯”就吓得不行，之前交往的几个女朋友都因为承受不住家里压力而分手。后来认识我现在的太太时，我先跟她说明家庭状况，让她回家征求父母意见，如果他们有所顾忌的话，就不要再谈下去。我不想瞒着他们，因为以前有过那些不愉快的经历。

我的太太姓阳，是湖南醴陵人，她的父亲阳云钢早年是空军官校 22 期毕业生，抗战末期还到美国受过训练。我太太——当时的女朋友回去跟家里说了，身为飞行部队上校大队长的他并没有反对，反而说：“如果我的长官对这件事有意见的话，我就退伍不干了。”她把这话转述给我，我蛮感动的。跟她交往了一阵子我们就结婚了。我岳父的仕途显然没有受到亲家是“匪谍”的影响，后来还曾升任联队长和空军官校的校长。我想这些事情也可以看出：老蒋和小蒋对于父亲蒙受的不白之冤，既是一手炮制，也是心知肚明的。

我们是 1976 年结婚的，一年之前，蒋介石去世。老蒋过去不久，蒋经国就把我父亲从监狱释放出来。我父亲后来也见过我的岳父母，同为湖南老乡，结为亲戚大家都挺开心的。

我的岳父有一位空军官校 22 期的同学叫黄铁骏，1954 年 2 月和刘铭三在新竹空军基地把一架 B-25 轰炸机飞到了大陆，出海前叫不知情的刘铭三跳伞逃生。黄铁骏原本就是中共地下党员，可能后来觉得快要暴露身份了，他就驾机“起义”了。

当时我的岳父因此事受到牵连，他既是黄的同期同学，又是同乡、邻居、好哥们，被停飞了好长一段时间。黄铁骏走后，留了老母亲和太太在台湾。那时候的台湾，军队都用粮票，实行配给制。他这一“叛逃”，家里人几乎等于断炊。我的岳父还用他的粮票和薪水奉养黄奶奶，一直到给她送终；黄铁骏的太太非常漂亮，听父辈们讲像电影明星一样。不知道中间有什么缘故，她向上面表示，要去大陆把她先生给押回来，所以投靠情报局，听说还经过了一些训练。可一到香港，她就被埋伏在香港的共产党特工抓了起来——现在想起来，那时候，在台湾到处都有中共地下党员，她的行踪，对方显然十分清楚。黄太太回台湾，后来嫁给一个年纪较大的空军军官。那个时代，台湾兵荒马乱，这一类悲欢离合，人间惨剧处处可闻。

尾　声

在没有经过正式审讯的情况下，直到 1971 年 5 月，对父亲、陈鸣人、彭克立与曾长云这 4 人做出判决。罪名是：将军队交共军整编，与策反孙立人叛乱。4 个人各被判无期徒刑。1975 年蒋介石去世，父亲这 4 人被减为 15 年。可是至此他们已经坐了 25 年牢！没有办法，只好再发一纸裁定书将他们 4 人于 1975 年 7 月 14 日释放。父亲与陈鸣人的家人都在台湾，所以获释后他们就各自回家。曾长云、彭克立的家属都在大陆，他们离开龙潭保密局监狱之后，就一起以犯人身份住进了养老院，两人互相照顾。

父亲出狱时 73 岁，入狱时正当壮年，出狱时已垂垂老矣，成了两鬓苍苍、形容枯槁的人。85 岁时，他中风瘫痪在床，一年后病逝于屏东医院。彭克立于 1988 年回湖南长沙定居，临行时带走了先前病逝的曾长云的骨灰。有人把父亲卧病在床与彭克立带曾长云骨灰上飞机的照片给已 90 高龄的孙将军看，他悲愤不已：“李鸿他们何罪？一关 25 年，他们在抗日战争中立了那么多战功，竟一笔抹煞，公理何在？”又一连声说：“是我连累了他们，我为什么要召他们来台湾啊！我竟听信蒋介石的承诺！”愧悔之情溢于言表。

父亲出狱后，我们家里几乎不谈过去这些事情。我也很少问他以前的事。一则谈起来大家心里都难过、伤感；二则他怕再讲什么惹来祸害。父亲出狱的时候，电话在台湾才开始普及。我们家的电话，一直有录音中的沙沙声。对方好像是明目张胆地告诉我们：我在监听你！父亲出来以后，每隔一段时间还要到派出所报到。那时候台湾的氛围你不必怀疑说有没有人在跟踪你，因为这是公开的，必然的。而原本单纯的母亲历经这样长期的刺激，也变得紧张、多疑，杯弓蛇影，她常常认为某某人是情治单位派来监视她的。

父亲在狱中成为虔诚的基督徒，跟他关在一起的其他人似乎都没有信教。他每天看《圣经》，那本《圣经》用红铅笔画满了圈点。出狱之后，他看《圣经》还上教堂。中华教会离家有段距离，每星期我妈妈都会骑车带他去做礼拜。

父亲原本就是一个沉默寡言的人，多年的牢狱之灾，也看不出他有什么负面情绪。遭受如此冤屈，我也从没有听过他骂蒋介石。他曾对我说，蒋是一个蛮勇敢的人，不是贪生怕死之辈，他曾在北伐战役中身先士卒，率队冲锋。谈到老蒋扶植小蒋继位，他只讲过一句比较重的话：“为了（蒋经国）一个人，他（蒋介石）牺牲了多少国家精英！”这是我听过唯一一句对蒋说得比较重的话。包括孙立人在内，别人骂蒋介石，也会不高兴。我觉得这可能是他们那一辈人的一种修养。

现在提起父亲，在我脑海里浮现的就是一个苍老沉默的老人的样子。家里没有父亲年轻时的照片，不要说军服了，他获得的中外勋章我也从没见过。他出狱时，随身带了一张两寸的大头照，应该算是囚犯照吧。他以前在战场上是什么样子我完全没有概念。妈妈笑着说他：“啥都不会，可打起仗来才狠呢。”他的晚年，因为母亲当教师，白天不在家，我和姐姐在台北工作，操持家务的就是这个老爸爸了。一个那么低调，曾经为祖国干过大事的将军，“除了打仗啥都不会的人”，到了晚年就是煮饭、买菜、上教堂……

孙立人的老部下受到牵连，即使没有牢狱之灾，过得也很凄惨。比如刘放吾叔叔，在屏东靠卖煤球为生，当年虎虎生风的刘团长看起来就像个种田的。他用一些碎的煤渣，压成煤球，然后拉个车子挨家挨户送，说起来真的很凄惨……希望海峡两岸以后都不要再发生这种事了……我的母亲现在还在世，但是经过了这一连串的恐吓与刺激，即使事隔多年，听到以前的事或回忆以往，她仍然会陷入那种激动恐慌的情绪里。因此，我们在母亲面前，更是从来不提往事。

孙立人将军把那些兵当作自己骨肉对待。我看到我这些叔叔伯伯，包括我爸爸，都对他一直非常尊敬。1988 年的 8 月 15 日，父亲去世。这个消息本来瞒着孙将军，怕他不堪老怀悲怆。孙将军问家人：“李健飞（父亲的字是健飞）怎样了？怎么没有他的音信？”家人无法隐瞒，让潘德辉叔叔向他报告实情。孙将军当时老泪纵横，哀恸不已。他连续几天一直念叨着李鸿的名字，还要到屏东为父亲主祭。家人和部属一再劝阻，最后他亲制挽联由长子孙安平代为主祭。

蒋经国死后，对孙将军的“看管”也开始松动。有一次，我跟妈妈和姐姐一起去台中市向上路的孙府去看他。曾经跟我们关在一起的潘叔叔那阵子在台中服侍孙将军。会面前，潘叔叔先跟我们说，孙将军年纪大，你们尽量不要让他伤心。那时候他身体还好。我们陪他吃饭，他平常最多吃一小碗，结果那天吃了两碗，看起来挺开心的。我姐姐问他：“我们小孩子印象里，做将军的应该是雄壮威武，可是我看我爸爸很像个小老头，也不多话，你怎么可以让他当将军呢？”孙将军笑了，回答说：“一个好将军话不需要太多。”其实，孙将军自己似乎也不是一个能言善道的人。

1988 年 10 月，父亲的骨灰由母亲护送到香港。再由在大陆的大哥定一、二哥定国迎回长沙，安葬在当地的烈士公墓。

（李定安　口述）

1930年，参加军阀中原大战的军队云集柳河车站

1949年12月9日，刘文辉（右一）和邓锡侯（右二）宣布起义。图为二人在重庆各界召开的欢迎会上

1950年，解放西康的62军骑兵部队通过雅安市

1955年，刘文辉获得解放勋章

1964年时的刘文辉

刘文辉夫妇和刘元彦（摄于1928年）

刘文辉和家人（摄于1938年）

刘湘（左）

刘文辉："西康王"的浮沉人生

作为川系军阀的代表，刘文辉曾经历了军事的起起落落和政治的波谲云诡，他的人生历程，正是历史的某种见证。

长子刘元彦出生时，正值刘文辉军事生涯的顶峰。如今年近八旬的刘元彦在北京一座普通的居民楼里过着他安静的晚年。刘元彦退休前任人民出版社编辑，说话间眉眼总带着笑，很难想象这是一位出生在军阀之家、当年曾有优裕生活的"大少爷"。

刘氏家族与川系军阀

20 世纪二三十年代，刘湘和我父亲刘文辉一起构成雄踞四川的军阀势力，但其实我们的祖父辈只是四川的一个普通农户。

父亲 1895 年 1 月出生于四川大邑一农民之家，是 6 个兄弟中排行最小的一个。13 岁时，父亲考进公费的成都陆军小学，在入学试卷上，他写道："非常之世必有非常之人，非常之人必行非常之事。"让老师大为惊讶。

1916 年，父亲在保定军校第二期读完炮科后，便回四川，开始了军人生涯。他先在川军第二旅当上尉参谋，一年后任营长，以后一直很顺，1920 年已经在宜宾当上混成旅旅长，成为一支独立力量。

刘氏家族的军阀源头应该从刘湘说起。刘湘的祖父跟我祖父是亲兄弟，所以从辈分上讲，我跟刘湘是同辈，父亲虽然比他还小 5 岁，却是刘湘的堂叔。1909 年刘湘从四川速成军校毕业后，凭借骁勇善战，经辛亥革命、北洋军阀混战后，他逐步成为四川总司令、四川省长，成为四川地区的最高统治者。北伐后，他又被任命为国民革命军第 21 军军长兼四川省政府主席。

应该说，在父亲早期的军事生涯中，刘湘起了一些作用。父亲从保定军校毕业回川后，刘湘向别人推荐了父亲，但父亲并不直接在他的部队，以后发展更多还是靠自己的能力。

那时的四川处于军阀割据状态，实行防区制，一个军人控制哪些地区，这些地区的政治、经济、军事等都归军人管，处于半独立状态。四川内战打了很多年，打得很厉害，也跟这个防区制有关。

父亲在各派系军阀混战中，地位进一步上升，1922 年升任川军第 9 师师长，在打败杨森后，他取得四川帮办名义，1927 年任 24 军军长，1929 年当上了四川省主席，那时已拥有 7 个师，20 多个旅、14 万军队、81 个县的地盘。而此时的刘湘任四川善后督办、21 军军长。他们成为四川的主要统治者。

早期，父亲与刘湘是相互扶植的，刘湘第一次下野后，还是父亲出钱出力，帮他第二次上台。他们联手打掉了四川境内以杨森为主的其他军阀，联手灭掉了其他势力后，他们之间却慢慢对立起来。

根据父亲的谈话，我分析，他们的矛盾在于：父亲不甘于只在四川发展，他跟刘湘商量两人中一人出去打仗，另一个留在四川当后援。但刘湘自己不想出去，也不想让父亲出去。另外，父亲 24 军的主要将领都是保定系的，而刘湘是从四川陆军速成学堂毕业的——被称为“速成系”，两人的政治意图不一样，刘湘保守些。

他们与蒋介石之间的关系也不一样。父亲与蒋介石的矛盾由来已久。父亲后来在回忆里也很坦率地说，他反对蒋介石，“当年的动机并不是为了革命，而是基于个人的政治野心。”父亲在四川发展壮大后，他的政治野心是“问鼎中原”。当时国内掀起此起彼落的反蒋浪潮，父亲认为是他实现这一野心的大好机会。1929 年 12 月与湖南军阀唐生智等联名通电反蒋；1930 年中原大战，他又站在阎锡山、冯玉祥一边，一道通电反蒋，最后因为张学良率奉军入关出面支持蒋介石而失败；而刘湘当时则是支持蒋介石的。

1931 年，父亲从英、日等国购进武器和飞机散件，从上海起航经万县港被刘湘扣留，多次协商无果。二刘间矛盾于是激化到不可调和，到了只有付诸武力解决的地步。1932 年 10 月 1 日，刘湘向驻南充的父亲部队打响了第一枪，从而揭开了二刘大战序幕。这场叔侄之战，是四川军阀 400 多次战争中规模最大、时间最长的一次混战，动用兵力 30 余万人，四川大小军阀几乎全部卷入。

这场持续近一年的战争，以父亲的战败而告终，他带着仅存的 12 个团从成都退到雅安。虽然未赶尽杀绝，但父亲“问鼎中原”的梦想彻底成为泡影。不甘就此沉沦的父亲开始筹划他的另一个领地——西康。

退守西康

西康过去被称为“川边”，是父亲过去后才建的省。1935 年，父亲利用他在国民党内部的各种关系，如愿以偿当上“西康建省委员会主任”。西康省在西藏与四川之间，当时的面积比 5 个浙江省还大。西康的省会在康定，1937 年我们全家从雅安迁往康定。记得我和弟弟坐一个轿子，走了 7 天才到康定，第一感觉是康定非常落后，连四川的一个大一点的镇都不如。

以前父亲常年在外，我们和他相处的时间很少。退守西康后，他和我们待在一起的时间也慢慢多起来。

父亲先后娶过 3 个妻子。第一任是童年时订的娃娃亲周氏，因为没有生育，大伯做主，替他在老家找了第二房李夫人。父亲名叫“自乾”，嫁给父亲后，李夫人就改名“李助乾”，因为只生了一个女儿，脾气又不好，加之当时父亲已经开始在军事上崭露头角，需要有位“体面”的夫人对外应酬，1926 年，大伯又替父亲在家乡找了第三位妻子，这便是我母亲杨蕴光。

1928 年，我出生于成都。那时我们家住在方正街，是几进的大院子。小时候确实过着优裕的生活。但母亲对我们兄妹管教严格，不苟言笑，所以我们家是“慈父严母”。我们不怕父亲，但对母亲心存畏惧。父亲在家里一般只穿便装，我记忆中，父亲对下属也很少发火，特别是对文官，一直很客气，只是对武将稍严厉些。父亲在家里生活很简单，一餐四五个菜，父亲只吃他面前的那一两个菜，而且因为部队出身，吃得也特别快，也不挑食。

父亲当时已不能向外发展，所以在西康制定了很多注重长远发展的政策，还写了《建设新西康十讲》。他比较重视教育。当年县长上任时，父亲有口令：县政府房屋的建设不得好于当地新建学校，否则就地免职。有的县长还亲自到小学代课。父亲到省政府上下班时都要路过一所小学校，现在康定的许多老人还记得：只要看到孩子们在操场上，父亲就会走过来，挨个摸他们的脑袋鼓励一番。

有一次我们全家去跑马山踏青，父亲对我说，他以后要在这里建一所大学、一座医院。虽然未能如愿，但父亲为不少大学捐了款，还为华西协和大学捐了一座楼，为了给西康培养人才，他出资筹办了一个特殊的系——乡村建设系，从西康保送一些人进去。

西康很落后，只有水资源，父亲决定在康定建水电站，他用了 1 亿元，动员了康定当地所有的银行资金，还自掏腰包拿出一笔钱才凑够。发电机是从美国买的，由于太平洋战争爆发，这个发电机辗转了半个地球，花了两年时间才从美国运到西康，这个大升航水电站一直使用到今天。

退守康定后，为了巩固他在西康的地位，父亲也注意缓和与蒋介石的矛盾，并与各派政治力量交往，所以当时他被称为“多宝道人”。

1935 年，红军经西康北上时，我没有听父亲提过战争的具体情形，但当时的地方各派军阀在“围剿”红军时，都不是特别积极，因为他们明白蒋介石想借“围剿”红军之机，趁机消灭地方力量。如果和红军僵持，中央军就会派兵过来，趁机把地方军给收了。所以父亲当时也只是敷衍了事，还因为没有努力防守，遭到蒋介石训斥。

24 军也有认真跟红军打过仗的，我二伯的儿子刘元瑭在 24 军下面任师长，他就认真打，蒋介石允诺要升他为军长，于是他高高兴兴地到胡宗南那里，父亲拦他他不听，父亲不允许他把整师人带走，只让他带了一团人，结果到了胡宗南那里不久，就给他一个参议的闲职，白白送了一团的人给人家。他后来想明白了，又逃回成都。

抗战爆发后，刘湘的川军被蒋介石调出，部队一出川就被拆散调往各战线,等于将刘湘的部队全部化解掉,刘湘和蒋介石的矛盾就尖锐起来。1938 年，刘湘因病去世于武汉。但一直有传说，他和韩复榘密谋阻止蒋军入川失败后，忧虑而死。我想如果刘湘意欲与韩联手，也是因为不满蒋介石把他的队伍拆散，他被架空的事实。

刘湘去世后，蒋介石派张群继任四川省主席，实际上想控制川康。父亲联系原刘湘的下属，还有四川一些实力派人物，共同抵制。直到 1940 年，张群才坐上四川省主席这把交椅。虽然表面上他暂时和蒋介石平息了矛盾，但蒋介石对父亲的戒心也从未消除过。

抉　择

1948 年春，我还在华西大学读书，思想比较“左倾”，已秘密加入中共地下团组织，和地下党同学一直办报、办杂志。我和地下党员都是单线联系，有一天，我的“上线”跟我说：“四川地下党想跟你父亲谈一次，希望你牵个线。”

我平时跟父亲谈论政治并不多，但感觉到他很开明，左、中、右的言论都看，也不排斥。我想，跟父亲提及此事，如果他不同意，顶多只会骂我一顿。

父亲平时起得很早，有一天只有他一个人在吃早点的时候，我寻机跟他提了此事。没想到，父亲听后很平静地同意见面，然后又说：“其实我早就跟他们（共产党）联系了。”

那天父亲告诉我，1942年，他第一次与周恩来会面，这也是我们父子间第一次知道彼此的政治态度，但父亲嘱咐我不能跟任何人吐露，包括对四川地下党的同志。后来四川地下党派我的同学在雅安以父亲秘书的身份长住那里。直到解放前夕，他才知道党中央已事先派人到了雅安。

除了共产党，父亲和民盟、民革的关系都比较密切。他很早就认识张澜，张澜也是四川人，成立民盟时希望父亲能支持他，民盟的经费也主要是由父亲和龙云出的。1944年，父亲在张澜的住所填写了申请书，举行仪式后，申请书马上被烧掉，也是民盟让他们放心，不留任何把柄让蒋介石知道。张澜后来被软禁在上海，1949年上半年，父亲去南京开会时派人看望张澜，张澜让他做好起义的准备；我见过李济深从香港给父亲写的密信，是写在绢上、缝在衣服里托人带来的，都让他做好迎接解放的准备。

1949年9—10月间，父亲接到周恩来电报，大意说，大军行将西指，希望你积极准备，但不宜行动过早，招致不必要损失。父亲考虑再三，带了一些人在10月下旬从雅安回到成都。之前，很多人认为父亲此举太过冒险，父亲回答说：“你不懂的，去成都，西康之祸缓，不去，其祸速。”他这次冒险回成都主要是争取时间，等解放军靠近再起义，同时联络更多的人起义，取得更大效果。

父亲一到成都，我们的玉沙街住宅对面就出现了一连宪兵，而且四周布有大量便衣。

1949年11月30日重庆解放，蒋介石逃到成都。当天下午，他就召集有父亲在内的四川主要军政人物与他会面，鼓吹与共产党进行“川西决战”。

第二天，蒋介石来我家访问，表面上对父亲表示尊重和友好，但事先不通知，突然派来大批卫队警戒，说明他内心仍对父亲有所忌惮。他还通过张群等人向父亲提出两方面要求：一是让父亲、邓锡侯与胡宗南合署办公，抵抗解放军；二是提出让母亲去台湾，或让我先去香港，父亲也明白这一番话的真实意图是什么。为了表示“诚意”，当时的财政部长关吉玉还亲自到我家，说知道我家没有外汇，已经为我们准备好了。当然，这些要求都被父亲以各种理由推脱了。

这期间张群多次约谈，试探父亲的态度。起初几次，张群的口气还比较客气，父亲也跟他真真假假应付一番，见父亲一直不明确表态，张群的口气一次比一次强硬。12 月 5 日晚，父亲约请张群和国民党主要将领在家里吃饭、开会。席间唇枪舌剑，最后，父亲说：“我是大军阀、大资本家，共产党哪会要我，如果共产党的部队打到西康，我一定同共产党拼，拼不过，我就到西藏当喇嘛。”

1949 年 12 月 6 日晚上，张群最后一次来我们家。他说自己马上到云南去，又以好朋友的口气嘱咐父亲“好好干”。父亲担心张群一走，胡宗南、王陵基他们当晚就会动手，他让我连夜开车把母亲和妹妹送到认识多年的一位老中医家里，把我爱人和孩子送到岳母家。我和父亲则躲到他一位部下的儿子家住。当时四周都是特务，气氛特别紧张。

12 月 7 日一早，父亲说先回家去一趟，让我在那儿等着他，哪知等了很久不见父亲回来，却突然来了一人，说父亲已经出城，让我到南门外乡下他一个部下的家里等。我只好奉命立即出南门，心里十分懊丧，因为原来说好同父亲一起走的。我后来体会父亲这样安排的用意，是防止失利时我和他同时牺牲掉。

原来父亲那一天回家与邓锡侯谈话时，接到蒋介石的电话通知，要求他下午到军校去，父亲向有关的人打探了一圈，得知只有他和邓锡侯接到这个命令；而且得到消息说，原来负责城防的川军当晚也全部被胡宗南的部队替换，父亲和邓锡侯感觉苗头不对，他们当即决定马上行动。

为了不惊动宪兵和特务，父亲没带任何行李，只有两个随从跟他一道坐车出了门，在离城门洞还有一段距离后父亲先下车，而将空车开出去，在城门外一隐蔽处等他，万一被哨兵盘查，就说是去机场接客人；父亲自己则从城墙的缺口爬了出去。这时他正患气管炎，当时气喘吁吁，汗流浃背。由两个随从扶着，五步一停，十步一歇的，终于到了城外，邓锡侯已在外面接应。

1949 年 12 月 9 日，父亲与邓锡侯、潘文华联名在彭县宣布起义。得知消息后，蒋介石带着蒋经国，马上从成都凤凰山机场起飞，逃往台湾。

父亲的 24 军在成都武侯祠附近有一个营的驻军，消息一公布，胡宗南的部队马上打了进去，大部分官兵牺牲。胡的部队还用炮轰开成都玉沙街我们的家，密集的枪炮声响了一晚。他们不但将我家里洗劫一空，还在撤走前，在住宅里秘密埋下大量炸药和雷管，企图等我们胜利归来后，把全家炸死。在我们还没回成都之前，有一些想趁机发财的人闯进去，结果引爆了那些雷管，家里的三幢房子被炸了两幢，只剩下我住的那一幢。余下的雷管和炸药还是后来解放军工兵帮助取出来的，一共 100 多公斤。

父亲的 24 军在雅安和四川交界处还有一些驻军，起义消息一宣布后，国民党部队马上攻打这部分军队。地下党同志利用电台跟“二野”联系上了，“二野”很快从另外一条路出兵，打垮了国民党的进攻部队，解救了这部分 24 军战士。刘、邓、潘起义消息宣布后，一些部队相继跟着起义，虽然 24 军本身兵力不多，但更大的影响还是在于政治上的。

最后岁月

新中国成立后，父亲先后担任过西南军政委员会副主席、四川省政协副主席等职。1959 年，父亲调到北京，任林业部部长。这段时间，除了上班和开会外，他还经常去外地视察林业。在家里，他经常读一些林业方面的书籍。

20 世纪 60 年代，刘文彩的“地主庄园”扩大宣传，此事统战部曾经跟父亲先打过招呼。那段时间，“刘文彩”的名声盖过了父亲。但父亲在我们面前只字不提此事，我们也无法窥探到他内心真实的感受是什么。

20 世纪 50 年代初，父亲就把自己的房产全部上交国家，一直住在公家分配的房子里。到了北京后，国务院分配住在史家胡同，也就是荣毅仁家现在的那座四合院。1966 年的一天，门口突然贴了一张大字报，上面写："刘文彩的弟弟还住这种房子！"很快引来了红卫兵抄家，起初第一批红卫兵走后，我们还把散落的东西收起来，谁想到第一批刚走，第二批又来，后来我们干脆也不收拾了，就等着他们来翻。短短几天之内我们被抄了 13 次，贵重的东西都被抄走，红卫兵还不断向父亲提问题，父亲的心脏病都犯了。

很快周总理派了人来，把父亲送到了 301 医院，用化名住进去的。当时跟我们家人都没提及他们的真实身份，只是说送进医院，让家里人放心。来的人也是打扮成红卫兵的样子，把家里的柜子都封了，因为柜子里还装了很多文件，这样一来，后来的红卫兵也不会再抄了。

1966 年国庆节，父亲和一批民主人士一起，被邀请去天安门。父亲在医院穿上我们从家里送的衣服后直接上的天安门，接见红卫兵。在天安门城楼上，身穿军装的毛泽东见父亲的装束，还说："你怎么还穿呢子服？要跟我们一样嘛！"父亲后来做了一身布的中山装。父亲是直接从天安门回的家，因为和毛主席一道上了天安门城楼，这样一来身份就不一样了，红卫兵再也不敢上门抄家。

"文革"开始后，父亲的身份是政协常委兼人大常委，林业部部长一职好像也无人提及，但也没有明令撤掉。父亲跟政治打了一辈子交道，平时言语很谨慎，也很少流露他内心的想法。他只是几次叹息着说："铁打的江山，就这样砸烂了！"

父亲对周恩来总理的感情很深，一直把他视为良师益友。1972 年一次见到总理，他对总理说："郭子仪当了 24 年宰相，希望总理能超过他。"总理当然明白父亲在说什么，但也不好说什么，只是哈哈大笑，以后父亲也很少见到总理。

1972 年，父亲不小心摔断了腿，他原来就有心脏病、肺气肿，1975 年又被发现患了癌症，身体更加衰弱。周总理对父亲的病情非常关心，几次亲自批示：尽一切办法延长生命，只要有危险就随时向他报告。我们后来才知道，周总理下令保护父亲的时候，他自己其实已身患重病了。

1976 年 1 月初，刚出院的父亲得知总理去世的消息，极为伤心，不顾医生不许外出的禁令，他坚持要去向遗体告别，最终还是我们用小车推着他与总理遗体挥泪告别。

不久，父亲再次住进医院，6 月去世。“文革”以后，父亲一直较为沉默，总理去世后的几个月，他的心情更是沉重。我们感觉到这一点却无法帮他排解。父亲走后几个月，“四人帮”被粉碎，我暗暗地想：如果父亲能多活些时间，就能放心地辞世了。

（刘元彦口述）

左至右为刘延涛、于右任、张大千

于右任作品

于右任（左四）与罗家伦（右四）、刘延涛（右三）等人于广州黄花岗七十二烈士碑前留影（摄于1949年）

“草圣”于右任的最后岁月

在台北北投区一条静谧的小路上，有一处安静的日式庭院。入口处于右任题写的“梅庭”二字，提示了这所小院子的独特身份——这里是于右任当年酷暑时节居住的寓所，曾经闲置多年。郝柏村之子郝龙斌当选台北市市长以后，耗资近两千万新台币进行整修，2010年初正式向民众免费开放参观。于右任的小儿子于中令特地从美国赶回来，与郝龙斌在梅庭庭院中种植梅花留念。

书法之缘

“右老在这里住的时间并不长，他台北市内还有另外一个住处，但是后来已被拆掉，这里是右老唯一保留下来的住所。”专程陪同记者前来的刘彬彬介绍说。她的父亲刘延涛是于右任晚年最信任的弟子，也是陪伴他多年的私人秘书。刘彬彬解释说，因为里面存放的于右任的东西并不足够多，称梅庭为“纪念馆”并不恰当，大家考虑再三，决定叫作“别馆”。

于右任去世之后，这幢日式风格的建筑很长时间湮没于尘世间。刘彬彬说，当时为了确认于右任曾居住过这幢房子，工作人员还探访了周围的一些年纪比较大的居民，他们只记得，1951 年左右，有一个白胡子的老人曾出现过这里，却并不知道他的名字和身份；刘彬彬又特地打电话给在美国的于右任的幼子于中令，他的回忆，验证了这个住所的身份。

身为北方人的于右任，对台湾溽热的夏季并不适应，每年夏天，他就到这里来避暑。除此之外，刘彬彬说，每年到了生日这一天，很多国民党要人都要到他府上为他祝寿。到了台湾之后，他觉得时局不定，为个人祝寿有些不合时宜，后来就索性躲到这里来。“所以这里除了是右老避暑，也可以说是他‘避寿’的地方。”

造访梅庭的那一天正逢周末，小小的庭院里满是参观者，年轻面孔占了大多数，这让刘彬彬甚感欣慰。曾几次去过大陆的刘彬彬解释说，相对于大陆人民对于右任的了解，台湾这边的情况并不令人乐观，“很多年轻人都觉得他是一个很遥远的历史人物，甚至都不知道他。”而梅庭别馆开放以后的情况，让她比较乐观。“过节或假日时期，这里还要限定入馆人数，我已经很知足了。”

刘彬彬一家与于右任的情谊，是由书法联结起来的。

1879 年出生于陕西三原的于右任，本是清代举人出身。后来受孙中山影响，加入同盟会，为辛亥革命摇旗呐喊。于右任虽然早年曾任靖国军总司令讨伐袁世凯，算是行伍中人，但究其一生，仍是文人气质。他的书法更是独树一帜，早在 20 世纪 20 年代，书法界便有“北于（右任）南郑（孝胥）”之称。他也被人称为“当代草圣”。

而另一方面，从 1929 年开始，于右任开始研究草书的工作。“几千年来，无数书法家都写过草书，每一位书法家风格各异，写出来的草书彼此之间认不出来，学用皆难。在右老看来，当下已进入现代社会，草书书法也需要建立一个标准。”刘彬彬解释。

1932 年，于右任在上海成立“标准草书社”，致力于草书标准化、规范化的工作。对于自己的工作，于右任本人曾有过这样一番解释：“所谓标准，是拿古人的草书做标准的，是从先古圣哲千余年的演进当中，归纳出来有条不紊，易识、易写、准确、美丽的草法。”这是一项十分复杂的工作，单靠于右任一人是无法完成的，不久，一个朋友向于右任推荐了刘延涛。

1908年生于河南巩县的刘延涛，早年毕业于北大中文系。读书期间，刘延涛在老师胡佩衡的指导下，开始学习绘画。不久，胡佩衡把刘延涛的两幅山水作品送到日本京都参加“中日美术展览会”，一位日本朋友收购了这两幅作品，这对刘延涛是个很大的鼓励。

“父亲本科的毕业论文是关于象形文字的，他又有书法和绘画基础，这种背景，也许正符合右老为制定标准草书工作所需要的人选。”刘彬彬说。

1933年，刘延涛因为父亲去世，回家乡奔丧，后来留在河南南阳中学教中文。一个月后，他接到于右任的邀请电报。“父亲起初并不想离开家乡，他的校长劝他：于右任自辛亥革命时期就投身革命，是一位值得追随的人，父亲才决心离开家乡。”到南京与于右任见了面之后不久，刘延涛加入“标准草书社”，与周伯敏、胡公石等一道，帮助于右任进行标准草书的编辑工作，自此也终生追随于右任。

标准草书的编辑工作，是非常烦琐的。刘延涛后来告诉刘彬彬，以“草”字为例，他们几个助手需要从浩繁的历代书法名家的作品中挑选，然后按辨识度高、比较容易写又有一定美感的标准进行筛选，然后将初步遴选出来的字交到于右任那里，由于右任进行二度编辑。

经过三年多的努力，1936年，《标准草书》第一次印本问世；后来又陆续推出第二次、第三次修正版……到1949年，已出到第六次修正版；到了台湾后，于右任并未放弃对“标准草书”的编辑工作，直到1964年去世时，已出到第九次修订版。“第十次是我父亲主持的，但他在序里写，右老走了以后没有他作修正了，所以不叫第十次修正本，而只是称作第十次本。”刘彬彬介绍。

当年，随着标准草书的编订，台湾也掀起一股标准草书热。刘彬彬说，当时曾有人建议于右任将标准草书制成教材，以政府的力量来推行，但是他还是决定用个人力量来推行此事。可是于右任生前矢志推广的标准草书，却最终未能成为主流文体。“现在很多人写草书，都要写得像右老，以模仿他的‘于体’为荣，而忽略了右老生前推行标准草书的初衷。”刘彬彬不无遗憾地说。

台湾岁月

1949年11月，于右任从成都经昆明，飞到了台湾，落脚在台北市和平东路的青田街七号。蒋介石曾经要送给这位国民党大佬一栋花园洋房，但被于右任婉拒了。于右任的书房名叫“老学斋”，意即“活到老，学到老”。

20岁那年，于右任和家乡女子高仲林结婚，离开家乡后陆续娶了三位妻子，生下了四女三男。1949年，他的最后一任妻子沈建华将幼子于中令送来台湾，不到半年左右又离开台湾，后回到大陆，于右任后来就孤身一人居住台湾。几个子女中，除了大女儿于芝秀与丈夫屈武留在大陆外，其他的孩子后来陆续到了台湾。那时于右任喜欢将同乡的一位老人请到家里，聊起少年时期在家乡的逸闻趣事。刘彬彬说，于右任喜欢吃面食，而且喜欢吃硬硬的面，一位跟随他到台湾的陕西厨师，便经常给他做，也算略解乡愁。

1956年，于右任通过在香港的友人吴季玉与大陆的亲人取得了联系，汇来台币600元给于夫人高仲林和于芝秀母女。此后，吴季玉每年赴台为于右任祝寿，为他在海峡两岸传递家书。留在大陆的亲属经常把衣物托人从大陆送到香港，再辗转送到台湾。

1961年3月中旬，章士钊由香港回到北京，给周恩来写了一封信，信中说：“胡子（这是朋友们对右老的尊称）最近给香港吴季玉先生来信说：‘今年是我老伴的八十寿辰，可惜我不在大陆，今年她的生日一定会很冷落，不会有人理睬她的。想到这点我十分伤心！’”章士钊在信中最后说：“胡子的这种心情，请总理予以注意。”

周恩来看到信后，让于右任的女婿屈武专程去西安祝寿。屈武带了儿子屈北大夫妇，以及于右任的外甥周伯敏赶往西安，为于夫人祝寿。事后，又将祝寿照片辗转带给于右任，于右任稍感安慰。

国民党败退到台湾以后，于右任仍保留着他原来的“监察院院长”一职。而他的生活过得非常俭朴，向来布衣一袭，布鞋布袜。那时候，台湾中南部也有一些生活困难家庭的孩子，考上大学却念不起。有一次一个年轻人直接跑到“监察院”来，要找于右任。年轻人告诉警卫，自己并不认识于右任，但自己上学遇到了困难，就径直找到这里来。于右任听说消息后，拿出一张便签，批示把他下个月的薪水拿去给这个学生交学费。“他经常这样，手上没有钱，写字条给出纳。”当年于右任的三女儿于绵绵想要买件漂亮大衣，向父亲要钱，却遭到拒绝。“绵绵姐常抱怨，‘身为于家子，不如邻家儿’。”刘彬彬回忆。于右任的小儿子于中令要出国读书，于右任当时向别人借的钱。

当年 41 岁的刘延涛也跟随于右任到了台湾。于右任的住所前面有一座门房，最初，刘延涛和妻子就住在这间门房里，白天随于右任一起到“监察院”上班，闲暇时与于右任一起研习书法或者编辑标准草书。母亲经常跟刘彬彬说：“从早到晚，都看不到你父亲。”多年的相处，也使得于右任与刘延涛之间形成了既像师徒、也像父子的深厚情谊。

在于右任家寄住了一段时间后，妻子对刘延涛说：“我们不能永远这样寄人篱下。”劝刘延涛搬出去。刘彬彬说，台湾当时需要租地盖房，刘延涛也并没有这笔钱，他后来开画展卖画，才筹出钱来租地盖房。于右任的儿子于中令后来向刘彬彬回忆，当刘延涛告诉于右任要搬家的决定时，曾经踌躇了好长时间才开口。

不久，刘延涛夫妇搬到中埔一带，四处都是稻田，刘彬彬就出生在这里。“在我的记忆里，右老不是书本上的‘历史人物’，他就是一个亲切、和蔼的爷爷。”过年的时候，于右任喊刘彬彬过来，“娃，给你压岁钱！”压岁钱不多，只有 10 块台币，但是会让儿时的刘彬彬高兴很长一段时间。

儿时的刘彬彬经常被父亲带到“监察院”，于右任一见到她，就会用带着浓重陕西口音说：“娃儿来了？娃儿来爷爷这里！”“当时我常跳到右老的跟前，摸他又长又密的白胡子，玩完胡子，我还喜欢玩他那双手，他的手又大又软，我后来想，也许只有这样的手才能写出飘逸的草书吧！”刘彬彬微笑着回忆。有一次，正在父亲办公室玩耍时，刘延涛过来告诉刘彬彬：一会蒋先生或蒋夫人要来，让她暂时躲避一下。“蒋先生夫妇对右老也非常尊重，如果右老身体不好，或者有些大事情要和右老商量，蒋先生都会亲自上门来拜访，而不是将他召到‘总统府’里。”

刘彬彬还记得，于右任的办公室里堆了厚厚的一摞纸，都是各路求字的人送的，于右任也从来不拒绝。于右任平时要花很长时间写字，以应付络绎不绝上门求字的人。“他每天都写，他认为写字是一种很好的锻炼。”但是于右任却从来没有在台湾鬻字换钱。

刘彬彬说，于右任外出时，经常会看到很多署着“于右任”名字的招牌。对这些假冒者，他并不动怒，相反却显得十分宽容，他只是淡然地说：“这个人写得很好，可以自己写了，用不着冒我的名。”最近几年，有人出来声称自己曾为于右任代笔，刘彬彬对此则断然否认：“右老从来没有让人代笔。”她也曾向于中令求证过，于中令也否认有人代笔。因为刘延涛与于右任交往甚密，刘延涛生前也曾被问过是否替右老写过字，刘延涛的回答很简单：“我没有资格替右老代笔。”

葬我于高山

晚年的于右任生活比较简单，除了为亡友写序、写墓志铭，或者出门参加诗会外，其余时间便是读书、看望朋友。后来由于腿有寒症，朋友上门的多，他到朋友家去的少。

1962 年元旦，83 岁的于右任在“监察院”参加了开国纪念会以后，回首半个世纪以前的往事，不禁黯然神伤。1 月 12 日，他在日记中第一次写下了对身后事的意见：“我百年后，愿葬于玉山或阿里山树木多的高处，可以时时望大陆。（在这一段日记旁自注：‘山要最高者，树要大者。’）我之故乡，是中国大陆。”22 日的日记里，他再次提及此事：

“葬我在台北近处高山之上亦可，但是山要最高者。”

此时，生死的问题已时常萦绕于这位八旬老人。而海峡对岸的故乡，则成了他此生最后的牵挂。两天后，一夜未眠的老人，在天微微明时，写下了那首著名的《望大陆》：“葬我于高山之上兮，望我大陆；大陆不可见兮，只有痛哭！葬我于高山之上兮，望我故乡；故乡不可见兮，永不能忘！天苍苍，野茫茫；山之上，国有殇！”——可是当年这首诗被抄送给“台湾中央社”发表时，被误为“山之上，有国殇”，继而传播到大陆，谬传一时。

这首《望大陆》流传甚远，令人每每读起来都会有怆然涕下之感。不过刘彬彬对此特地解释：“这首诗是右老用圆珠笔写在一张纸上的，而不是外界想象的，用毛笔很正式写下来的一幅字。”

1964 年 7 月，86 岁高龄的于右任因感冒引起喉疼发炎，导致语言困难，饮食顿减，继而脚腿浮肿，不久住进台北有名的荣总医院。十几天后，病情稍有起色，但因为牙根被病菌侵蚀，必须拔去两颗牙，不幸导致细菌感染，继而转成肺炎。1964 年 11 月 10 日晚，86 岁的于右任与世长辞。这位老人的离去，使得追随他三十几载的刘延涛悲恸不已。

于右任弥留之际，其长子于望德与亲友及下属等人一起打开了他的保险箱，期望能找到遗嘱。保险箱打开以后，大家发现，保险箱里有一支钢笔、数方印章与几本日记。再有，便是他的三儿子于中令 5 月赴美留学时向银行借贷的 4 万元账本以及平日借副官宋子才的数万元的账单。众人目睹遗物，无不凄然。

保险柜里还有一份特别的纪念物，是于右任结发妻子高仲林早年亲手为他缝制的布鞋布袜。于右任早年所穿的青鞋、白袜、衫褂、衣裤，多为高仲林一针一线缝制的。于右任去台湾后，一直将高仲林早年为他缝制的布袜鞋子携带身边，常摩挲而不用，以为纪念。

因为于右任生前没有留下正式的遗嘱，众人决定以那首《望大陆》当作他最后的遗愿。经过多方勘探，最后选定淡水镇肖明里海拔 700 余米的八拉卡作为于右任的墓园。墓园朝向西北，隔着大海，那里有他魂牵梦萦的故乡。

于右任去世后的第三年，台湾青年登山协会在全岛发起募捐，最终在台湾的最高点——玉山山顶上为于右任建了一座纪念碑和一尊三米高的铜像。于右任终于了却了登高远眺故土的心愿。

落幕的政治家族

20世纪60年代，蒋氏家族在台北士林官邸拍摄的全家福

1927年12月1日，蒋介石与宋美龄的婚礼在上海举行

1937年，蒋经国和蒋方良与怀抱蒋孝文的母亲毛福梅合影

1943年5月，宋子文（右）与美国总统罗斯福（坐者）及美国邮政部长在白宫

1943年11月开罗会议期间的合影，从左至右：蒋介石、罗斯福、丘吉尔、宋美龄

1944年9月，宋子文（中）、蒋介石和赫尔利在重庆

从左至右：宋子安夫妇、宋子文夫妇与宋子良夫妇，1942年在华盛顿过圣诞节

蒋介石就职国民革命军总司令时的标准照

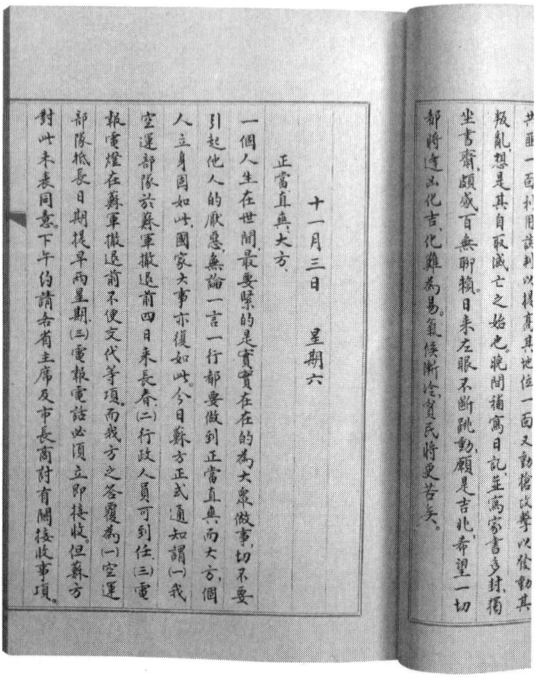

共匪一面利用談判以提高其地位，一面又動搶攻擊以發動其叛亂，想是其自取滅亡之始也。晚間補寫日記，並寫家書多封，獨坐書齋，頗感百無聊賴。日來左眼不斷跳動，顧是吉兆，希望一切都將逢凶化吉，化難為易。氣候斷冷，貧民將更苦矣。

十一月三日　星期六

正當直爽，大方。

一個人生在世間，最要緊的是實實在在的為大衆做事，切不要引起他人的厭惡。無論一言一行都要做到正當直爽而大方。個人立身固如此，國家大事亦復如此。今日蘇方正式通知謂(一)我空運部隊於蘇軍撤退前四日來長春(二)行政人員可到任(三)電報電燈在蘇軍撤退前不便交代等項。而我方之答覆為(一)空運部隊抵長日期提早兩星期(二)電報電話必須立即接收。但蘇方對此未表同意。下午約請吉省主席及市長商討有關接收事項。

蒋经国1945年11月3日的日记

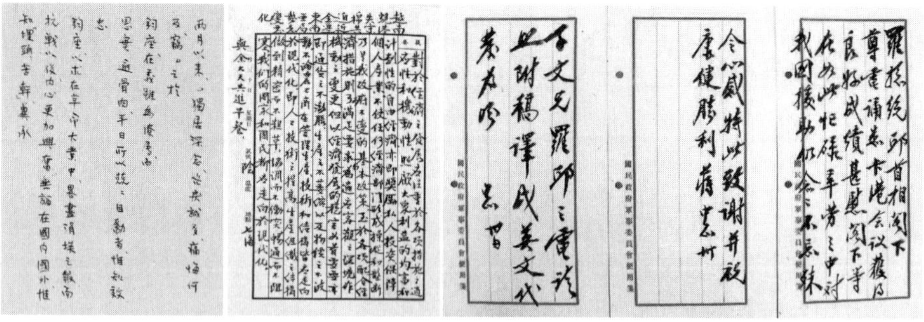

已公开的部分蒋介石日记

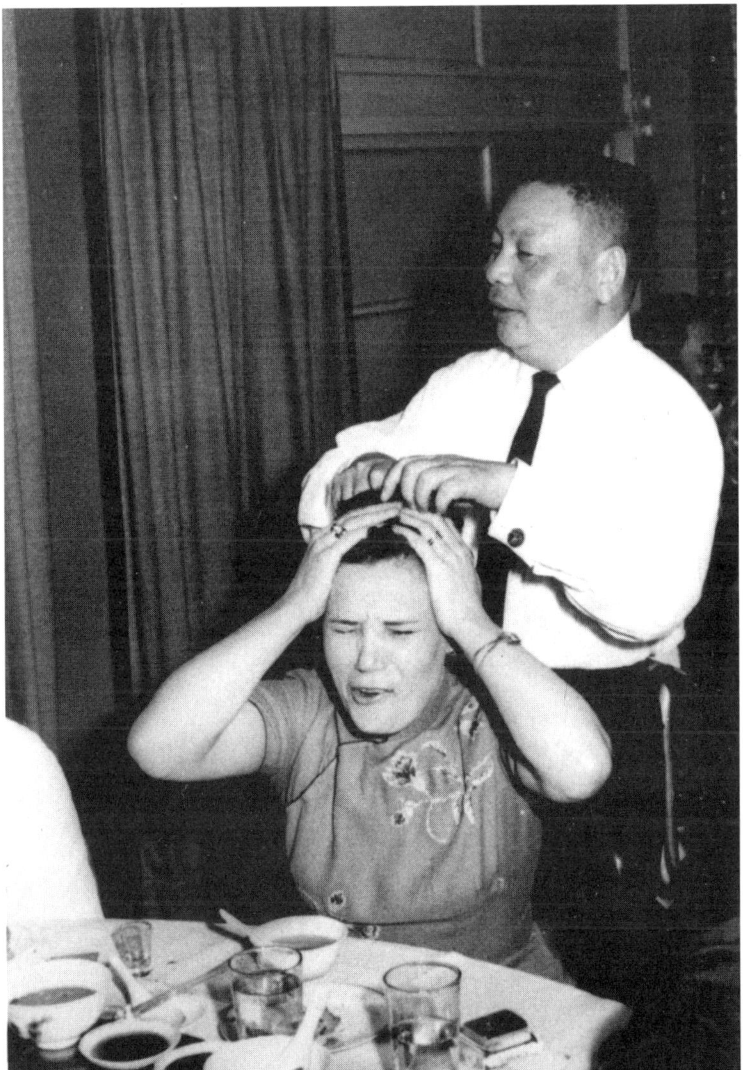

20世纪50年代的蒋经国和蒋方良

日记中的蒋介石

蒋介石日记开放的台前幕后

2007年4月2日，斯坦福大学胡佛研究所（Hoover Institution）宣布，继去年3月底公开蒋介石1917—1931年的日记后，即日再开放蒋介石从1932—1945年的日记。这是胡佛研究所开放的第二批蒋介石日记，涉及日本侵华、西安事变、中日战争、二战期间中美合作等重大历史事件，"这对研究中国和美国，乃至整个世界在那段时间的历史，都非常重要。"胡佛研究所研究员郭岱君评价说。

这个消息公布几天后，海峡对岸却传来了不甚和谐的声音：蒋介石的草山行馆被人为烧毁，一些蒋介石雕像也被泼油漆。"当我们公布蒋介石的第二批日记的时候，台湾地区正发生摧毁蒋介石文物这样令人感到悲伤的事件。"胡佛研究所著名中国问题专家马若孟（Ramon Myers）说，几年前，他们就预感到台湾将出现"去蒋化""去国民党"的行为，这也是胡佛研究所力争保存国民党档案与蒋介石日记的原因之一，"很遗憾，事情的发展果然不出所料。"

"蒋介石日记不仅是属于哪一个党派的，它也是一个国家、一个民族所经历的重要历史见证，我们希望所有中国人都能从历史记录那里了解到，我们的民族经历了怎样的过去，这是比如何评价个人更重要的事情。"胡佛研究所郭岱君研究员说。

走入公众的蒋介石日记

与2006年公布第一批蒋介石日记引发的热度相比，蒋介石日记的第二批开放显得相对平静。

蒋介石日记始记于1918年，直至1972年因病中止，长达54年。“每次我们都会选一个时间点，以重大事件的起点或结束为标志。”胡佛研究院所究员郭岱君介绍说。第一批公布的蒋介石日记是从1917（注：蒋介石后来补记的）—1931年，1931年爆发了“九一八”事变；而这一次开放的日记则从1932—1945年，以1945年抗战胜利为止。

“这段日记的时间，有不少大事发生，如几次对共产党‘围剿’，南京政府与汪精卫、陈济棠、胡汉民、阎锡山等地方实力派的矛盾，与共产党谈判、西安事变、七七事变、与日方谈判、抗战中的国际关系等，所以这一部分内容会比第一次开放的更丰富、更重要。”中国社会科学院近代史所研究员杨天石介绍说。作为公认的蒋介石研究权威人士，2007年7月，杨天石应胡佛研究所之邀，再度赴美展开对第二批开放的蒋介石日记的研究。

“这部分日记的开放，应该不会对一些重大历史事件有什么颠覆性的结论。因为这些年来，关于西安事变、中美合作等重大事件，一些相关人员如宋子文、史迪威、魏德迈的档案已经陆续公开，公众可以参照那些重大事情的记述，更客观来看那段历史。但对于当时许多未解之谜、事件背后的因素，尤其是决策人物的内心世界，这些日记提供了重要线索。”郭岱君指出。

对于开放日记的步骤，郭岱君解释说：“我们是希望尽量多公布，但这批日记损坏情况严重，有的被水浸过，有的已经破损、甚至无法打开，胡佛研究所花了很多时间在修复上面，这是我们原来没有预料到的。”

对日记的保护和整理是很复杂的技术工作。蒋介石日记运抵后，工作人员先要将这些存放了几十年的日记去霉，然后干燥。郭岱君说，日记有的部分甚至有上百页打不开——专业术语称“档案砖”，技术人员必须先用无酸的水蒸气将其弄湿滋润，小心翼翼地一页页打开，去霉、防腐、熨平、干燥，再放到无酸的盒子中存放。胡佛研究所对每一页日记都以高精度的微缩（microfilm）保存下来，“修复比保存还要费时，成本也大得多；另外，这都很花时间，也是技术很复杂的工作。”但处理后仍有一些无法阅读，这或许更增加了这部日记的沧桑感。

据了解，保存蒋介石日记的档案库就像银行的保险柜一样，由专人把关，馆长和另一位负责档案收藏的工作人员各持一把钥匙，两把合起来才能打开库门提取需要的材料。哪怕是负责整理日记的专家，也不能轻易接触原件。

胡佛研究所是学界公认的，除中国大陆和台湾之外，全球收藏中国近现代史档案资料最丰富的档案馆。目前，研究院收藏了包括宋子文、张嘉璈、陈立夫、黄郛、陈独秀、胡适、史迪威、魏德迈、陈纳德等中外著名人士的私人档案，又增加了约300万件国民党档案、蒋介石日记、蒋经国日记、孔祥熙档案等。胡佛研究院的收藏对所有人公开，任何一个人到胡佛研究所来，无论哪个国籍，文化程度怎样，只要凭有效证件，登记后都可以借阅，但只能用档案馆提供的纸张抄录日记。“一般档案是可以影印或使用笔记本电脑输入的，但蒋介石日记例外，不得影印，也不能使用笔记本电脑，这是蒋家的要求。”档案馆工作人员介绍。

研究所的马若孟教授特别强调，胡佛研究所只提供材料，“对于用档案的人是什么立场、他们会写什么文章，我们不会对其有任何限制。不同人来看蒋介石档案，中国大陆、台湾及日本人、美国人等，立场不一样，选取的材料也不一样，这一点研究院完全不介意。”

日记背后的蒋家

1975年4月5日，蒋介石在台北去世后，这部分日记由蒋经国保存。

13 年后，蒋经国去世，蒋氏父子日记继而由蒋经国三子蒋孝勇保存。48 岁的蒋孝勇在 1996 年因癌症去世后，这部分档案则一直由其妻蒋方智怡保存。因为蒋介石日记记载了很多他早期的个人生活经历及内心世界，蒋家人原本并未有公之于众的想法，只是想保存下来。但是很多机构都一直试图说服蒋家能将这些日记公开。

蒋方智怡是当时蒋家唯一活跃于台湾政界的人士，担任国民党中常委，外电称其为“一个力撑家族荣誉的孝顺媳妇”。在蒋家第三代相继早逝后，蒋方智怡成了蒋家政治上的代言人。当时蒋方良仍在世，蒋方智怡与蒋方良、蒋经国长媳徐乃锦都达成共识，最终与胡佛研究所达成协议，同意将蒋介石与蒋经国日记暂存于胡佛研究所，并把蒋介石日记逐年公开。

据杨天石教授透露，当初蒋家在日记究竟开放到哪一年犹豫不决。“蒋家的意见是 1927 年到 1939 年，但我认为 1939 年没有意义，不成段落，我说要么就从 1927 年到 1945 年。”而台湾方面，秦孝仪与“中国国民党党史馆馆长”邵铭煌等人也反复讨论开放时间，秦孝仪曾坚决反对全部开放，据说他曾拍着桌子说：“我们不能做蒋家的罪人！”

可以理解，做出这一举动，对蒋方智怡来说，并不是一个轻松的过程。所以很多学者都对蒋方智怡的最终决定不吝赞美之辞。“蒋方智怡压力很大，毕竟我们讲很容易，但痛痒不在我们身上，从这一点上讲，我真的佩服她的勇气和智慧。她如果有一点点犹豫、担心和害怕，这件事就不可能最终完成。”郭岱君说，“她做了一个非常重大的决定，使中华民族的重要历史资料保存下来，并且开放给学者研究，很了不起。她承担了好几代人的压力，不仅仅是来自蒋家的，还有很多蒋介石和蒋经国身边幕僚后代的关切。”

杨天石教授告诉记者，2005 年他去台北时也曾与蒋方智怡会过面，他对蒋方智怡表示：你们做了一件很正确的事情，“向全世界公布蒋的日记，让世界上具有不同立场和观点的人自由地进行研究、评论，对于中国近代史、现代史的研究会有很大的推动作用。”

蒋方智怡是从2003年开始着手处理这些日记的。“我先生（蒋孝勇）走了之后，我先处理过一段，怎么保存它、不损害它，是一个很大的负担。”在接受本刊采访时，蒋方智怡坦率地说，整理蒋介石日记对她来说是一个有难度之事：“爷爷（蒋介石）每天都会写日记，里面的人物有些是昵称，有些是字号，我们也不清楚指的是谁，要请专家来告诉我们这些人是谁，是怎样一个背景，所以这是一个很长的过程。”

在蒋家与胡佛研究所达成协议后，台湾方面也有一些争议。在接受采访时，蒋方智怡并不愿意回应自己在台湾所遭受的压力问题。她说：“我一直为这些历史文件寻找适当的保存地点，最重要的考量因素是档案保存能力以及学术环境的公正与否。很多学者认为，这些珍贵的史料应该留在台湾，但我希望有一个国际性的、公正性的学术机构，多元化的、多面性的学者来研究。而不仅仅是大陆或台湾的学者来参与。”

身为宋子文弟弟宋子安的儿媳，宋曹琍璇是这世上仅有的几位首先看到蒋介石、蒋经国、宋子文、孔祥熙日记原本的人。原因很简单，蒋家大部分人都在台湾，而其他家族的第二、三代几乎都在美国出生，大多不会中文，有的即使可以看、可以讲，但能看、能讲、又能写的，就只有她一人了。

虽然她比蒋方智怡小两岁，但按辈分，蒋方智怡要喊她“婶婶”。在台湾长大、普通话较好的宋曹琍璇先是作为宋家家属代表，审查过滤先期捐赠于胡佛研究所的宋子文档案。“我原来以为在胡佛研究所只是短时间的帮忙，二三个月就结束了，但这个时候蒋方智怡来找我。”于是，宋曹琍璇又受蒋家委托，在胡佛研究所审阅蒋介石日记。

宋曹琍璇在接受本刊采访时说，刚一接手这个工作，胡佛研究所便向她介绍了几个原则：对原文件不能删，也不能销毁。出现以下几种情况，家属可以做一些处理：第一，涉及个人隐私部分；第二，个人健康问题，比如皮肤病或一些怪病，家属不希望公开的；第三，家属方面的财务问题；第四，对外人不甚友好的批评——比如，蒋介石曾在日记里对某位将军出口不恭，“但他的儿子仍然在世，如果这些评论被公开，他的儿子可能会尴尬”，所以就会将日记上的名字遮掉。但所有过滤掉的东西只是暂时性的，到了 2035 年仍会全部公开，“到了孙子辈可能就不会很介意了”。

在代表家属审阅那些日记的过程中，宋曹琍璇坦承自己经常处于责任与情感交织一起的矛盾心态，她说：“一方面，我赞成史学工作者的立场：希望越透明越好、越多开放越好；另一方面，史学研究者的对象是我亲人，我又在犹豫是否应该有选择地保留一些内容？”

宋曹琍璇很清楚这批日记对于研究蒋氏以及民国史的意义所在：“我知道有几位学者写书写一半都停下来了，担心万一手头的资料与新公布的史料有冲突，不止中国学者，还有外国学者，他们都希望亲自读到第一手的史料。我们家人这些文件，从民国史，甚至世界史的角度讲，都非常重要。我保证从蒋介石日记原稿上暂时保留的东西非常少，如果拿掉多的话，史学家会责备我，我个人十分尊重史学家的期盼。”

日记里的蒋介石

“蒋介石是个很喜欢保存个人历史资料的人。”社科院近代史所研究员杨天石介绍说，20 世纪 30 年代，蒋介石把自己的一部分资料、函电、文稿交给自己的老师兼秘书毛思诚，后者则替他编了一本书出版，这便是《民国十五年前之蒋介石先生》。出版前，毛思诚将蒋的日记分成党务、学行等几类，所以这个版本现在也被称为蒋介石日记的“类抄”本。

1949 年之后，毛家后人将这批资料秘密藏于家中。“文革”开始，毛家首当其冲，红卫兵抄得很仔细，发现了被毛家砌在墙里的这批日记。这样一个“反革命大头目”的东西，自然被红卫兵当作重要战功，送到浙江省革命委员会，后来又送到公安部。万幸的是，这批材料并没有被贸然毁掉，公安部又将材料转至南京中国第二历史档案馆保存。落实政策后，毛思诚之孙毛丁先生将它们捐献给中国第二历史档案馆。

但在当时，这个情况并未公开，学者也不知道有这样一份东西。而杨天石则阴差阳错地发现了这个蒋介石日记类抄本。这对杨天石来说，完全是一个极其幸运的偶然。20 世纪 80 年代，杨天石开始参与编一套中华民国史。“有一次我到二档馆看档案，工作人员调错了一份档案给我，我拿到后一看觉得很意外。”杨天石按照手里的档案编号，试着要了几份相邻编号的档案，结果一调出来，杨天石便判断是那份类抄日记。“其实档案馆的工作人员也不知道他们给我的是什么。”后来杨天石每次去南京，都会去看这些档案。渐渐地，中国第二历史档案馆的人也知道保存于此的是蒋介石的日记。

在两岸交流尚不便利的情况下，这批“偶然之得”为杨天石的蒋介石研究打下重要的基础，但不知出于何种原因，过了若干年，这批蒋的日记连同孙中山档案被一同封存起来。

在杨天石看来，毛思诚的摘抄本比较忠实于蒋的原文，没有大的改动，只是在文字上做些润色——比如蒋介石在日记里骂他的政敌“一批乌龟王八”，毛思诚在摘抄时改成“一批牛鬼蛇神”。

曾任蒋介石秘书的秦孝仪编纂过《“总统”蒋公大事长编初稿》，从蒋介石年轻时一直写到1943年，1927年以后则主要是根据蒋日记摘的。杨天石评价说，这个版本改动得比较大，一是有损蒋形象的，不摘、不抄；二是有时过境迁的话，“比如山东军阀韩复榘，蒋介石对他的第一面印象非常好，在日记里写他是‘国之宝贝’，但后来韩被蒋枪毙，摘抄者绝对不会再摘抄蒋介石当时评价他的话。”

“在胡佛研究所看到的蒋原版日记的好处，在于提供一个没有修改过的，原汁原味的日记。”杨天石说。在看到蒋介石日记原本之前，杨天石的蒋介石研究主要基于“摘抄本”，所以后来应邀赴胡佛研究所第一批开放的蒋日记前，他很担心是否会动摇以前的研究成果，但看完第一批日记之后，杨天石的结论是：“几份蒋日记摘抄本没有严重违背原意之处，而以摘抄本为基础的研究也是站得住脚的。”

走向公众视野的蒋介石日记，对于近代史研究的价值，一直是外界讨论的焦点所在。

“有些攻击我的人，说我使用蒋介石日记是‘蒋干盗书’，质疑这份日记的真实性和可靠性。我认为蒋介石日记是可靠的。”杨天石说，“蒋介石记日记基本有三个目的：一个是记事、备忘，为了若干年后自己回忆；二是为了道德修养；三是为了总结治军、治国、治党的经验，这个前提决定他不能说很多假话。”

蒋介石在早期日记中写了很多个人隐私，那时的蒋介石一方面在上海十里洋场过着浮浪子弟的生活，逛妓院等经历在日记里也有所记载。另一方面作为信仰宋明理学的道学家，他又不停地反省、自责，比如日记里曾有“见艳心动，记过一次”的记载。另外，蒋在日记里骂了好多人，包括胡汉民、戴季陶、孔祥熙等外界认为他最亲密的人，比如称孙科为“阿斗”“总理的不肖子孙”，说他误党误国，“蒋在日记里写，把孙科叫来，大骂，骂得他低头，哑口无言”，“显然，写下这些事情并不是为了给别人看的。”杨天石说。

“但他很清楚，自己的日记将来会被作为历史文献保留下来，作为后人的研究资料，所以他把自己讲得好一点、美一点，慷慨激昂一点，这也是有的。比如孙中山去世时，他在日记里写：我很痛苦，这是国家的重大损失，‘还不如我去死呢’，当然他对孙中山是有感情的，但这种话有些过于具有表演性，就要打上问号。”

1927 年，蒋介石发动四一二政变，“当时蒋本人 9 日离开上海躲到南京，把具体事情交给白崇禧他们，怎么策划、怎么交代给白崇禧，他都没有记载。这种地方他知道，不能给历史留下什么东西，所以很可能有意识地不写”。

大历史有大历史的脉络，而蒋介石日记则可以深入历史细微处，看到那些大历史背后的枝蔓，这些细节也饶有趣味。“在他的日记里也可以看到很多生动的人物关系。”杨天石说。比如在首批开放的日记中，有不少蒋介石与张学良的关系记载，“从他的日记里一天天看下去，可以看到蒋、张的关系已到了如胶似漆的地步。有一天蒋介石与张学良谈话，蒋后来在日记里写：我告诉他，我死后，人事如何如何安排，我不知道张学良听明白了没有。这实际上是暗示要张学良做他的接班人，把领导权交给他”。

在这些纷繁复杂的人事关系中，外界最关心的自然是蒋介石与宋美龄的婚姻关系。“说他们是政治婚姻，我不赞同这个观点。蒋、宋的婚姻是建立在恋爱基础上的，蒋对宋一见倾心。”杨天石说，从蒋的日记可以看出，他加入基督教有一个过程，“他们结婚时，倪桂珍希望他加入基督教，他回答说：我对基督教没有研究，我要先研究再说。蒋介石订婚后，到日本见倪桂珍，蒋写：‘岳母目不转睛地盯着我看，让我很不好意思。’这个老太太显然对这个女婿还是喜欢的。有一次倪桂珍重病，蒋自我反省，说我的岳母这么疼我，我却没有加入，这时他对基督教已下了一定功夫了，有一定好感。另外，孙中山也是基督教徒，诸多因素最终导致蒋介石加入基督教。”“把蒋介石加入基督教仅仅理解为是为了婚姻，这样的理解有些过于狭隘。”

杨天石说，虽然蒋介石日记里对他和宋美龄的记述比较简略，但大体也可以理出他们感情关系的脉络。“‘九一八’之后，蒋介石内外交困，处境艰难。他准备北上，跟日本人拼一场。但他又很清楚，打不过日本，所以临行前他立了遗嘱。宋美龄也表示愿意一起与他北上。蒋介石说：牺牲是我男儿的责任，跟你有什么关系？反对她北上。宋美龄觉得蒋介石看不起她，一怒之下回了上海。第二天，宋美龄又回来了，说：我丈夫正处在非常困难的时候，我不应该离开他，而应该与他共生死。这个情节很生动。作家可以虚构这样的细节，但如果没有蒋介石自己在日记里写的这些话，任何一个历史学家也想象不出来。”

1930年中原大战，蒋介石需要很多战争经费，而宋子文不批，急坏了宋美龄。她对宋子文说：战事到了最紧急时，你不给他钱，他一定要失败；我知道介石的脾气，如果失败他一定要自杀，如果他自杀我也跟着死。她把自己的房产和珠宝抵给宋子文，宋子文很感动，很快筹到了钱。“这都是历史很好的细节，”杨天石说，从中可以看出宋美龄与蒋介石之间的确有真情实感。

作为目前公认的研究蒋介石最权威者，杨天石毫不避讳地承认，从事蒋介石研究目前尚有一些压力，尽管从整体来看，环境已呈宽松之势，“我希望把蒋介石研究尽量还原成学术问题，而不是政治问题。”杨天石也是为数不多的最先到胡佛研究所看蒋介石日记的学者，2006年春，他在胡佛档案馆细读了两个月的蒋介石日记，并决定还要再度前往，“只要我走得动，我还会去斯坦福继续看这批日记，这就是历史科学的魅力。”

蒋介石日记开放的“幕后推手”

如果没有郭岱君，蒋介石日记至今可能仍静静地安放在不为外界所知的一个角落里。在2000年到斯坦福大学胡佛研究所担任研究员之前，郭岱君，这位能干而口才极好的女性，曾担任过台湾“总统府”“总统”新闻秘书、第一局副局长，1997年辞职后，在淡江大学教美国政治。

郭岱君与蒋介石日记的“缘分”，最初起源于与国民党合作保存党史档案。“2000年国民党在台湾失去政权后，胡佛学者觉得国民党曾有过辉煌的一页，它的历史对整个中华民族也是非常重要的。所以当时马若孟教授等就有一个想法，虽然国民党在选举中失败了，但党史保存是刻不容缓的。”

从1894年“兴中会”的创建算起，国民党党史资料已超过一个世纪，很多资料已经受损。郭岱君代表胡佛研究所开始跟国民党接洽，商谈档案保存。当时的国民党主席连战表示赞成，但具体落实，则又费一番时间。“那些国民党高层主管，我跟他们阐明，胡佛研究所只是以微缩方式永久保存，空运机器到台北，一切作业都在国民党党史馆进行，原始档案仍然存在国民党，我们不会挪动它们；另外，以胡佛研究所的国际学术声望，还有专业客观的立场，它会吸引全世界学者，对于彰显国民党的历史地位更有帮助。”

“技术落实是非常复杂的故事，也是非常精彩的故事。”2003年夏天，胡佛研究所终于与国民党达成协议——与国民党党史馆合作，以微缩胶片方式复制保存了国民党1894年到2000年的党史资料，预算将达数百万美元。此举也被中外学者称为“1949年以来中国研究之最大突破”。

“国民党的档案一谈成，我就对自己说，下一个目标就是蒋介石的日记。”郭岱君形容自己此时对保存档案已有“使命感”，“我知道蒋介石日记一直保存在蒋家私人手里，这些东西就在美国，而且我也晓得蒋方智怡女士一直想找一个适当的地方保存这些日记，我们认为胡佛研究所是理想的选择。”

郭岱君很早就听说蒋介石与蒋经国父子的日记都保存在蒋方智怡手中。郭岱君虽然认识蒋方智怡，但并无往来，如果不能取得她的信赖，谈妥日记之事几无可能。而当时郭岱君面临的竞争也很激烈——包括“国史馆”以及若干国际著名学术机构，找蒋方智怡商谈两蒋日记之事的人很多，相比之下，郭岱君没有任何优势。

某一天，一直苦思冥想此事的郭岱君突然灵光一闪，想到了一位合适人选：“我一下子想到，以前荣民总医院的院长彭芳谷先生，他曾是蒋介石及蒋经国的御医；后来蒋孝勇病得很重时，这位彭院长还亲自陪他到过大陆，他与蒋家三代的关系都很好。另外，我和彭院长都是湖南人，我们在台湾时还是京剧票友，他对我一直很好。”

2002年10月，郭岱君见到了赴美探亲的彭芳谷。“我请他来胡佛研究所看宋子文的档案，我对他说明：这些资料对后人了解抗战、了解那段历史，是如何重要。彭院长是一位医生，不怎么懂档案，但他完全理解了我的工作。他说：‘岱君，这个忙我可以帮你，我也应该帮你。’”

2003年，彭院长陪同郭岱君在台北与蒋方智怡会面，第一次两人就谈了三小时。“我很清楚她心里所想的，一是如何找一个合适的场所存放日记，放在她身边毕竟也不是好办法。蒋方智怡也提过，希望有专业、公正的机构来存放，我向她说明这一点胡佛研究所是符合的。第二，我也一再向她介绍，我们不只是保存日记，更会好好地运用它们，鼓励学者来使用它们，举办学术活动，就像我们对宋子文档案所做的那样，宋子文档案开放的积极意义她也非常了解。我想这两点打动了她。”来来往往谈了一年有余，双方已基本达成意向。在正式签约前，蒋方智怡从香港派来了一位律师，想替这批日记估价做保险，并确定合约文字。“律师是香港人，我很担心他对历史文物很多微妙的事情不太了解，如此珍贵的文件如何估价呢？”郭岱君坦言在此之前她隐约有些担心，“我先跟这位律师见了面，我说，这些东西是无价宝，没有任何一个数字能衡量出它的身价。对于胡佛研究所来说，这的确是一个珍贵档案，但并不是世界上最珍贵的东西。对于中国人来讲，这是中国人的血肉，一定要做最好的保存。我希望不要因为一些枝节上的见仁见智，而错过这个历史机遇。”

让郭岱君大大松了一口气的是，律师听了后，立即赞同她的立场，认为最重要的是这些日记找一个合适的地方保存、并好好运用它们。“他很有智慧，一下子就看到了问题的本质。”郭岱君对这位律师称赞有加，她原本以为有好几个硬仗要对付，没想到这么容易就达成了共识。

但在存放形式上，又遇到新问题。对胡佛研究所来说，他们收藏的档案通常都属于“donation”（捐赠）；而蒋方智怡的考虑是，蒋氏父子的档案不能永远流失于国外。郭岱君于是跟档案馆馆长商量该如何处理。当时的档案馆馆长 Elena Danielson 曾做过美国档案协会会长，非常有经验，她提出了“deposit”（暂存）的方式，这在胡佛研究所来说是极少的个例。此举也一下子打消了蒋家的顾虑，蒋方智怡后来在接受采访时也特别提到，感谢胡佛研究所为这批日记做的特别处理方式。

2004 年圣诞节前三天，郭岱君收到了一份特殊礼物：“那天蒋家来电话说：‘你们可以来接收了。’我们特别兴奋。”在蒋方智怡家，郭岱君看到了蒋介石日记的庐山真面目，近百本日记，整整齐齐放在箱子里，但因为年代久远，有的纸已经粘在一起。

郭岱君还经历了一个小插曲。一小部分蒋介石日记存放于加拿大，由一位中国人在替他们保存。因为要根据中文目录点收，研究所决定派郭岱君前去。就在郭岱君启程前，非常有经验的档案馆馆长临时阻止了她，“她说，你去不合适，因为这批日记太重要了，我们不能托运，必须要手提这些档案过关。你是亚裔，过海关时，官员打开你箱子，看到那么多档案，你怎么解释？最好还是派美国人去。”

权衡之下，胡佛研究所决定让派资深的著名中国问题专家马若孟（Ramon Myers）教授赴加拿大执行这一特殊使命，虽然他已年近八旬。“他到加拿大一看，那些日记都放在一个保险库里，他拿到后打电话给我说：岱君，你不知道我现在多兴奋！”自从拿到档案后，马若孟就一直待在房间里，既不吃饭也不出门，生怕有一点点差错，甚至兴奋得整晚都无法入睡。

郭岱君坦承因为促成此事，在台湾面临一些压力。她说：“包括我妈妈都在问，你会不会得罪人？我不会放在心上，我的目的是为后人保存历史，何况这些日记只是‘暂存’胡佛研究所，将来还是要回归故土的。档案是千秋之事，放在历史的大视野来看，那些非议或不解有何好顾虑的呢？”

历史与历史研究之外的“四大家族”

蒋、宋、孔、陈“四大家族”，是一个沿袭很久而深入人心的概念。但在一些历史学者看来，这个政治意味颇浓的说法并不是一个严谨的科学概念。但巧合的是，目前胡佛研究所也聚齐了这部分档案。历史已成为历史，如今，他们已经以另一种方式聚集起来。

光环渐褪的蒋氏家族

除了蒋介石日记外，目前蒋经国的日记也存放在胡佛研究所，蒋经国日记则始于1939年，止于1989年，长达半世纪之久。

按照工作程序，宋曹琍璇会在结束蒋介石日记工作之后，再代表蒋家人审查蒋经国日记。对于这位“小蒋总统”，宋曹琍璇有很多鲜活的记忆：

“我去经国哥哥家里，感觉好像到我小学校长家里，太简单了。吃的东西也很平常，根本没什么大菜。”“因为我了解他后来的生活，所以我看经国哥哥的日记时非常好奇。”

“因为经国哥哥早期的日记要给爸爸看，有些话写得很含蓄。进入他内心世界后，发现真是太奇妙了。平时看他是遥不可及的、高高在上的领导人，但看到他的日记后，才发现他的内心是那么温柔，有时又很忧郁。”蒋经国的日记里曾经记过这样一事：某天他看到外面的阳光太强烈，觉得地里的农民肯定受不了，回到家里看到蒋方良开冷气，于是很生气。宋曹琍璇说，蒋经国的日记大多以记载公务为主，偶尔会写些个人感受，“比如他在日记里写：望着院子里的花开了，他非常想念溪口，想起小时候的故乡。另外，父亲去世后，他有时会觉得一个人担待不了，不禁泪下，觉得辜负了他的期盼”。

自第一代蒋介石，第二代蒋经国、蒋纬国相继逝世后，蒋氏家族曾经的荣耀和光环逐渐褪色。蒋家第三代蒋经国的三个儿子蒋孝文、蒋孝武、蒋孝勇都是英年早逝，留下蒋家政治豪门中最悲伤的一面，也使蒋家从第三代开始，都决定为下一代选择低调的生活。在蒋家第四代，除了蒋孝勇的大儿子蒋友柏，在台湾开公司落地生根娶妻生女外，其他多半仍散落海外。但无论在哪儿，第四代的共同特性都是从事商业或艺术行业，远离政治。2003年蒋孝勇与蒋方智怡之子蒋友柏生下一女儿，成为蒋家的第五代。后来只有蒋方智怡仍活跃在政坛上，成为蒋家政治代言人。但蒋家人在政治上的影响力，几乎烟消云散，曾经权倾一时的蒋家政治王朝也成为历史。

低调的宋氏家族

早在20世纪70年代，宋子文家人就将他的档案，一共58箱，捐给了斯坦福大学胡佛研究所。因为日记里涉及当时仍在世的宋美龄，所以当时规定有19盒不能打开，必须等到宋美龄过世后才能公开。

“近 30 年胡佛也是严守这个协议，完全没有人动过。所以宋家对胡佛研究所的专业是肯定的，包括开放的、未开放的，胡佛研究所都处理得很好。宋家对我们有充分的信任。”郭岱君说。宋美龄去世后，2004 年的 4 月 16 日，宋子文的档案全部公开。

也许是这次合作，使宋家完全建立了对胡佛研究所的信任，不久，胡佛研究所得到了一份意外的惊喜。“2006 年 3 月 12 日，宋家主动告诉我们说，他们还有将近 3000 件的宋子文档案捐出来，这些都是最重要的部分，包括宋子文西安事变时的日记，抗战时与蒋介石的电报、与罗斯福的书信等。”郭岱君说，这些档案原本都保存在宋子文的大女儿家，他的外孙冯英祥亲自将 66 盒文件提过来。

郭岱君说，宋家后代最委屈的是外界怀疑当时担任财政部长的宋子文贪污。这也是其家属决定将宋的财产与遗嘱公开给胡佛研究所的原因之一。在捐出的宋子文档案中，包括宋子文同意美国国务院于 1951 年对美国对华援助有没有被滥用进行听证会，孔祥熙与宋子文回信同意让美国国会调查他的财产的文件。此外，宋子文在近代中国很多重大事件上都有参与。西安事变中，宋子文是第一个去看蒋介石的人，宋子文的西安事变日记让很多看过的学者都认为此日记的真实性很大。

“宋子文的档案我看得很多。看了档案后，感触颇深。抗战时期他住在美国，在中美的经济、军事合作上，他是一个最关键的人物；创立联合国，他也是发起人之一。以中国当时的情况，他能让中国作为 5 个发起国之一，没有宋子文，这是办不到的。”郭岱君评价。

一直笑意盈盈的宋曹琍璇给外界普遍留下颇好的印象，她先是作为宋家代表，在胡佛研究所审查宋子文档案，后来又相继接受蒋家、孔家的委托，继续在胡佛研究所审查档案。此前宋曹琍璇长期在美国做义工，身边的人很少知道她来自那个曾经神秘而庞大的“宋氏王朝”。

从 2003 年宋美龄去世后，宋曹琍璇便开始看宋子文档案，她形容自己一天天看下去，“委屈也越来越多”：“这样一个家族里面，父母将孩子送到美国最好的学校——宋耀如的三个儿子都是哈佛大学毕业的，那时的中国动荡不安，他要求他们全都回国；看宋子文的日记，就知道他是怎样在国家财政捉襟见肘的情况下，制定财政政策，改革税制。宋子文先生忍受了很多误解和委屈，后来一直很沉默，不爱讲话，后来连台湾都不愿去。”

宋耀如与倪桂珍夫妇育有三男三女，宋子文、宋子安、宋子良三兄弟的后代大部分都在美国定居，平时十分低调神秘。宋家第三代人数不多——宋子文有三个女儿，宋子良的女儿已过世，宋子安有两个儿子。宋家后代无人从政，宋家人的行踪也很少被外界所知。

1969 年在去香港参加广东银行开幕当天，62 岁的宋子安因血管爆裂而去世。宋曹琍璇的丈夫宋仲虎是宋子安次子，是蒋介石与宋美龄夫妇很喜欢的下一代。宋仲虎目前在美国做矿泉水生意，宋曹琍璇说自己的丈夫“很低调，不喜欢别人打扰”，所以接待媒体的事情一般由她来出面。

宋曹琍璇坦率地说，长年以来外界关于“四大家族”的各种传闻让宋家很是困扰，“很多传记学者凭想象以讹传讹了很多东西，有些书让我们很尴尬”。宋曹琍璇提到，有一本书说宋氏王朝有 30 亿美金的财产，在她看来这是“缺乏基本的写作道德”。据宋曹琍璇介绍，1950 年孔祥熙与宋子文曾应美国国务院要求公布财产，孔家是 800 万美金，宋家是 500 万美金。

“我和先生有原则：不希望孩子对自己的身份有特殊的感觉。”宋美龄在世时，宋仲虎夫妇每年都会带他们的 5 个孩子到纽约看望宋美龄。“孩子们见到姑婆（宋美龄）很兴奋，因为这个时候什么都可以吃。”宋曹琍璇说，这几个自小在美国长大的孩子，完全对宋氏家族没有概念。

宋美龄去世时，他们一家到纽约奔丧，“孩子们特别不理解，问我：为什么门口有那么多记者？我回答：因为你们几个小孩子很漂亮啊！”慢慢长大后，孩子们有些明白了，对这个家族有另外一部分的认识。宋曹琍璇说，美国的孩子很自我，“出身对他们的生活没什么影响，他们觉得前人的光环是属于他们自己的”。

神秘的孔氏家族

很多学者对于郭岱君的工作能力赞不绝口，其中最重要的例子就是她“居然走进了孔家，居然说服孔家后代把孔祥熙档案捐出来”。

1949 年，国民党在大陆失去政权后，孔祥熙与夫人宋蔼龄便移居美国。多年来，孔家人一直深居简出，与外界保持着距离，这么多年，很少有媒体能走进神秘的孔家。

“孔祥熙的大女儿孔令仪仍在世，我 2004 年去过 3 次，跟他们谈孔祥熙的档案。当时孔令仪的丈夫黄先生还在世。我跟他们讲，国民党的资料在胡佛研究所，蒋、宋的都在，何必让孔祥熙的档案冷落在仓库里？它们已经孤零零地躺在那里 50 年。”郭岱君说，她也用宋子文档案开放的例子，来说服孔令仪，“档案放在家里是死的，开放出去才有意义。宋子文的档案开放后，尤其是后来那 3000 件，大大改变了外界对宋子文的这些印象，他们也看到这些积极的正面的效果。”

孔祥熙的档案存放在纽约一仓库里，一共有 90 多箱，保管得不太好。2006 年 6 月，孔祥熙的日记正式捐给胡佛研究所，但尚未开放。受孔家委托审查这部分档案的，也是宋曹琍璇，因为“孔家第三代只有一个孩子，从小生在美国，他一句中文都不会讲”，宋曹琍璇说整理“两蒋日记”至少还要 5 年至 6 年时间，“我也蛮有压力的”。

孙祥熙与宋蔼龄育有 4 个孩子，孔令仪（女）、孔令侃、孔令伟（女）与孔令杰。以前一直是孔二小姐孔令伟照顾宋美龄，1994 年，孔令伟因直肠癌去世后，孔令仪把照顾小姨宋美龄的责任承担了下来。2003 年，蒋宋孔陈四大家族中的宋美龄去世，孔令仪成了四大家族中最年长的长辈。

孔祥熙曾说过，我在中国大陆丢掉的财产，是我在美国所有的几百倍。据报纸介绍，孔令仪住在纽约曼哈顿区最昂贵的第五大道，与美国前总统肯尼迪夫人杰奎琳住在同一条街上。宋美龄生前在美国住的房子也属于孔家财产，宋美龄去世后，孔令仪以大约 1300 万美金卖掉了这幢房子。

几十年来，孔家子女一直在美国定居，显得十分低调、神秘，除了至亲好友外，他们绝少与其他中国人来往，孔家后代也无人从政。孔家第二代中，只有孔令杰有后代，他娶了一位美国著名女星为妻，其子孔德基成了孔家唯一的第三代。

名不符实的陈氏家族

陈果夫、陈立夫两兄弟被列为四大家族的一员，很多学者认为是“名不符实”，“陈家党是从陈其美开始的，但陈家并没有很大的家族占据国民党各个部门，他们虽然替蒋介石负责国民党内的特务工作，但用的人不都是他们家族的人；另外陈氏派系也没有多少资产”。

陈果夫、陈立夫一生没有多少积蓄，死后并没有留下多少财产，再加上二陈在国民党败退台湾时，就已被蒋介石赶出了国民党的权力中心，因此陈家子弟一直靠自己的努力生活，并没有多少名门望族的感觉。1950 年，陈立夫赴美，为了谋生，在新泽西经营一家养鸡场，其间鸡场被烧过两次、还遭受过鸡瘟，当时孔祥熙、宋子文等都曾去探望他。

国民党元老陈立夫，是浙江吴兴县人，历任国民党中央党部秘书长、组织部长、国民党中央评议委员会主席团主席等职，2001 年 2 月 8 日以 101 岁高龄在台中逝世；而其兄长陈果夫早在 1951 年就因肺癌去世。

陈立夫有 3 个儿子 1 个女儿，而陈果夫只有 1 个女儿，为了让自己哥哥的香火延续下去，陈立夫将自己的大儿子陈泽安过继给了陈果夫。现在陈家自陈立夫、陈果夫算起，已经有了第四代，家族人口众多。

陈家除了陈立夫的小儿子还居住在台湾以外，其他人都在美国生活。在陈家后代中，最出名的恐怕就是二陈共同的儿子陈泽安。他是美国一所大学的教授，同时也是一位国际知名的植物病理学家。陈立夫幼子陈泽宠的妻子林颖曾是台湾著名国学大师林尹的女儿。

陈家子弟在岛内的地位可谓江河日下。岛内还曾有人要拆除陈立夫在台北市的故居。陈立夫的儿媳妇林颖曾虽然一再恳求对方“手下留情”，建议将陈立夫的故居改成陈立夫的文物纪念馆，但最终房子还是被拆除。在拆迁现场，独自抗争的林颖曾只好拿出相机，伤感地拍下照片留念。

蒋经国私人日记将公开，史料价值有多大？

作为蒋介石长子，在权力崛起的路上，蒋经国是否如想象的一帆风顺，理所当然成为接班人？或者，这条权力攀升之路远比外界想象的充满艰辛与挑战？

2019 年 11 月 1 日，美国斯坦福大学胡佛研究所正式对外宣布：将公开蒋经国的私人日记。这将是继 2006 年胡佛档案馆公开蒋介石日记以来，另一件令全球华人与国际学术界瞩目的焦点。

据胡佛档案馆东亚馆藏部主任林孝庭介绍，目前胡佛档案馆藏的蒋经国日记，开始于 1937 年 5 月他从苏联返回中国起，止于 1979 年 12 月底，其中 1948 年日记佚失，1937–1940 年以及 1945–1949 年的日记为誊抄本，其余为蒋经国亲笔原件。

消息的公布也让很多一直关注此事的学者长舒了一口气——了解内情的人都知道，此次蒋经国日记的开放，可谓一波三折，好事多磨。

1975 年 4 月 5 日，蒋介石在台北去世。此后，他的日记由蒋经国保存；1988 年，蒋经国去世，蒋氏父子日记继而由蒋经国三子蒋孝勇保存。据林孝庭介绍，20 世纪 90 年代，蒋孝勇移民加拿大，之后，他陆陆续续将这批日记带到了加拿大。1996 年，48 岁的蒋孝勇又不幸因癌症去世，两蒋的日记继而一直由其妻蒋方智怡保存。

因为蒋介石日记记载了很多他早期的个人生活经历及内心世界，蒋家人原本并未有公之于众的想法，只是想保存下来。但是很多机构都一直试图说服蒋家能将这些日记公开。蒋家第三代相继早逝后，蒋方智怡成了蒋家政治上的代言人。当时蒋方良仍在世，蒋方智怡与蒋方良、蒋经国长媳徐乃锦都达成共识，最终与胡佛研究所达成协议，同意将蒋介石与蒋经国日记暂存（deposit）于胡佛研究所 50 年。自 2006 年起，斯坦福大学胡佛研究所陆续公布了蒋介石日记，这批史料的公布在学界掀起一股研究热潮。

按照当时的计划，蒋介石日记全部开放之后，2010 年会接着开放蒋经国的日记。但这一计划却因两蒋日记的归属权诉讼案而耽搁下来——2010 年，蒋经国的长孙女蒋友梅提出，日记所有权应为蒋经国继承人共有。考虑到日记所有权争议，2013 年 9 月，斯坦福大学在美国提起了两蒋日记所有权的诉讼案，希望借用法律来厘清所有权的归属。

“从提起诉讼到现在，已有 6 年时间。因为蒋孝武和蒋孝勇的后人在 2014 年将所有权权利转给台北‘国史馆’，于是目前有斯坦福大学、‘国史馆’、蒋友梅和蒋孝严这四方留在诉讼案里。”林孝庭介绍说。虽然所有权的诉讼仍然没有结束，但今年夏天，这桩纠缠多年的诉讼终于有了突破性进展，在诉讼案各方的努力协调下，斯坦福大学与台北“国史馆”、蒋友梅女士以及蒋孝严家属达成谅解。简而言之，诉讼归诉讼，但各方同意开放蒋经国日记复本，以供学界使用。

“这桩诉讼案，让我们看到蒋家后人有宽阔的胸襟，愿意让史料还原历史的真貌，帮助学者们透过这部日记重新回顾这段历史。从斯坦福大学的角度，我们非常感谢各方放下既有的成见和彼此之间的既定立场，愿意敞开心胸，以学术的推进为最高目标，同意日记能尽快地公开。”林孝庭真诚地说。至于目前仍在台北进行的两蒋日记归属权诉讼案，他说胡佛研究所将尊重台北法院最后判决结果，并于日后进行必要之协助。

林孝庭说，蒋介石日记自 2006 年开放之后，吸引了海内外的许多学者前去参考、使用，并基于日记的内容，做出新的研究，成果非常丰富。

“在台湾，蒋以往是在神坛上面、被神化的一个政治人物，在大陆这边，是罪人，是战犯。”他说，蒋介石日记的公开，让两岸都回归到人性的角度，客观评价历史人物。

身为宋子文弟弟宋子安的儿媳，宋曹琍璇是这世上仅有的几位首先看到蒋介石、蒋经国、宋子文、孔祥熙日记原本的人。原因很简单，蒋家大部分人都在台湾，而其他家族几乎都在美国出生，中文有的可以看、有的可以讲，但会看、会讲又会写的，就只有她一人了。

在台湾长大、普通话较好的宋曹琍璇先是作为宋家家属代表，审查过滤先期捐赠于此的宋子文档案。宋曹琍璇几年前就蒋介石日记开放接受本刊采访时曾说，刚一接手这个工作，胡佛研究所便向她介绍了几个原则：对原文件不能删，也不能销毁。出现以下几种情况，家属可以做一些处理：

一、涉及个人隐私部分；

二、个人健康问题，比如皮肤病或一些怪病，家属不希望公开的；

三、家属方面的财务问题；

四、对外人不甚友好的批评——比如，蒋介石曾在日记里对某位将军出口不恭，“但他的儿子仍然在世，如果这些评论被公开，他的儿子可能会尴尬”，所以就会将日记上的名字遮掉。

但所有过滤掉的东西只是暂时性的，到了2035年仍会全部公开，“到了孙子辈可能就不会很介意了”。

与蒋介石日记一样，蒋经国的日记亦由宋曹俐璇代理审核，后期蒋孝严也派代表来斯坦福来参与检视这部分档案，“有部分地涉及家属的隐私的部分，我们也参考蒋介石日记的处理办法，进行适度的遮盖。”

蒋经国的日记多大程度上是内心真实的流露与写照，或者说，蒋经国的日记有多大程度的史料价值？林孝庭说，因为日记所涉及的时间跨度长，内容十分庞杂，他目前还没有办法逐页逐页地审读完毕。“看过蒋经国日记的专家和家属对此有不同的解读。”林孝庭说。蒋经国1937年自苏联回国之后，在蒋介石的要求下开始写日记。不仅如此，每年年底，蒋介石还会审阅、批注蒋经国的日记，来观察他的政治修养和修为。

“所以有一部分人认为蒋经国的日记写得蛮刻意的，因为他知道父亲会来审读，这让他不敢说真话；但也有人认为蒋经国在日记里面写了自己的真性情，比如‘中研院’近代史所前任所长黄克武在早年专访里提到，蒋经国先生对于某些人物的批评非常直率。我虽然没有办法完整地阅读蒋经国日记，但我的想法是，即便是蒋经国知道他父亲每年都会看他的日记，在某些比较敏感，重要的事件，他下笔谨慎或有所保留。但你若说如果因为他父亲要看，所以他平时的日记每天都要自己骗自己，隐瞒自己，数十年，每天都是这样说谎，也不尽合理。”

林孝庭又补充说，“数十年来没有间断地写日记，单就这一方面来说，它所呈现的内容，就很值得历史研究者去研究。我们可以窥见，作为重要的政治人物，对于某些重要的议题，他内心究竟是怎么想的。对于过去重大的历史事件，或许也可以提供新的线索。”

据林孝庭介绍，蒋经国日记年份以 1949 年为界，之前涵盖 1930 年代至 1940 年代大陆时期其在赣南担任行政专员的经历；1945 年抗战结束前后他参与国民政府与苏联之间的交涉谈判、战后协助接收中国东北的艰巨过程；以及国共内战晚期政局动荡风雨飘摇之中，他追随父亲蒋介石的惨淡经验；1949 年赴台后，蒋经国开始主导国安、情报与军队政治工作，并被赋予重要政治角色，从 1970 年代起，他在“行政院长”与“总统”任内面临的各项内外艰巨挑战，其日记里都有详细记载。

而这个历史时期，作为一名学者，林孝庭期待从蒋经国日记里获得的最关心的议题包括：作为蒋介石长子，在权力崛起的路上，蒋经国是否如想象的一帆风顺，理所当然成为接班人；或者，这条权力攀升之路远比外界想象的充满艰辛与挑战？

“50 年代，蒋经国奉父亲之命，来整顿国安、情报与政治工作，所以很多人认为，他应该为台湾的白色恐怖承担历史责任。我也想等日记公开之后，来看看他究竟内心怎么想的？这些任务是他真心希望推动的，还是在一种不得已的情况下接受的这些工作？他又是如何认知白色恐怖这种威权统治的？”林孝庭说。

在这段历史时期，最有影响的事件便是“孙立人案”。林孝庭说，目前外界通常的看法认为，蒋氏父子忌惮背后有美国人支持的孙立人，于是罗织“兵变”罪名，在1955年将孙立人软禁。“当时蒋经国在军队里推动政治工作，遭到孙立人的坚决反对，两人关系很僵。我好奇的是，蒋经国明明知道孙立人有美国人的支持，如果他还是想尽办法把孙扳倒，难道他没有考虑过后果吗？因为蒋经国有曾经留苏的经历，又娶了俄国老婆，他并没有完全得到国民党人士的信任，美国对他更加不信任。他不晓得把孙立人扳倒之后，会面对海内外包括国民党内外对他的不利批评和反击吗？他不顾忌政敌会利用孙立人案来攻击自己吗？……我很想从他日记里抽丝剥茧了解这些情况。”

到了20世纪70年代，蒋经国渐渐掌权，而此时的台湾当局对内对外皆面临巨大挑战。“作为台湾地区领导人和决策者，国际和岛内民主化运动的挑战，蒋经国是如何认知这个问题的？整个70年代，他对开启政治本土化，栽培包括李登辉在内的岛内政治人物，是如何思考的？他有更长远的想法，还是面临种种挑战，做出政治上的决策或姿态……蒋经国内心真实的想法是我想了解的。”

对林孝庭来说，另一个让他有兴趣的点是，随着包括美国方面以及台湾岛内越来越多的史料被公开，实际上已经证实了1949年之后，两岸的交流一直没有断过，相反，一直在通过第三方管道秘密来往。“我想了解，蒋经国在其中扮演了什么样的角色？”林孝庭说，当时西方舆论非常关注两岸之间会不会有第三次国共合作。“此时正处于冷战时期，美国总统艾森豪威尔没有理由容忍两岸有实际性的接触，蒋经国也被美国批评为幕后接触的推手。我想看看在他日记里有没有这方面的蛛丝马迹，如果与蒋经国没有关系的话，他对这些‘谣传’持什么看法？这些都是非常值得我们进一步去挖掘和思考的议题。”

不过遗憾的是，蒋经国的日记只写到了1979年12月底。1980年年初，蒋经国动了一个手术，1982年又进行了视网膜手术。愈来愈恶化的健康状况，最终导致他决定停笔、不再记日记。

“从他停止写日记到去世，还有 8 年时间。这 8 年有很多重大事件，还有一些重大的谜团，很遗憾无法从蒋经国的回忆里找到答案。比如林义雄灭门血案，陈文成命案，以及 1984 年的江南案。这期间有很多未解的政治案，很可惜的是，我们没有办法从蒋经国日记里找到他第一手的想法。”

而蒋经国生命最后阶段的一些政治选择，其背后的思考与原因，也永远成了一个谜。比如，1984 年为什么选择李登辉担任副手，1986 年为什么毅然同意党外势力组成民进党，并开放党禁，同意两岸大幅度交流与探亲等等。遗憾的是，很多发生在 20 世纪 80 年代的重大事件，在蒋经国的日记里无迹可寻。

相信对大多数历史爱好者来说，还期待着从蒋经国日记里看到一桩“历史八卦”的答案——那就 20 世纪 30 年代，蒋经国在赣南担任行政专员时，与章亚若的一段恋情。“这段感情早已不是秘密，章家孩子也认祖归宗了。我相信还是很多人对于蒋经国与章亚若交往的具体情况，能否找出来两人当时的互动，还是非常好奇的，这也是蛮有趣的部分，也许能从他的日记里找出蛛丝马迹。”

12 月 17 日，胡佛研究所将举办蒋经国日记发布会，除将邀请重量级学者讨论蒋经国的政治生涯之外，还将展示部分日记原件内容。但因为胡佛档案馆仍处于闭馆状态，所以，历史学家和历史爱好者们得暂时按捺住自己的好奇心。

不过，可以想见的是，明年 2 月胡佛研究所重新开放，而随之揭开面纱的蒋经国日记将成为又一轮研究热潮的焦点所在。

1945年8月29日，美国总统杜鲁门在白宫会见宋美龄

1950年，宋美龄在纽约向美国民众发表告别演说

20世纪40年代的宋美龄

台北宋美龄灵堂

宋美龄

宋美龄与蒋介石的合影（1940年摄于台北）

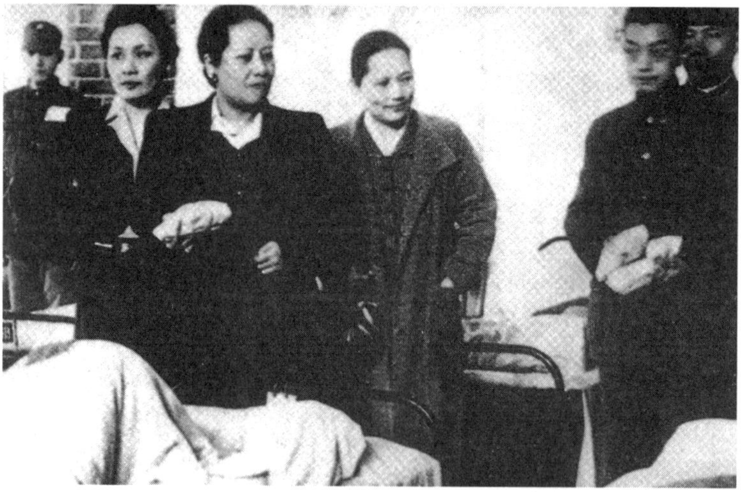

宋蔼龄（左三）、宋庆龄（左四）和宋美龄（左二）在重庆第5陆军医院慰问伤病员

百年宋美龄

西方雕琢的东方美人

著名美国影片《罗马假日》中有这样一个情节，当由格利高利·派克扮演的摄影记者在接到要采访某位重要外宾的任务时，报社同事们首先猜想的便是那个东方美人宋美龄，可见宋在20世纪40年代的美国确是一个有口皆碑的人物。

宋美龄的美是公认的，但在宋氏三姐妹中谁最漂亮却一直存有争议。“飞虎将军”陈纳德的遗孀、曾见过这三个姐妹的陈香梅女士通过越洋电话对记者断言，宋美龄是“三姐妹中最漂亮的。她本人漂亮，皮肤好，打扮得很得体，有种雍容华贵的气质”。

“旗袍是她一生的代表。”据曾在蒋氏父子身边工作43年的翁元说，“当时的官太太并不是送贵重宝物、首饰，为了讨好她，生日、圣诞节都会送布料给她。”为宋美龄做旗袍的裁缝是她从大陆带去的，“从抗战时期一直做到去世”，“死前最后一天还在做一件新旗袍”。

曾出任台湾“驻纽约新闻处主任”的陆以正对宋美龄的旗袍装印象也极为深刻。“我从没见到她穿旗袍以外的衣服。”“她非常保守，绝对没有一件旗袍开衩在膝盖以上。”

但对宋美龄的美评价更多的还是她的气质与风度。陆以正说，其实，宋并“不是那种明艳照人的美人，不是男人见了有惊艳之感、一定要追求的那种女人。现在看她年轻时候的照片很顽皮的样子，后来的美是内在的一种气质，是学不来的一种雍容华贵”。陆先生回忆说，1966 年，宋美龄的美国之行结束后离开时，专机滑行到跑道准备起飞，突然又滑行回来，原来是宋美龄忘了向保护她的美方特勤人员致谢道别，特地让飞机折回。“那些人都很感动，说她是真正的 Lady。”

著名历史学家，曾为顾维钧、胡适、李宗仁等人撰写口述史的唐德刚先生在接受专访时，谈到他 60 年代去台湾参加一个学术会议，受到蒋介石夫妇接见。据他回忆，彼时已近 70 岁的宋美龄“没有一根白发，也许是染过的，皮肤一点不皱，一身旗袍很熨帖，满口吴侬软语，打扮得比我太太年轻”。为了给李宗仁写回忆录，唐德刚吃了李夫人郭德洁“160 多顿饭”，唐德刚忍不住拿郭德洁跟宋美龄做比较，“郭德洁也是南方人，很漂亮，跟宋美龄是拜把夫人，但她跟很洋化的宋美龄没法比”。

唐德刚在张学良那里看到宋美龄写给他的所有信件，“都是用英文写的，她中文差一些，不会用中文写文章”。近百封信中，只有在提到张学良时，才出现两个汉字——“汉卿”。

时年 80 岁的陆以正老先生，先后在国外生活了 35 年，当时刚刚在台湾地区出版了一本简明英文字典，英语水准很高。他说：“她写的演讲稿，每页必有一两个词是我不认识的。她的英文经常用很罕见的字，某些词美国人都未必知晓。”陆以正说，与宋美龄聊天，基本上是英语和上海话交替使用。

唐德刚对宋美龄的最终评价是：“一半是基督徒，一半是中国传统官僚的太太。”“她的一句口头禅是‘我要办你’，这不像从一个受西方教育的人口里说出来的。她这样说，完全是一个官宦子弟的口气，但她又是虔诚的基督徒，从宋美龄身上也可以看出这种矛盾性。”

玫瑰与权杖的结合

1927 年 12 月 1 日，40 岁的蒋介石娶到宋美龄，有人形容为“玫瑰与权杖的结合”。曾强烈反对宋美龄与蒋介石结婚的宋庆龄，1940 年在香港时，曾对美国记者斯诺说过一句颇为公允的话，她说，蒋介石和宋美龄的婚姻，“一开始并无爱情可言，不过我想他们现在已有了爱情，美龄真心诚意地爱蒋，蒋也真心诚意地爱她。如果没有美龄，蒋会变得更糟糕”。

其实，宋美龄加入到权力中心，与他们的夫妻感情以及宋本人的才智也的确是分不开的。宋美龄后来曾回忆，蒋介石在西安被张学良囚禁时，某日清晨，当宋美龄赶到西安看他时，“他惊诧得以为我是一个幻影。”“在他稍微安定之后，他给我看那天早晨他所读的经句中的一句：‘耶和华在地上造了一件事，就是女子护卫男子。’”这个细节是后来许多传记或文章颇费笔墨描写的一点。

“宋美龄去西安的时候带了把枪，很有烈士姿态。当时，她对身边人说，‘如果有人对我无礼，就请打死我。’”但在史学家唐德刚看来，宋美龄西安之行未必有那么强烈的“悲壮”意味，因为宋美龄对局势已经有了相当的把握。唐教授说，张学良领导的东北军“10 万人的薪饷都在南方政府手里，再拖两个星期，吃饭都成问题。时间久了，东北军可能造反，对此她有相当的把握”。除此之外，唐德刚也透露，张学良也有很大一笔私人财产在宋子文手里，这些都是宋美龄处理此事的砝码。宋美龄与张学良深厚的友情背后，也是张学良与宋家的经济关系。据唐德刚说，张学良与赵四的两个儿子都送到宋子文那儿抚养，“一切都由宋子文管”。

在这个过程中，宋美龄对蒋介石的影响毋庸置疑。回顾早期历史，不少人认为，正是宋美龄对美国的熟悉与了解及其在国际社会的周旋，才使得蒋介石得以被邀参加 1943 年有罗斯福、丘吉尔等巨头参加的开罗会议。反之，“宋美龄凭借丈夫的地位，更大程度地发挥了才华，所以说他们俩是互相依靠、一半一半吧。”与宋美龄比较熟悉的陈香梅女士做了这样评价。

唐德刚以历史学者的角度解读这对夫妻：“蒋介石本来就是上海小开，眼睛不往下看，没有看到占 90% 人口的中国农民的问题。北伐时期，他还口口声声要解决农民问题，后来受宋美龄影响，他更忽视、更不理解中国的底层。这也是他后来为什么失败的原因之一。”

权力中心的第一夫人

除了宋美龄的特殊背景和才华，她的尽心尽力也成就了她在权力架构中的位置。1943 年宋在美国国会的著名演讲就是经过精心准备的。1942 年 11 月，宋美龄起程赴美。在陆以正看来，这次美国之行的艰辛是非现代人所能理解的：“当时只能绕过‘驼峰’，却没有夜航设备。但是为了躲过日本人，只能在夜里飞。从重庆到美国的佛罗里达州，一共飞了 8 天，哪像现在十几个小时就可以到了。”这些对患有皮肤病的宋美龄无疑是痛苦的。一到纽约，宋美龄就住进了医院，两个半月才治好。

出院后，罗斯福夫妇请她去自己的老家海德公园镇小住。宋美龄就利用在此的 6 天时间准备了日后那场著名演说。据说，她力求完美，稿件改动多达七八遍，让身边的打字小姐不胜其烦。1964—1965 年宋美龄访美期间对演讲的准备也是如此。陆以正回忆说，早年的美国当时的手写纸是黄色的，比现在的 A4 纸要长，上面印了横格。“她的稿子自己写，然后就在我的办公室里打印。”

宋美龄对空军事业的参与也相当投入。1937 年，宋美龄出任航空委员会秘书长，虽然次年便因身体健康问题而辞职，但这是宋美龄“最骄傲的历史”，她一直亲昵地说：“我的空军。”在陆以正印象中，宋美龄在美国出席宴会时，只戴一枚空军的胸针，“也不是白金或其他什么名贵的材料，是最普通的那种。”1986 年，在蒋介石百岁冥诞纪念会上，宋美龄仍佩戴着这枚徽章。

除订购了 2000 万美元的产品外，当年的宋美龄希望能找到帮助提高飞行员训练水平的人选，经人推荐找到了一位 47 岁的老飞行员——这便是宋美龄与“飞虎将军”陈纳德结缘的开始。1937 年，陈纳德第一次见到了宋美龄。据说陈纳德在见到他的上司——任航空委员会秘书长的宋美龄第一面后，就在日记中记下这样的文字：“她使我无法恢复常态，从那天起，她将永远是我的公主。”陈纳德夫人陈香梅女士后来在采访中证实了这一点。

“陈纳德当时在美国航空界已非常有名，当时苏联曾以1000美元的薪水相邀，这在当时是陈纳德在美国薪水的3倍。受宋美龄邀请他来到中国，本来只准备待3个月，但赶上卢沟桥事变，他决定留在中国，所以宋美龄对他十分感激。”1939年，陈纳德招募了200多位美国志愿兵到中国，“因为美、日此时尚未开战，这200位志愿兵护照上的身份五花八门，音乐家、学生、银行家都有”，而陈纳德来中国的护照上则写的“务农”。

1947年，陈纳德与年轻的女记者陈香梅结婚，“宋美龄派外交部长叶公超参加了我们的婚礼，他们特地送了景德镇花瓶作纪念。”

陈纳德后来虽然升为三星中将，但宋美龄一直称他在领导飞虎队时的官阶上校。1958年夏，宋美龄再度访美，在密执安大学演讲完毕，她赶往新奥尔良，一下飞机，就直往医院探望陈纳德。宋美龄还带来了蒋介石致陈纳德的亲笔信，陈香梅女士在接受采访时还回忆，患了肺癌的陈纳德，当时癌细胞已发展到喉部，不能说话，只能笔谈。宋美龄很体贴，她幽默地告诉陈纳德：“你平时说得太多了，今天你不要说，让我来说。”10天后，陈纳德离世，宋美龄又参加了他的葬礼。“宋美龄很有人情味，对帮助过她的人念念不忘。”

宋美龄以“第一夫人”的身份，一直参与着社会福利工作。在台湾，她成立了“华兴育幼院”，其前身是“国民革命军遗族学校”，她对这个学校倾注了相当大的心力。“她很忙，但只要她在台湾，每个星期至少去两三次。她去厕所看是否打扫干净，去厨房看碗筷是否洗干净，还会戴上白手套去摸纱窗，看是否有灰尘。”年过半百的陈念萱曾在华兴育幼院就读，“我们把地板擦得雪亮，衣服折得笔直，厕所干净得可以坐在地上看书。”

在学校这个远离政治的一隅，孩子们感受到的蒋氏夫妇更像是一对普通老者。某些场合，比如过圣诞节，蒋介石会陪着宋美龄一同到华兴学校看孩子们表演。“他们不是坐着车进校园，一定要在门口停车自己走进来。他们手牵着手，很亲密和愉快的样子。演出时，夫人喜欢和蒋公咬耳朵，你看到他们的相处，就知道这是很难装出来的。”陈念萱告诉记者。

荣光后的孤寂晚年

宋美龄的昔日荣光多多少少与《时代》发行人亨利·卢斯有点偶然联系。1942 年，罗斯福两次写亲笔信，请宋美龄去美国演讲。《时代》发行人亨利·卢斯劝蒋介石，“你让她去一次，比 30 个师都有用。”这次演讲是宋美龄在国际舞台上的巅峰时刻，宋美龄在国际传媒的风头一直到 1967 年，卢斯因冠心病死在浴室里才结束。

晚年的宋美龄远离政治中心，特别是由于台湾地区政坛的变化，已经很难听到昔日的掌声如潮，常伴身边左右的只有家人和内侍。没有子嗣的宋美龄与大姐宋蔼龄的子女感情很好，形同己出。宋美龄去世前，照顾她的便是孔家长女孔令仪与其夫婿。而比宋美龄小 20 岁的孔令侃，“无论她在哪儿演说，他总在身旁陪着，她几乎把他当成儿子。”与孔令侃很熟络的陆以正说，孔二小姐孔令伟是宋美龄“从小抱大的”，“特别疼她。”据台湾媒体报道，1994 年，宋美龄以 97 岁高龄飞行 17 小时自美抵台，只为探视因患直肠癌而生命垂危的、75 岁的外甥女孔二小姐。

陈念萱自 1998 年开始，连续 5 年赴纽约给宋美龄祝寿。她说：“她的意识一直很清醒，视力也好，只是耳朵有些听不到，我们要大声跟她说话。”为宋美龄过 98 岁生日时，陈念萱注意到老人是自己走下楼梯的，“健康蛮好的，也没有老人病。”“房子很旧，虽然看得出当年很好。家里非常简单，看的是一台小小的黑白电视。”学校董事会出面送了老人一台彩电，“很难想象，98 岁的老人第一次拥有彩色电视机。”

陈念萱说，宋美龄每天的生活就是读《圣经》，间或弹钢琴。后来校友会出面送她一台电子琴，因为对这位百岁老人来说，或许踩钢琴的这点力气都对她是个挑战。“她收到后特别高兴，说，‘你们怎么知道我一直想有个电子琴呢。’”

到了103岁生日的时候，“她不太爱讲话”，“唯一能用力讲出的话，就是‘谢谢侬’”。“大家的话题也从来不谈政治”，她看到人群中有一个小孩子，特别高兴，叫孩子过来，“让我抱抱”，小孩子听不懂英文和上海话，怯怯地不敢上前，“虽然之前侍卫官和医生、护士都不让我们接近她，但我想她已经103岁了，不管三七二十一，我问她，我可不可以抱抱你。她特别高兴，说‘You are a good girl’，我上前抱了她。”“她也过得很辛苦，她说过自己不明白上帝为什么让她活得这么久。”

陈念萱特别注意到，在宋美龄所居公寓楼下，有从台湾“国安”系统来的警卫。“夫人见客的时候他们出现，不见客的时候也看不到他们，我想可能也有监视的意思吧，看都有哪些人跟她来往。”陈念萱推测说。她曾跟其中一位警卫交谈，得知这些人“每年一轮流，不允许跟宋家有密切的接触，可能是担心接触长了有感情吧”。

“有人说她最后是黯然离台，我说‘不是’，她已看淡了一些事情。”陆以正说。至于有猜测说，家人怕她伤心，一直未告知国民党已下台的事情，陆以正表示否认，“知道还是会知道的。”“很多人找我，说想写本规规矩矩的蒋宋传记，我把这些请求如实转达过去，但都如石沉大海。”“她知道的事情太多，让历史回归历史吧！”

附文 1　“皮尔逊日记风波”

〔1974 年，美国出版的《皮尔逊日记》一书披露了宋美龄当年的一桩“绯闻”，称 1942 年，以罗斯福总统特使名义访问重庆的威尔基(Willkie)与宋美龄有染。蒋介石盛怒之下，带宪兵到南岸官邸去捉奸，并无所获。威尔基临行去向蒋夫人辞行，闭门 20 分钟才出来等。这段“绯闻”出现在很多蒋介石、宋美龄夫妇的传记中，被当成正史来写。陆以正先生在美国任“新闻处长”期间，亲自参与了对此事的处理。以下是他对“皮尔逊日记风波”的讲述。〕

德鲁·皮尔逊（Drew Pearson）是美国 20 世纪四五十年代以写八卦新闻而出名的专栏作家。全盛时期，全美有 800 多家报纸登他的专栏，除此之外，他每周还在全国广播网主持 15 分钟的脱口秀。杜鲁门总统曾不客气地骂他“son of a bitch”，他反而引以为傲，以此为自我宣传的材料。

皮尔逊非常有名，可是哪有那么多的资料可报呢？以他名气之大，自有人给他提供。他雇人帮忙，能够写的放在专栏里，稍差的编入脱口秀，太难以置信的事他不舍得丢，或写进日记，或把纸片夹在日记本里。

皮尔逊有过一段婚外情，生了儿子，后来与那位女士结了婚，正式认了跟随母姓的儿子。儿子叫艾贝尔（Tyler Abell），后来做到美国国务院礼宾司司长的位子。为了感谢已去世的生父，1974 年，艾贝尔整理了他父亲最后 10 年的日记，书名叫《皮尔逊日记》（Drew Pearson Diaries，1949—1959），计划分上、中、下三册出版。

上册先出版，提到了所谓“一夜情”的事情。其实里面有许多荒唐的事情，比如书上标明是写从 1949 年到 1959 年的事，怎么会加了一段 1942 年的东西进去呢？所以那艾贝尔也是糊里糊涂的。

因为皮尔逊的名气实在太大，这本书仍被每月评书会（Book-of-the-Month Club）列为当月副选（alternate selection）。全美十几万订户都收到了印有威尔基和宋美龄的照片的书评，下面写的是“A hasty liaison”（匆匆一夜情）的字样。有好事的美国老太太，把书讯直接寄给了蒋夫人。

此时蒋介石已发过一次心脏病，不大过问事情，蒋经国在处理政务，他每晚到士林官邸陪父母晚餐。那天晚上，宋美龄收到文章后大发雷霆。蒋经国一言不发，让人赶紧把我找回来。我匆匆赶回台北见了蒋经国，他问我怎么回事，我猜是此事，于是拿出《皮尔逊日记》，把事情讲给他听，蒋经国叹了口气，没说什么。

第二天一早我见到蒋夫人，她的火更大了。她叫我赶快回去，在《纽约时报》《华盛顿邮报》《洛杉矶时报》等十大报纸登全页广告，否认这件事，说她宋美龄没有偷人！她问我什么时候回去，说自己亲自起草稿件，要我拿到全文后立即返美照办，不得延迟。从她那儿出来之后我跟蒋经国说不能这样，照她的办等于替这本书做广告，帮他多卖10万份，又成了全世界的笑柄。

宋美龄先写了一页稿，又拿回去重写，改了又改到第三天终于定稿，然后让我到官邸亲手交给我。然后写了一份授权书，写"要陆以正全权代理提起诉讼"。出来后我马上联络蒋经国，但他办公室主任说，蒋经国已知道了，我问那何时见面呢？办公室主任回答是蒋经国没表态。我马上明白了：蒋经国也比较为难。他虽是"行政院长"，但毕竟还是儿子，同意吧，那成了全世界的笑柄，不同意的话，那又违抗了母命，所以可能干脆避而不见。

回纽约后，这件事我拖了一年半。每天一封电报向宋美龄汇报进展。我委托哥大的学者，到斯坦福大学的胡佛研究所，寻找当年的一手资料。那位学者很认真地看完了史迪威将军的日记，史迪威痛恨蒋氏夫妇，如果真有皮尔逊所写之事，他日记里一定会有。但在日记里没发现这一段。然后我又查代表团当年的行程，每天的日程如何、威尔基住在哪儿、蒋夫人在哪里等。

我查到了当年跟随威尔基的两位随员，但也都不在了；我又查当时美国报纸，找到陪同威尔基访华的记者名单，还有两位有下落，其中一位叫考尔斯（Gardner Cowles），就是后来创办了LOOK的人。

我去见考尔斯，他没想到事隔30年，还有人记得他战时去过重庆，所以还挺高兴的。我问他《皮尔逊日记》所提的故事是否正确，他大笑说："不可能，绝对没有！"我让他写封信，以当年陪伴威尔基访华记者的身份，说明绝无此事，他爽快地答应照办了。

原来出版日记的是一个中等规模的出版公司，后来被 CBS（哥伦比亚广播公司）收购，CBS 牛气冲天，而且完全是自由派风格。我找了一位律师提出交涉，碰了一鼻子灰回来，谁敢跟 CBS 打官司？

我后来找到纽约一个最好的、最厉害的律师叫艾伯仑。他当时的律师费为 2 万美元，等于我一年半的薪水。我们委托艾伯仑律师在纽约州最高法院提起民事诉讼，要求出版公司与艾贝尔赔偿名誉损失 300 万美元。直到收到诉讼状，CBS 及出版公司才知道我们当了真。后来听说他们花了 3 万美元请了律师。

我们状子递进去一年半左右，双方律师斗来斗去，最后和解。但和解有三个条件：一、对方公开道歉；二、承诺在再版时，将这些文字删去；三、双方律师各自负担律师费，但诉讼费、送达费、存证信函费等 700 多美元由 CBS 负担，这更多的是象征性的赔偿。CBS 与出版公司经此教训，不但日记的上卷从未再版，中下两册也胎死腹中。

附文 2　我所知道的蒋氏夫妇

（翁元，1930 年出生于浙江省寿昌县，1946 年报考国民政府军事委员会卫士。随蒋介石败退台湾后，先后担任蒋介石内勤侍卫、贴身侍从副官；1975 年蒋介石去世后，又任蒋经国贴身侍从副官，直到 1988 年 1 月 13 日蒋经国去世后退休。他为蒋家服务 40 多年，见证了蒋家在台湾由强势到衰微的历史。）

李菁：您在蒋家待了这么多年，您眼中的宋美龄是什么样子？

翁元：夫人当然（宋美龄）还是雍容华贵的，有贵族气质。后来做了内务工作之后，发现她的外表跟实际生活还是有差别。怎么说呢？在外面，她在抗战时期到美国演讲，她的英文表达和气质都完全征服了美国人。在外面，她是代表政治和“蒋夫人”形象。在官邸里，她扮演的是一位政治家的“女主人”的角色。她没有公务，其实就像我们讲的“不过是家庭主妇”。当然，她不同于一般的家庭主妇，有很多人侍候她。

李菁：蒋介石与宋美龄夫妇的生活习惯相同吗？有没有什么矛盾？

翁元：蒋公早年在日本受士官教育，日本和德国的士官教育都是非常严格，所以他完全是很早形成的军中生活习惯，到了老年也没有改变。晚上 10 点以前，他一定要休息，宋美龄是夜里一两点钟才睡，一直睡到第二天中午（注：有报道说，每天清晨蒋介石起床时，总是拿着一支钢笔手电筒，蹑手蹑脚地摸进盥洗室，不想吵醒入睡才两三个小时的宋美龄）。其实她八九点钟就醒了，躺在床上，有人进来给按摩。她在 1969 年(注:时年 7 月，蒋介石与宋美龄在外出避暑时发生车祸，蒋介石后来说，这次车祸之后，“我的身体受到很大影响，不但腿不行了，身体也不行了”。而宋美龄的腿部也受到相当严重的创伤，每到冬天，她的双腿都会感到不适）出了车祸后，几乎有护士 24 小时跟着她。她们轮班，一个白天、一个晚上，平时没事，等她醒了之后给她按摩疏通血液，我想这也对她后来的长寿有好处。她自己平时在官邸，没有客人时就穿睡衣，顶多外面再加一个长袍，洗手间里有秤，她随时会看体重有没有什么变化。

她看的报纸、杂志都是英文的。女人嘛，都爱美，她平时吃东西都会计算一下热量。早餐是吃一两片吐司，中国人相信燕窝是补身体的，她每天都会吃一小碗冰糖燕窝。

李菁：宋美龄很注意自己的形象，您见过没化妆的她吗？

翁元：她起床之后的第一件事是化妆，我从来没见过美容师或化妆师来过，都是她自己亲手化的。她喜欢把头发盘在脑后，其实那时传统女性都是用一个假的发髻，然后把头发梳进去，她也一样。晚上睡觉时，她的房间是完全没有灯光的，中间还加了双层厚布，完全不透光，只有床头柜上有小灯。有一天我当班——每个班是24小时，从早上8点一直到第二天早上8点，所有的事情都一个人负责。晚上我蹲在那儿侍候蒋公，等他脱衣入睡。小灯下看见有个影子，我转头一看，怎么好像鬼魅一样，吓了我一大跳。原来是卸了妆的宋美龄，那天晚上她没有应酬，把头发披下来。可能是长年化妆，皮肤也受到影响。可能跟她的人看习惯了，但我是“总统”的侍从，很少见到她卸妆的时候。她穿着睡衣睡裤走过来，没什么声响。没化妆的和化了妆的她，相差很远。我后来也在一篇文章里提过这个细节，很多长官说“你不应该丑化她”，我没有丑化她的意思，只是当时一下子反应不过来，有点吓着了，这是我的直觉。

李菁：宋美龄和你们这些服务人员的关系怎么样？大家怕她吗？

翁元：我们对蒋公有点害怕，对夫人不是特别接近，但至少她的权威感还是有的。她对下人其实蛮亲和的，原来在上海公馆里的人跟她到台湾以后，她都会给很好的安排，也是蛮念旧的。只要知道哪个人到台湾后过得不太好，她都会找回来，帮忙找工作，扫扫地啦、跑上跑下拿点薪水。作为夫人，她可能比较细致一些，蒋公就没有这样。好就好，不好就走，反正有的是人。

李菁：蒋氏夫妇晚年的生活怎样？感情是否融洽？

翁元：他原来信佛教，跟着夫人改信基督教之后，我感觉还是非常真诚的。他书房里有个耶稣像，一直以来，他每天早上一定看《圣经》。50年代的时候，夫妻俩每天在圣母像面前祷告，年纪大了以后次数减少了，但每个星期一定要一起去参加礼拜。我们内勤是进不了教堂的，去的也是些安全人员。教堂就在官邸内，其实也不大。蒋经国也信教，但很少看到他去做礼拜，蒋家人吃饭前一定要做祷告。蒋孝武不信基督教而信佛教，吃饭时，你们闭着眼祷告我吃我的饭——这很有意思，也说明他们家宗教信仰自由吧！

要说蒋氏夫妇的感情，我觉得只有4个字可形容：相敬如宾。大家客客气气，我从来没见到脸红脖子粗的时候，最多是冷处理，当然是双方都互让。蒋公年轻时候脾气很大，蒋公真正发起脾气的话，蒋夫人还是会怕的。我在旁边观察了几次，有时我们做什么事情其实都是依蒋夫人指示去做的，但蒋先生骂我们不骂夫人，夫人看到后掉头就走，或者摆手让我们退下，不要在他眼前晃，让他慢慢消气。他们其实也没太大矛盾，两个人除了中饭、晚饭在一起吃外，交集的时间并不多，也不容易起冲突。傍晚，夫人陪蒋公坐着汽车到附近淡水、阳明山等几条路线散步。

蒋公喜欢看古装历史剧，比如《秦香莲》《赵氏孤儿》之类的，总之是讲忠孝礼义道理的那种电影。专门有一个放映的小组，在客厅放。他眼睛不太好，一般只看一个小时，一个电影他分成两三次看。他看的香港片子比较多，邵氏公司的，他最喜欢的是李丽华和严俊两位演员。夫人不习惯看中文电影，和蒋公一起看电影，完全是“陪太子读书”。她好像觉得那些中文电影很落后。跟蒋公看完后，她让放映组改放美国片，这些片子都是从电视公司拿来的原版，这才是她真正喜欢的。

李菁：听说宋美龄的画画得很好，你见过她画吗？

翁元：她的老师主要有两个：黄君璧和郑曼青。郑曼青后来没怎么教，黄君璧以山水画见长，她受黄君璧的影响比较大，现在留下的很多作品都是山水画。她学画时，是把画板直立起来，站在那儿就画。她原来完全是外行，学到真本领后不需要老师了，开始请摄影官到外面拍照，用照片临摹。在这方面她的确有天分。蒋公蛮欣赏的，闲暇时会过去看她作画，非常专注。办公室、家里都有她的国画。记得黄君璧过生日时，她亲自送了幅山水画，特别请蒋公题字，好像写的是“丛山青翠”4个字，然后写“中正题夫人画”。

他们家里有一幅特殊的画，是抽象派风格的两头猪。这是因为他们两个都属猪，相差12岁。现在有的报道说他们俩差10岁，这不正确。这幅画挂在楼下餐厅的墙上，就画了几条线，像书法家一样，一般人看不懂什么意思。我记得夫人向友人解释说，我们两个人都属猪，我们才能理解她为什么这样画。（注：按翁元的说法，宋美龄应出生于1899年，较出生于1887年、生肖为猪的蒋介石整整小了一轮，很多资料也确实如此记载。但宋美龄去世后的正式官方资料确认，宋美龄生于1897年，比原来认定的年龄长了两岁，个中原因不甚清楚。）

李菁：蒋介石去世前后，宋美龄的反应怎样？

翁元：蒋公从患心脏病开始到1975年去世，有两年八个多月左右。这段时间他几乎没起来过。她也不是医生，但从入院起，就一直陪伴着他，在医院里没有离开过一步。蒋公去世时，看到夫人很哀泣的样子，但没有像一般妇女那样号啕大哭，也许是因为信基督吧，反倒见蒋经国在壁炉前号啕。守完灵之后，又移灵到慈湖。后来有指示，原来蒋公的4个副官，两个到美国，两个留下来，我就是留下来的两个之一。等严家淦卸任、蒋经国上任后，我又到蒋家报到，这次是给蒋经国当副官。蒋经国以前从来没有人侍候他，他一直是独来独往的，有人侍候很不习惯。

李菁：蒋经国和宋美龄的关系怎么样？他怎么称呼她？

翁元：他喊她“姆妈”，至少在我们看来，他们的关系是非常好的。他经常请安，对她很恭敬，非常尊重。在家庭聚会时，至少他们之间让外人看不出一点有矛盾之处。当然我们也不了解更多的情况。从表面上看，他很听从夫人的意见的，也很注意分寸。蒋经国是中午去世的（注：1988年1月13日，蒋经国因心脏病突发去世）。她傍晚从士林官邸赶过来，中间起码隔了六七个小时，我们私下里说，如果是亲生儿子的话，肯定不会拖这么长时间。看了之后就到了蒋方良的房间里安慰她，我们实在无法了解她的心情，至少表面上蛮哀伤的。

李菁：你跟宋美龄的最后一次见面是什么时候？

翁元：1988年，蒋经国去世后，改朝换代了，我们也自动回到原单位（国民党秘书处），这个算党工人员，不是政府公务人员，所以也很难找工作。蒋经国一死，她也少了一个靠山。李登辉之后肯定跟蒋经国时期不一样了，地位一点点地变了，以前官邸的开支、去美国的开支等，肯定没问题，不用讲也安排好了。

李登辉上台后就丧失了这种地位，凡事就要开口了，这也是正常的。所以她去美国之后，我就知道她不可能再回来。她也不会对我们有太多印象，因为我们分工很清楚，我就是服侍蒋公的，在一起的时候，她也分不清楚我们姓什么、谁是谁。离开蒋家后，我再没见到宋美龄。

1917年，宋氏家族的全家福。前排为宋子安，第二排左起为宋蔼龄、宋子文、宋庆龄，后排左起为宋子良、宋耀如、倪桂珍、宋美龄

1927年，蒋介石和宋子文在上海合影

1933年，宋子文出席世界经济会议后抵达上海

宋子文

重返大陆的宋氏家族

当身着一身黑色套装、精心妆扮的冯宋琼颐由两个高大的儿子搀扶着走进复旦大学新闻中心会议室时，母子三人立即成为诸多媒体捕捉的焦点。面对着久候多时的摄影记者和此起彼伏的闪光灯，冯宋琼颐的次子冯英祥用英语在母亲身边低声开着玩笑："是不是感觉像在婚礼上一样？"她的长子冯英翰则不无好奇地拿出小 DV，反过来对着记者拍起来。

从宋氏家族的开创者宋耀如算起，宋子文的长女、2008 年 80 岁的冯宋琼颐已是宋氏家族第三代的最年长者。2003 年 10 月宋美龄去世，标志着曾显赫一时的宋氏家族彻底告别了中国历史舞台。宋氏家族的后人在海外长期过着低调的生活，在外界看来愈发显得神秘。

暌违大陆整整 60 年的冯宋琼颐是应复旦大学之邀，参加"复旦—胡佛近代中国人物与档案文献研究系列"新闻发布暨研讨会。这一系列首批三部著作以宋子文为研究对象，全部使用美国斯坦福大学胡佛研究所所藏宋子文档案以及宋氏家族提供的图片资料。虽然这次活动更多地停留在学术界层面，但宋氏家族后人此行，仍在更大范围内被关注。斯坦福大学胡佛研究所研究员郭岱君说了一句意味深长的话："这表明宋家与中国大陆，重新接纳了彼此。"

60 年后的回归

重返故乡前，冯宋琼颐对上海的记忆，或许更多定格在 60 年前她在十六铺码头匆匆离开的最后一瞥——1948 年，只有 20 岁的宋琼颐在上海乘船赴美，离开了战火纷飞的中国。60 年后，冯宋琼颐眺望上海的市貌街景，感慨万千：“如今上海有那么多高楼，真是让我感到有点不认识了。”

复旦大学历史系教授、亚洲研究中心主任吴景平是促成此次宋家后人大陆行的“幕后人”之一。据吴景平教授介绍，之前与冯宋琼颐商讨回大陆的行程时，冯宋琼颐特地告诉吴景平：“岳阳路是我长大的地方，我一定要去。”岳阳路 145 号的宋子文故居，现为上海市老干部局办公地。冯宋琼颐在这里停留良久：“这间是童年时厨房、那间是父母房间。”冯宋琼颐在这幢房子里长到 8 岁，她甚至仍然记得：“小时候，房子里有小鸟穿行……”宋子文在上海的旧居有两处，另一处是东平路 11 号，这是当年冯宋琼颐出生处，“她看到宋家老宅已经变成了酒吧，多少有点失望”，宋子文弟弟宋子安的儿媳宋曹琍璇透露。

宋子文辞去一切职务后，在南京短暂隐居一段时间后赴美国定居。所以冯宋琼颐这次还特地带着两个儿子与儿媳去了南京，宋曹琍璇说：“她对南京的老家有点记不得了，毕竟待的时间不长。她说只记得两件事，一是陪马歇尔夫人游泳，二是小时候在宽敞的中山路上学开汽车，她奇怪现在马路好像变窄了，我跟她开玩笑说，‘人大了，路就小了。’”

冯宋琼颐的长子冯英翰说：“母亲对宋庆龄故居的保护工作印象很深，即使那两辆她用过的汽车都被擦得很亮，保养得很好。”与此相反，冯英翰替母亲坦率表达了在南京探访“宋公馆”时的一些看法，“母亲刚看到她童年生活过的那幢房子时，特别高兴，她还回忆起童年时的经历。但是，当她进到房子内部，看到房子进行了很多维修，她感觉现在的更新和维修破坏了房子原有风格。母亲相信，如果房子像宋子文在时那样保存，人们会更感兴趣。”

“父亲是一个内向的人，我年幼时，他很少在家中谈及政治。”这是冯宋琼颐对父亲宋子文的印象，当被问及她对父亲的评价时，她则简短地应对：“这是历史学家的事。”冯宋琼颐的次子冯英祥一直小心翼翼地陪伴在母亲周围，已来过中国三次的他显然对周围的人与事更熟络些:“我认为这是一个非常好的时机，这个决定对母亲来说并没有那么难，但是可以理解她多少还会有些顾虑，毕竟60年不是一个很短的时间。”行前两个月，冯宋琼颐的右腿不慎扭伤，为了不耽搁大陆行，冯宋琼颐坚持每周用针灸治疗。

冯英祥描述的宋子文的生活非常简单：“他吃的东西、用的车子都非常一般。外祖父的生活很有规律，喜欢早起，吃完早饭后他就直接去办公室。他很喜欢散步，通常午餐以后散步一小时，外祖父不多的娱乐方式是与他的朋友一起打扑克牌。”

作为曾经显赫的宋氏家族，宋家后代在美国的生活也是为外界所普遍关注的。2008年冯宋琼颐带了两个儿子与儿媳悉数出席上海的新闻发布会，某种程度上也表明了宋氏家族对此次归来的重视。两个儿子与儿媳虽然都为华人面孔，但交谈间皆为英文。长子冯英翰也曾是一位记者，他当时的身份是《华盛顿邮报》媒体集团经理，而弟弟冯英祥则是瑞士信贷集团美国私人银行部执行长。兄弟两人同时向记者强调，他们在美国过着和普通人一样的生活。冯英祥的夫人在被问及在美国的生活时，甚至紧张得羞红了脸，连连说：“我们的生活非常普通，我们的孩子甚至不知道自己出身于这样一个家庭，直到回中国来看到那么多记者对家族感兴趣，他才意识到自己有些不同。”

“对我们访问中国时所感受到的友好和善意，我们全家都很感激。我希望我的外祖父也能经历我们所经历到的。”与母亲一样，第一次回到中国的冯英翰说。

中国之缘

无论公开场合还是私人场合，宋家人在谈及此次中国之行时，屡次提及吴景平教授，冯英祥说，母亲回大陆原因之一，“想支持吴教授所做的研究和为此付出的努力”。

“2006年，我第二次到胡佛研究所研究宋子文档案期间，应邀赴纽约作了一次《宋子文与近代中国》的演讲。冯宋琼颐知道我要去，她通过别人带话，表示希望见我，听我的演讲。”1987年，进入中国人民大学攻读博士学位的吴景平挑选了宋子文作为研究对象，从此开始对宋子文的研究，“以宋子文和他的时代为基点，不仅能看出那个时代的财政、金融、经济制度等，也能研究出那一时期的中英、中美、中德关系等，所以宋子文是个特别值得研究的人物。”在以研究孙中山、李大钊等“正面革命家”为潮流的年代，寻找宋子文资料的诸多艰苦，吴景平仍记忆犹新：“当时关于宋子文的专门资料特别少，那时候仍把他放在‘批判对象’，我把民国时期的主要报纸《中央日报》《大公报》等，以及当时财政部财政公报、财政月刊等，基本都找到了，用这些材料开始研究。”20年后，他终于成为公认的国内研究宋子文的最权威者。

纽约演讲后，冯宋琼颐又主动邀请吴景平去她的公寓——此举对被一向视为神秘、低调的宋家来说实属难得，这或许也从侧面表明宋家对吴景平所作的宋子文研究的认可与赞赏。

冯宋琼颐与顾维钧的遗孀、102岁的顾严幼韵住在纽约同一公寓的上下楼。吴景平笑着回忆了一个小插曲：在公寓楼下，冯宋琼颐将他向顾严幼韵作了简单介绍，这位102岁的老太太用上海话寒暄几句后，又忙着要赶去打麻将——或许很少有人知道，这里竟然住着与中国近代史有如此密切关系的两位老人。

此次会面后，冯宋琼颐又安排吴景平到埋葬宋子文与孔祥熙的纽约芬可利夫墓园参观。“就是这一次，我试着提出来说，你离开这么多年了，想不想回去？”

吴景平说，虽然冯宋琼颐已过世的丈夫冯彦达在改革开放后曾经回到中国，大陆对她而言并不是完全陌生；但她仍有很多顾虑，“因为她也了解到宋子文在这边长期是被否定的历史人物。”

“当我们最初有这个想法时，Laurette（冯宋琼颐的英文名）比较犹豫。我对 Michael（冯英祥）说：你一定要说服你妈妈回大陆。我们两个人一同游说她，她大概用了 3 个多月的时间考虑，最终还是下了决心。”

这个家族中，中文最好的宋曹琍璇责任重大，她受蒋、宋、孔家之委托，在胡佛研究所担任两蒋（蒋介石与蒋经国）日记以及孔祥熙档案的初审过滤工作。身为国民党海外泛蓝阵线的主要负责人之一，宋曹琍璇本来还忙于马英九当选后的诸多事宜，但为了支持冯宋琼颐，她还是推掉很多事情，过来参加这次发布会。

与宋曹琍璇一道，成为家族内部的推动者的，还有冯宋琼颐的次子冯英祥。冯英祥是宋子文最疼爱的外孙，他在外祖父身边一直长到 14 岁。据斯坦福大学胡佛研究所的郭岱君介绍，受外祖父影响，冯英祥在宾夕法尼亚大学时选择的是政治学专业，做的论文就是关于中美关系，宋子文与史迪威关系这一段，所引用材料之多连老师都惊讶。问他从哪里拿到那么多材料，他回答：“资料就在我家里！”

早在 20 世纪 70 年代宋子文去世后，家人就将其档案，一共 58 箱，捐给了斯坦福大学胡佛研究所。因为日记里涉及当时仍在世的宋美龄，所以当时规定有 19 盒不能打开，直至宋美龄去世后。“2003 年宋美龄去世后，我们家相信，这是我们向学术界公开这些私人信件的最好时刻，因为这些信件是他们兄妹两人之间的私人通信，她在世时，我们不想危及她的隐私。”冯英祥说。2004 年的 4 月 16 日，宋子文的档案全部公开。2006 年 3 月 12 日，宋家主动联系胡佛研究所，告之他们还有将近 3000 件的宋子文档案捐出来，包括宋子文西安事变时的日记，抗战时与蒋介石的电报、与罗斯福的书信等，这无疑都是最具分量的东西。而这 66 盒档案，就是由冯英祥亲自从纽约手提带到旧金山的。

对于宋氏家族后人对档案所持的开放态度，两岸学者都给予高度评价。中国社会科学院近代史所的王建朗说："1943年左右，蒋介石对宋子文有大量批评。在外人看来，这是难以理解和接受的，但宋家人却毫无保留地将之全部公开，让外人钦佩。"胡佛研究所研究员郭岱君对宋氏家族所持态度一直称赞有加："宋家人对待档案，态度相当开明。宋子文的档案中，几乎没有改动的笔触，也没有遮盖，完全是原始材料。宋家人对这些研究者也没有什么预设的要求。"宋子文和宋美龄对待档案的态度，各不一样。据胡佛研究所方面说，宋美龄是虔诚的基督徒，她的态度是尘归尘，土归土，因此拒绝写回忆录，也不愿意留任何档案。

近些年，大陆一些学者通过各种途径，陆续来到胡佛研究所研究宋子文档案，大陆学者的积极反馈给了宋家极大鼓舞。"Michael（冯英祥）发现大家反应这么热烈后，回去努力搜集与外公宋子文有关的资料。他母亲（冯宋琼颐）告诉我，以前他们并不知道这段历史的重要，也没有多少兴趣。但当他发现这么多学者这么努力地研究后，他现在自己也在看那些档案，还有很多资料仍在他手里没拿出来。他觉得自己的外公不管是当财政部长还是行政院长时，都是鞠躬尽瘁，他非常感动。对于推动宋子文的研究，他现在非常有使命感。"宋曹琍璇说。

2004年底，作为国内研究宋子文的优秀学者之一，吴景平被胡佛研究所邀请前往研究宋子文档案。在此期间，冯英祥得知消息，主动要求与吴景平见面。这或许也是宋家与大陆学界的第一次接触。冯英祥后来坦率地告诉吴景平，见面之前他一是担心大陆学者是否愿意见宋家人，二是担心大陆学者能否持公正客观态度来做宋子文研究。而他与吴景平教授见面后，顾虑完全打消了。

2006年6月，吴景平主持的"宋子文与战时中国学术研讨会"在复旦大学举行。为了准备这次会议，冯英祥的儿子当时也到复旦来，和历史系的研究生们一起学中文、学历史、作研究。"他和复旦的学生也相处得非常愉快，"吴景平透露。开幕式当天，冯英祥带着儿子亲自出席，那也是冯英祥第一次看到了外祖父宋子文在上海的旧居：“我不能想象宋家居然曾有那么大的花园，我不能想象我的外祖父以前住那么大的房子，他后来在纽约住的房子大概是上海房子的五分之一都不到。”

附文 “两朝国舅”宋子文

1971年4月25日，宋子文在旧金山一个朋友家里进晚餐时，因误吞食物进入气管导致心力衰竭而猝然去世，享年77岁。

1894年12月4日，宋子文出生在上海同仁医院，1912年，18岁的宋子文在美国哈佛大学主修经济，1915年赴哥伦比亚大学继续深造。1923年，宋子文前往广东出任孙中山先生的英文秘书，从此开始走上政治舞台。

1949年1月，宋子文辞去在国民党政权的最后一个职位——广东省政府主席，经短暂隐居一段时间后，于新中国成立前夕前往美国定居。1953年，在蒋介石批准的开除国民党党籍名单上，孔祥熙与宋子文分列前两名。长期以来，海外一直习惯用其英文名缩写“T.V”来称呼他。

宋子文与夫人张乐怡相识于北伐时宋子文去武汉途中的九江。他们有三个女儿：宋琼颐、宋曼颐和宋瑞颐。其中长女宋琼颐嫁给了冯彦达——上海著名的永安公司创办人郭彪的外孙，因为两个妹妹分别远嫁香港与菲律宾，所以冯宋琼颐一家成了陪伴宋子文时间最长的家人。“他每天在纽约中央公园散步，午后小憩，与朋友共品美味小吃，观看美式足球，打牌，和外孙们一起捉迷藏。”冯宋琼颐说。在孙辈中，宋子文最疼爱冯英祥。让冯英祥印象深刻的是，10岁那年，有次他放学回家，感觉到有几个外国男孩一路尾随并盯着他的钱包，被吓坏了的冯英祥奔到公共电话亭打电话，刚好是宋子文接听。他立即叫冯英祥不要动。5分钟之内，他就带着秘书开车匆匆赶来，他居然还带了一把枪，而且已经上了膛，“为了保护我，他愿意做任何事情。”

1985年，美国作家斯特林·西格雷夫出版了《宋家王朝》一书，其中文译本首页称，“宋家王朝聚集了这个时代最大财富的一部分，《不列颠百科全书》称，‘据说他是地球上最富有的人’”。长期以来，“富可敌国”很长时间，成了外界对宋家王朝的一种普遍揣测。

“我对任何对外祖父的负面评价都持反驳态度。我们对那些指责所建立的来源、准确性表示质疑，它源于没有基础的传言，这也是我们决定与学术机构、学者、历史学家分享宋家档案的主要原因。”谈到这一点时，冯英翰一反回答其他问题时的温和与委婉，反应十分强烈。

根据已公布的档案，在1940年左右宋子文的财产为100多万美元，到1971年宋子文去世时，加上房产等变卖他的总资产达800万美元，扣除200多万美元税款后，宋子文遗留给夫人张乐怡的遗产为500多万美元。而据吴景平介绍，他在晚年宋子文档案中看到，当时宋子文非常关注股票和债券的价格，他会仔细抄下股票行情，用笔记下股票原始价、涨跌幅度，这是散户的个人理财心态。“在宋子文所处的那个时代，不要说全球范围，即便在中国，宋子文也谈不上是最富有的人。”

“直到最近，才有人根据保存在胡佛研究院的档案开始研究和分析宋子文的私人财产。2004年我拿到胡佛研究所的档案表明，当年外祖父从中国带出来的东西非常少。他的大部分财产都是他后来在纽约生活20年努力工作挣来的。”冯英祥说。

宋子文的晚年，更像是一位落寞老人，像许多失去政权而自我放逐到海外的高官一样，他和妻子旅游，与故旧聊天，含饴弄孙颐养天年，但内心深处，他独自品尝着无以言说的寂寞与失落。吴景平教授介绍，有一年，一位美国学者编了一本《民国人物传》的英文版传给宋子文看，而宋子文对其中关于自己的部分作了很多旁注。“虽然宋子文本人不写、也不要求别人写他的传记，但他还是比较介意外界对他的评价。他也把自己的档案文献整理得相当好，似乎有留待后人评说的意味。”吴景平说，宋子文应该知道，这部分历史不仅关乎他自己，也关乎一个民族的一段历史。

在吴景平看来，宋子文的不幸在于他没有遇到一个他可以选择、可以决定自己命运的年代。“他几次无法干下去，几次辞职，又几次回归国民党政权。历史给他施展的可能性有限：从1931年的“九一八”事变直到1945年抗战结束，中国一直处于救亡状态，没有一个相对稳定的环境进行发展经济和社会改造；1945年内战的阴霾把所有人的梦想打破；

直到 1946 年底全面内战爆发。1947 年初他实在难以为继，提出辞职。宋子文的失败不是他个人的失败。”

“外祖父退休之后，有人多次找他要他写一本自传，来澄清外界的批评和指责，他的回答是：让历史来评判吧。所以他从来没写过。现在，是让历史来评价的时候了，这也是我们回到中国的原因。”冯英祥说。

20世纪20年代，宋美龄、蒋介石与母亲等家人合影。前排右起：宋蔼龄、倪桂珍、宋美龄；后排右起：宋子安、孔祥熙、蒋介石、宋子良

1937年4月，孔祥熙与英国首相张伯伦在宴会上。南京国民政府委派孔祥熙为庆贺英皇乔治六世加冕特使，孔祥熙一行5月3日抵达伦敦

孔祥熙：从民国“财神爷”到美国寓公

在流行甚广的传统官方历史叙述中，孔家是“蒋宋孔陈”中的第三位。孔祥熙曾经是民国政坛上的著名不倒翁。他于1928年任南京国民政府工商部长。1933年任行政院副院长兼财政部长。1938年，升任行政院长。一直官运亨通，步步青云。但是，以1939年11月改任行政院副院长为转机，开始走下坡路。至1945年，竟轰然倒下，自此黯然退出政治舞台，最终客死异国他乡。而围绕他的评价，却在他离世后近半个世纪的漫长岁月里，仍是一个争论不已的话题。

从乡村少年到基督徒

纵观孔祥熙的一生，他其实是一个亦土亦洋或“半土半洋”的复杂人物。

1880年（清光绪六年）9月11日，孔祥熙生于山西太谷县程家庄。孔祥熙出生的时候，家境已经败落。其父孔繁慈（1861—1911年）是清末一名贡生，早年做过票号生意，后开办私塾授课。孔祥熙年少时即随父亲读书。6岁那年，母亲庞氏不幸病逝，其后，孔祥熙随父亲迁至外祖父所在的太谷县南张村，并就读于其父创办的私塾。自此读经习文4年。

这为他打下了良好的国学功底。

9岁那年发生的一件事，对孔祥熙后来的一生产生了莫大影响：这一年，9岁的孔祥熙患上痄腮（流行性腮腺炎），当地人称“砍头疮”，孔繁慈寻求各种中医皆无效果。当时在太谷县城南门楼道巷，有一家由美国基督教公理总会派到太谷的医生高雅格开设的西医诊所。无奈之下，孔家人将孔祥熙送到这里医治。孔祥熙很快痊愈。治病期间，高雅格给他讲了很多基督教义，让他改变了对西方传教士的看法，由心存畏惧转而为仰慕和信赖。

翌年，孔祥熙进入美国基督教太谷分会创办的华美公学读书。小学毕业后，经华美公学教师魏禄义推荐，孔祥熙又升入美国基督教会在直隶通州开办的潞河书院学习。通州是华北公理会的教育中心，潞河书院（North China College，潞河为通州古名）是在1889年正式组建的，包括有中学、大学和神学院三个部分。在潞河书院学习期间，孔祥熙不仅正式皈依了基督教，而且喜欢运用基督教义抨击清廷的腐朽统治，并在孙中山组织兴中会、从事反清革命的影响下，秘密团结10余名同学成立了兴中会通州分会（对外称“文友会”），进行反清宣传。

1900年春夏之交，义和团运动发展到通州，潞河书院被迫提前放暑假。虽然到了远离家乡的通州读书，但孔祥熙与在太谷传教的美国教士们保持着密切联系。所以6月初他回到太谷后，仍然与美国教士住在一起。不久，义和团运动蔓延到了山西。当时山西巡抚毓贤正唆使清兵和拳民在各地焚烧教堂杀戮教徒，孔祥熙和妹妹孔祥贞也躲进福音教堂避难。由于形势日恶，孔家兄妹依靠族人和乡亲的掩护才先后逃离险境。而被困在太谷教堂内的美国传教士和中国教民共14人，则在半月后均被杀害。

义和团被镇压后，孔祥熙找太谷知县料理了被害教徒的后事，并与同学张振福赴京向华北公理会汇报了太谷教案的情形，然后作为华北教会派赴山西教案善后谈判代表叶守贞和文阿德的助手，赴晋谈判。在办理太谷教案事毕之后，华北公理会对孔祥熙的品质和处事干练的才能十分赏识。

当时在潞河书院教书的，有一位叫麦美德（Luella Miner）的传教士。麦美德1861年出生于美国俄亥俄州，她的父亲和两个姑母都当过传教士教师。受家人影响，在欧伯林大学（Oberlin College）毕业后，她决心去国外教会工作。1887年，麦美德被派到中国华北工作。在保定府学了一年的中文之后，1889年，她到通州担任教学工作。1900年，义和团运动爆发,北京地区各外国教会均集中到英国使馆躲避,被围困长达两个多月，麦美德也在此列。

1901年，麦美德回美国的时候，把孔祥熙与另外一名中国学生费起鹤一起带到美国，意欲安排他们入欧柏林大学深造。根据麦美德的说法，孔祥熙虽然安然回到潞河书院，但所经历的惨剧令他神情恍惚，无法继续正常的学习。学校的一位老师与他谈心，希望他能重新振作起来，孔祥熙则表示他现在愿意做的只有一件事，那就是去美国服侍在太谷殉教的传教士们的家人，以安慰彼此的心灵。40多年后，1943年11月1日，孔祥熙在他就任财政部长兼职的十周年纪念会上，曾经提到这一段。“后来我想到，山西那几位被害的教士，有两位是美国人，曾经托我把他们的信送回家去，我借着这个机会，何不到美国去一趟，而且顺便在美国读书深造呢？”

9月12日，麦美德一行抵达旧金山。但当时美国正实行严苛的排华政策和法律，旧金山海关认为孔、费二人的证明文件不合格，拒绝他们入境。麦美德为此广为呼吁，四处求助，在经历了长达16个月的周折后，直到1903年1月才最终解决了他们的入境问题。此事在当时颇为轰动，是美国排华史上的一个著名案例，美国方面许多有关排华的著作对此均有叙及，又称为麦美德事件。麦美德将此事写成《华夏两英雄》，也想为孔、费二人在美国读书筹集款项。

在麦美德等人的努力下，孔祥熙如愿进入欧柏林大学就读。他先是主修理化课程；两年以后，又兼习社会科学。1905年夏，孔祥熙从欧柏林大学毕业，又考入位于美国康涅狄格州的著名学府——耶鲁大学，并于两年后获得硕士学位。

在欧伯林读书时，孔祥熙与美国同学保罗·考宾（Paul L.Corbin）最为友好，曾相约学成之后返回太谷弘扬教会事业。孔祥熙学成归国之前，欧伯林大学的中国学社为他举行欢送会，有人提议捐款，在太谷为死去的传教士修筑纪念堂；孔祥熙则提出用这笔钱设立一所学校，启迪民智、造就人才，其纪念意义更佳。这个意见得到一致赞成。他们募集到一笔为数可观的办学基金，由孔祥熙带回国。对于孔祥熙这位基督教徒来说，多年的西方教育对他的思想产生了极其深刻的影响，他也目睹了清政府的腐败无能，愚昧无知，所以他认为“教育是立国之本，国家的强弱、民族的兴衰，全视教育的成败为转移”。他希望回国后能借此办一所学校，用以提高中国人的文化，促进基督教在中国的传播。

1907 年秋，孔祥熙回到北京。那时正值清政府重用留学生之际，邮传部、北洋大学堂和长沙旅京士绅曾先后派人来邀请孔祥熙，但都被一心回太谷办学的孔祥熙婉辞。起初，孔祥熙接办了太谷南街的基督教公理会明道院附设小学，继而又在原址扩充增加中学课程，成为太谷的第一所中学。孔祥熙将学校命名为“铭贤学堂”（Oberlin Sansi Memorial School），以此表示“铭记为传教而殉难的诸位先贤”。他自任监督（校长）兼授史地、矿物等课程，而教员多半由传教士担任，孔祥熙的父亲孔繁慈也在学校教授经史课。到 1909 年春，铭贤的学生增至 100 多人，原址不敷应用，这年秋天，学校又迁到太谷东关杨家庄孟氏别墅新址，并在这里进行了颇具规模的学校建设。孔祥熙把在国外学习到的先进教育理念投入到办学实践中，同时为了将铭贤学堂办成高水平的学校，他还向当时国内著名中学，如南开、北京师大附中等看齐，不惜高薪聘请名师来铭贤学校。在他的苦心经营之下，铭贤逐渐声名远播。

1911 年 10 月武昌起义爆发，引发了席卷全国的辛亥革命浪潮。山西革命党人随即起兵响应，于 1911 年 10 月 29 日“光复”了省城太原。太谷县的清廷官吏闻讯后溜之大吉，遂使得该县陷入了群龙无首、治安失控的无序状态。与此同时，从太原溃败下来的清兵又成群结队向太谷方向流窜，对该县的社会稳定构成了严重威胁。乡绅们要求孔祥熙出面维持治安，孔祥熙于是出面，先是劝导围城的溃兵，并投给他们 3000 银两，让溃兵绕城而去，使县城免遭劫掠。随后，各界集议将本县商团团员、巡警及部分铭贤学生武装起来，成立太谷营务处，大家共同推举孔祥熙为营务处长，承担起保境安民、维持地方治安的重任。不久，经榆次、徐沟、文水、交城、汾阳、平遥、介休、孝义等县士绅和地方当局决议，公推孔为山西中路民军总司令。当山西革命军与清军在娘子关鏖战时，铭贤有 30 多学生组成敢死队，奔赴娘子关参加抗清；而他则继续坐镇太谷，负责维持地方治安。

飞黄腾达

也许是因为在山西这个有浓厚商业传统的地方长大，孔祥熙在办学期间，也开始逐渐涉足商业，并显示出他精明的生意头脑。1912 年，当他看到火油已成为中国百姓夜间生活照明的必需品时，立马判定经营火油生意有厚利可图，于是与自己的五叔一起开设了祥记公司，向英国亚细亚火油公司交付 40 万银元作为保证金，取得了在山西全省经销亚细亚壳牌火油的总代理权。为了使煤油打入市场，祥记打出“买煤油，送煤油灯”的优惠，当地民众争相抢购，由此获利甚丰，孔祥熙从此走上了经商致富之路。而他每年都能通过独家经营壳牌火油获取一笔丰厚的利润。

1908 年，孔祥熙和其在潞河书院就读时的女同学韩玉梅结为夫妻。可是就在孔祥熙的人生之路刚刚迈入顺境之时，韩玉梅因染上肺病而撒手西去。这一意外的打击使得孔祥熙一度悲痛不已。偏偏在这个时候，国内政治形势又因为袁世凯镇压了孙中山等人领导的二次革命而日益恶化。此时，好友王正廷推荐他担任东京中华留日基督教青年会总干事。中年失偶的孔祥熙心情欠佳，于是欣然应允，前往日本。

当年，孔祥熙考入耶鲁大学不久，曾赶往俄亥俄州的克利夫兰市，拜见途经那里的孙中山。孙中山在接见他时谆谆教诲道：“不论兴办任何事业，都得从大处着眼，小处着手。尤须持之以恒，方可有所成就。至于革命工作，尤应自启迪民智开始。”这番教诲使孔祥熙大受启发，他当即向孙中山发誓要追随其从事革命工作，并要求加入同盟会。孙中山欣然应允。

孔祥熙到日本后，以基督教的身份为掩护，替孙中山等人在日本从事革命活动提供种种便利。1914 年 7 月，孔祥熙协助孙中山在日本成立中华革命党，并成为首批宣誓入党者之一。此间他还为中华革命党人筹募经费，帮助孙中山处理文书函电。

当时，为孙中山担任英文秘书的，是后来在中国近代史颇为有名的“宋氏三姐妹”当中的大姐宋蔼龄。宋蔼龄 1889 年出生于上海，比孔祥熙小 9 岁。1904 年 5 月，15 岁的宋蔼龄赴美国佐治亚州威斯里安女子学院读书，威斯里安学院在当时的美国大名鼎鼎，是美国第一所得到政府认可的女子大学，也是专为上层社会女性设立的学校。宋蔼龄由此成为中国近代史上首批赴美留学的极少数女性。

据宋蔼龄后来回忆，她首次美国之行其实颇多坎坷。宋蔼龄当时是随同父亲的朋友步惠廉牧师一家前往美国的，而步牧师是宋耀如在万德毕尔特大学的同窗好友，后来也正是由于步牧师的大力引荐，宋蔼龄才得以进入威斯里安女子学院。当时她乘坐的“高丽”号轮船在大洋上漂泊了两个多月，终于在 7 月 1 日停靠在旧金山码头。但一个美国移民局官员说宋蔼龄的证件不合格，不许她登陆。另一个官员则建议将宋蔼龄安置在扣留所，但被第一个官员拒绝了，说这个地方不适合畜生般的人居住。面对如此侮辱，幼小的宋蔼龄握紧拳头退回到“高丽”号上，敢怒不敢言，可是也不得不无奈地从这艘船转移到另一艘船上。在接下来 3 周沉闷无聊而又提心吊胆的时间里，宋蔼龄先后换了 4 艘几乎全空的船，直到有关她的问题传到旧金山一个传教士那里。传教士向华盛顿的有关政府部门进行了交涉，宋蔼龄才被获准上岸。

1905 年底，慈禧太后信任的教育顾问、宋蔼龄的姨父温秉忠（曾是第二批留美幼童之一）受清廷派遣，率领中国教育代表团赴美考察。

1906 年 1 月，温秉忠把宋蔼龄从梅肯市接到华盛顿，带她出席美国第 26 任总统西奥多 · 罗斯福在白宫举行的宴会。宴会上，罗斯福总统问这个 16 岁的中国姑娘觉得美国怎么样。宋蔼龄说："美国是个非常美丽的国家，我在这里很快活。但是，你们为什么说美国是个自由的国家呢？"随后迅速把自己在旧金山的遭遇简略地叙述了一遍。"如果说美国真是那么自由的话，为什么要把一个中国姑娘拒之门外呢？我们决不会这样对待到中国去的客人。"罗斯福大感意外，然后说自己感到很遗憾。第二天，华盛顿的报纸迅速报道此事，题目是《中国少女抗议美国政府的排华政策》。

1907 年夏，再次率团赴美访问的温秉忠把宋庆龄和宋美龄也带去美国读书。由于温秉忠的外交身份，以及同行的还有美国教育家格兰特等知名人士，宋庆龄和宋美龄在到达旧金山时顺利地通过了移民局的检查。宋庆龄和宋美龄后来也进入威斯里安女子学院读书，而这所学校也因著名的"宋氏三姐妹"而在中国名声大震。

1910 年宋蔼龄以优异的成绩从威斯里安女子学院毕业。回国后，经父亲宋耀如的推荐，她担任孙中山的秘书工作。在此期间，宋蔼龄曾陪同孙中山到全国各地勘察，参与制订营建 20 万里铁路的计划。二次革命失败后孙中山流亡日本，宋蔼龄与父亲也前往日本，宋蔼龄仍任孙中山秘书。而孔祥熙到达日本后，孔宋两人由此有了见面与接触的机会，两人感情日增。在宋蔼龄眼里，孔祥熙为人谦和，"赚钱赚得很得法"，"似乎天生有一种理财的本领"，而孔祥熙则很佩服宋蔼龄的才干。1914 年春，孔祥熙与宋蔼龄在横滨结婚。孙中山的英文秘书之职则由宋庆龄接替，由此也成就了另一段佳话。

1915 年秋天，孔祥熙和宋蔼龄夫妇回到山西太谷。孔祥熙继续扩大铭贤学校的规模与影响，当时孔祥熙准备将铭贤学校增设大学预科教学，但因为师资匮乏，宋蔼龄也权且充当教师。但是宋蔼龄并不适合这份工作，她后来回忆："我根本不配做这种工作，我相信即使在一所普通学校里教书，我也不够格，我之所以能够教书，只是因为当时的特殊情况，也想为我的丈夫分忧。”有一次一个学生问宋蔼龄：为什么英语复合句不能重复使用一个名词？宋蔼龄回答：“这是不言而喻的。”宋蔼龄生下长女孔令仪后，就不教书了。

另一方面，孔祥熙又不失时机地扩大其商业经营活动。他抓住第一次世界大战时外国需要军工原料的机会，把山西阳泉所产铁砂运往天津出口获利，同时又创办裕华银行作为融通资金的枢纽，还向上海商业储蓄银行和中华书局投资入股。

步入政坛

当孔祥熙的实力越来越强之际，他也引起了“山西王”——时任山西督军阎锡山的注意。1916 年，正在山西搞“新政”的阎锡山，力邀孔祥熙为督军署参议。这也意味着孔祥熙自此开始走上仕途。

阎锡山当时在山西主张“从安定中求进步”，在农村推行蚕桑、植树、水利、天足、剪辫、禁烟 6 项“村政改革”，在孔祥熙看来，阎锡山的施政内容和他自己所主张的“改革社会”“提倡教育、振兴实业”是一致的，所以他也大力支持阎锡山的“新政”。1918 年，驻华各国公使来太原参观，孔祥熙应阎锡山的邀请担任高级招待员。孔祥熙向来宾们详细介绍山西的教育概况和省政措施，并担任游览山西晋祠、五台山等名胜地的导游。由于他的宣传鼓吹与热心接待，来宾对山西“模范省”留下较深的印象，从而也博得了阎锡山由衷的赞许。1920 年美国驻华公使柯兰率领参赞、武官等人来山西访问，阎锡山再次请求孔祥熙出面主持接待工作，而孔祥熙亦欣然应命。

公平而言，早期的孔祥熙为山西的建设也出力不少。1920 年，山西发生罕见的旱灾，一些县灾情严重，哀鸿遍野。孔祥熙挺身出面代灾民呼吁，利用与教会的关系，向华洋义赈会贷到赈款美金 100 万元，用以工代赈的办法，在晋南修筑公路来救灾。此举不仅使当地众多灾民度过灾荒，对发展省内交通、开发经济也起了促进作用，孔祥熙也因此受到北洋政府、晋省当局和太谷民众的赞许。

此时的孔祥熙正是一帆风顺之势。他不但凭借铭贤在教育界赢得口碑；商业上，孔家“票号”也走出山西，发展到广州、上海、重庆、包头……足见其财力之雄厚。后来有人说是孔得势后娶宋蔼龄为妻，这是不确切的。宋蔼龄嫁给孔祥熙之后，夫妇俩均未从政，而是忙于办学及经商。

1922 年，孔祥熙卸任铭贤校长，只坐镇山西督办金融、药材、火油、布匹等生意，他开始更多地转向社会政治活动上面。1923 年，应邀任中俄交涉驻奉天代表，并替孙中山联络各北方将领；在孙中山广州大元帅府搞联奉反直的斗争中，孔奉命和张作霖、张学良父子交往，以便加强粤奉合作关系。1924 年初，孔应孙中山之邀赴粤商量联络北方将领的工作，后即带着孙中山所著《建国大纲》手稿返回北京，联络陆军检阅使冯玉祥。其后，冯联合胡景翼、孙岳发动北京政变反对曹锟、吴佩孚的统治，欢迎孙中山北上共商国是，与冯等接受《建国大纲》的影响有关；1925 年初，为解决国是北上的孙中山卧病京中，孔祥熙“左右护持、无间晨夕”，是“总理遗嘱”的签字人之一。3 月 12 日孙中山逝世，孔祥熙担任孙中山治丧处事务股长，尽心尽力料理丧事。

1926 年，孔祥熙来到广州，任国民政府广东省财政厅长，兼理后方财务。其后又曾出任南京政府工商部长、实业部长。1932 年 4 月，孔祥熙被南京政府特派为考察欧美各国实业特使，赴欧洲考察。他此行的目的，实际上是接受蒋介石的秘密委托，向德、意等国接洽购买军械、飞机和在中国设厂自制武器等事宜。其间，他在意大利会见了墨索里尼，墨索里尼建议：中国建设国防应从空军着手，因为“空军发展起来比较快”，而且将来战争胜负“取决于空军”。孔祥熙立即把建议内容电告南京，蒋介石深以为然，于是采取了多种发展中国空军的举措，如设立中央航空学校、设立飞机制造厂、修建飞机场、从意大利进口军用飞机并聘请空军顾问等。1933 年，孔祥熙被任命为中央银行总裁，不久，宋子文辞去财政部长，由孔祥熙同时兼任行政院副院长及财政部长。从此，他掌握中国财政金融大权，长达 11 年之久。

孔上任财长初期，即以改革税收，加强以财政控制地方和减轻民困。据统计到 1938 年底，各省废除的苛捐杂税达 5000 余种，废除的税额年达 6700 万元，客观上起了“稍苏民困”的作用。南京政府除以此笼络民心外，使地方实力派不能再用苛捐杂税来予取予求，反得依赖“中央”的贴补来维持地方财政，从而增强了南京政府对各省的控制力。此举的效果，曾使蒋介石“深感惊奇和意外”。同时改组银行体系，通过增加资本，将中国银行、交通银行置于国民政府财政部的控制之下；然后再改革币制，以法币取代银本位，制止白银外流；此外还整理了政府的债务。此等举措，使国民政府得以以国家资本控制金融市场，不但为当时的军事行动提供财源，亦为之后抗战提供财政基础。

毁誉参半

1936 年 12 月 12 日，因身体不适正在上海寓所休息的孔祥熙，惊闻张学良、杨虎城在西安发动事变、扣留蒋介石的消息。当晚，他立即与宋美龄一起赶到南京。13 日下午，在孔祥熙的建议下，国民党中央召开会议，商讨对策。会上，主张讨伐张、杨的意见占了上风，何应钦甚至提出派出战机猛炸西安。

而孔祥熙则力主和平解决。他一边通电各省市及地方实力派稳定政局，后又召见各国使节安顿邦交，一边以确保蒋介石的生命安全为最大目标，协同宋子文、宋美龄等国民党内的主和人士，基本上遏制了南京政府内部讨伐势力的发展，从另一方面推动了西安事变的和平解决。后来，他在撰文回顾这一段经历时说：“余既受命兼代行政院长，自念当此危疑震撼之日，而所有政治、外交、军事、经济诸大计，萃于一身，责任重大，设有一着之误，即将沦国家于万劫不复，尤苦时机急迫，不容有从容探索余地。因于当日深夜独运神思，盱筹全局。”在处理西安事变的过程中，孔祥熙处变不惊、老成持重的政治作风也得到极大彰显。

回顾 20 世纪 30 年代，孔祥熙虽然不是政治舞台上最中心、最受瞩目的角色，但他其实也是一个在很多领域发挥着重要作用的实权派人物。1937 年 4 月，为争取国际支持，准备抵抗日本的进一步侵略，蒋介石和国民政府委派孔祥熙为中国特使，前往伦敦参加英王乔治六世的加冕典礼，同时秘密向英、法、美等国商洽借款和购买军火事宜。特别值得一提的是，当孔祥熙在伦敦出席英王乔治六世加冕典礼时，英国外相艾登称赞孔祥熙是“统一中国财政，整理中国税制，改革中国通货，恢复中国国际信誉，平衡中国政府预算”的“伟大理财家”。孔祥熙在欧洲期间，还先后到意大利、捷克、瑞士、德国、法国、比利时参观访问。在捷克和德国订购了大批军械，随即装船东运，这些武器皆在七七事变后用于抗战。

1938 年 1 月 1 日，孔祥熙由行政院副院长荣升为行政院长，同时继续担任财政部长和中央银行总裁的要职，成为领导抗战时期国民政府行政和经济事务的最高长官。此后，他为了使国民政府能够坚持抗战，于 1940 年 11 月提出了“我于外交、军事、经济各端，莫不集目标于华盛顿”的对外关系准则，希望通过奉行以亲美为中心的外交路线和外交政策来获取中国抗战所急需的各种援助。在他主持和参与之下，国民政府继 1939 年从美国获得 2500 万美元的桐油借款之后，又在 1940 年至 1942 年间陆续从美国获得了总额近 6 亿美元的 4 笔借款以及大量的物资援助。这些来自美国的借款和物资援助对于国民政府克服战时经济困难并最终夺取抗战的伟大胜利起了积极的输血作用，但也使得它在经济、军事和政治上日益依赖于美国政府。

1944 年 6 月，孔祥熙率领代表团赴美进行一场影响中国财政收入的重要协商。在布雷顿森林召开的国际货币基金会议，经过一番艰苦的努力，孔祥熙最终为中国争得了在国际货币基金会议中的第四席位，并使中国成为国际开发银行 12 董事国之一。除此之外，孔祥熙还以蒋介石私人全权代表的身份，与美国政府商讨有关援助中国抗战的一切事宜。其间，孔祥熙还经过多次交涉，与美国财政当局商妥购买 2 亿美元黄金，用于抑制中国的通货膨胀和稳定中国的经济形势，并迫使对方同意以 2.2 亿美元结清国民政府为驻华美军垫付的军费开支；同时，他又应蒋介石要求，说服罗斯福总统撤换了驻华美军司令兼远东战区参谋长史迪威将军。

但是，与此同时，孔祥熙在国内的政治地位却摇摇欲坠。抗战初期，各界对孔的财政政策尚无大怨言；但到了抗战后期，由于多年抗战的巨大消耗和通货膨胀的愈演愈烈，大后方的社会经济险象环生，普通民众的生活困苦到极点。长期掌管国民政府行政和经济大权的孔祥熙因为对此负有不可推卸的责任而遭到朝野上下的一致抨击。另外，民间对孔祥熙及其家属亦官亦商，利用权力进行投机及发展私人资本大感不满。1942 年 1 月 6 日，昆明的西南联大发出了“倒孔运动”的第一声，此后，孔祥熙也陷入舆论对孔氏家族贪腐质疑的一片攻击声中。

1944 年 9 月，在国民参政会第三届第三次会议上，傅斯年带头开炮，要求“办贪污首先从最大的开刀”，矛头直指孔祥熙；与此同时，美国总统罗斯福以“孔祥熙政治声誉不佳”为由要求蒋介石更换财政部长人选。无奈之下，孔祥熙只好于 1944 年 11 月自美致电蒋介石，宣布辞去财政部长职务。次年 5 月和 7 月，他又相继辞去行政院副院长和中央银行总裁职务。至此，孔祥熙和蒋介石在政治上的亲密合作关系宣告完结，而其政治生命也基本结束。

晚年孔祥熙

淡出政治舞台之后，孔祥熙与宋蔼龄夫妇似乎也无意在中国多做停留。1947 年夏天，孔祥熙回到他的老家山西太谷。孔祥熙先是隆重宴请了各亲戚，然后与他们揖手告别。待一切准备充分后，他先让宋蔼龄赴美，自己则在秋天来到上海。几天后，孔祥熙向蒋介石及国民党中央发了一份电报，称“忽接家人自美来电，谓夫人染患恶病，情况严重”，不等蒋介石批准，他即匆匆买了机票，飞往美国。临行前一些旧友到家中送行，孔祥熙见家中冷清，院内枯叶满地，不禁悲从心来。当时他对旧友说：“都说我败家败国，我在抗战时期做了 7 年的财政部长，给宋子文留下了 9 亿美金和 6000 万两黄金，现在全叫宋子文弄光了。”由此可见心中的不甘。

孔祥熙下台后，蒋介石重新倚重宋子文。宋子文当了财政部长、行政院长后，为了平息物价，稳定货币，大量地抛售黄金外汇，短短几个月，几乎将国库的黄金外汇消耗殆尽。蒋介石虽然又撤掉了宋子文的职务，但已无回天之力。蒋介石为此对宋子文也一直耿耿于怀，甚至将他视为自己失败的罪魁祸首之一。

尽管孔祥熙是以不甚体面的方式退出了中国的政治舞台，但是近些年来，也有越来越多的历史学家开始对其在全面抗战八年的财政管理做出相对客观的评价。孔祥熙以他山西人的精明能干，使得八年全面抗战之后，国民政府的国库里面还存有 10 亿外汇和黄金。相对于宋子文后来造成的财政灾难，一种说法是蒋介石一直后悔没有继续让孔祥熙管理财政。

孔祥熙到美国后，住进了离纽约不远的里佛代尔一幢豪华的别墅。这是他早年花巨资买下的。另外，他们还在纽约郊区花 160 多万美金买下了一幢高级住宅。1948 年他最后辞去中国银行董事长职。

然而，美国并非他所想象的那样是块安定的“绿洲”。美国总统杜鲁门一直对国民党贪官污吏将他们庞大的美援中饱私囊而愤愤不平。在杜鲁门的直接命令下，美国联邦调查局开始调查孔家、宋家在美国的财产，并对孔祥熙实施秘密监视。不过，没多久，美国参议院外交委员会和财政部公布了一个华人在美资产的材料。这个材料说，全部华侨连同各银行在内，所有在美国银行的存款，不超过 5000 万美元。其中最大的存户，只有 100 多万美元。而且这些存户中，大部分是侨居美国经营商业的华侨，且都在美国居住年代很久。这里面虽然没有单独提到孔祥熙，却包括孔祥熙。

材料公布后，多年来一直设法躲避记者的孔祥熙在华尔街一家酒店召开了记者招待会。他再次出示了这份材料，请这些“有正义感、客观公正”的记者们为他澄清以往的谣传。他说：“我的祖上在中国经营商业，被推为山西首富，家产是有一些的。后来我把它投资在发展中国的工商业上，随着大陆'沦陷'于共产党之手，这些财产都丢失了。现在我只靠少量的积蓄维持最低水平的生活。美国财政部公布的这份材料，给我做了最好的证明。"这一着很奏效，联邦查问访问局的监督、查问访问不了了之，孔祥熙的危机也随之而解。

孔祥熙究竟有多少家产？这似乎是个谜，多年来各种正史野史对此有许多涉及，但一直未见明确说法。据宋子文弟弟宋子安的儿媳宋曹琍璇女士介绍，1951 年，美国国务院要求宋子文、孔祥熙公开自己的财产，孔家财产为 800 多万美元。但这只是孔、宋在美国的财产，孔祥熙自己则说过，他在中国大陆丢掉的财产，比在美国有的，多了千倍以上。

1962 年，孔祥熙曾回台湾住了三年多。历史学家杨天石研究蒋介石日记后发现，在孔祥熙回台期间，蒋介石对他比较友好，还经常到医院去看他——与此相对应的是，宋子文到台湾，蒋介石在中秋晚上只跟他谈了半个小时，话不投机各自分别。看来蒋介石对宋子文还是无法释怀。1966 年 2 月 28 日，孔祥熙告别台湾。也许是意识到这一次告别将是永别，当他与一些故旧老友握手道别时，忍不住老泪纵横。

回到美国后，孔祥熙与宋蔼龄一道搬进了长岛洛卡斯特谷菲克斯巷的一幢新别墅，他断绝了一切幻想，死心塌地地住在那儿，边看病，边休养，生活过得悠闲而平静。1967 年 7 月 22 日，孔祥熙病逝于美国纽约，享年 88 岁。1973 年 10 月 20 日，宋蔼龄以 85 岁的高龄在纽约逝世。《纽约时报》以极简洁的文笔这样概述了她的一生："这个世界上一个令人感兴趣的、掠夺成性的居民昨天在一片缄默的气氛中辞世了。这是一位在金融上取得巨大成就的妇女，是世界上少有的靠自己的精明手段敛财的最有钱的妇女，是介绍宋美龄和蒋介石结婚的媒人，是宋家神话的创造者，是使宋家王朝掌权的设计者。"

孔祥熙与宋蔼龄共育有 4 个儿女，即孔令仪、孔令侃、孔令伟（孔令俊）与孔令杰。

长女孔令仪出生于老家山西太谷。孔令仪为人亲切随和，一生远离政治，可以说是孔家第二代当中最“清淡”的人。她的丈夫黄雄盛原是空军上校，两人后来长期在美国生活。1927 年 12 月 1 日，蒋介石与宋美龄在上海结婚时，12 岁的孔令仪是婚礼上的小伴娘。晚年的孔令仪曾对别人回忆：“早年在南京时，我念金陵女大附中，曾住在‘老总统’（蒋介石）官邸约五年，那时经国、纬国还不在他们身边。‘老总统’、夫人不叫我名字，而叫我宝宝，常常带我出去逛街，把我当自己的子女一样管教。”孔令仪晚年成为孔家不折不扣的“大管家”，掌握家族的主要事务，处理孔家的财产。宋美龄移居美国后，先是住在长岛，后来又搬到曼哈顿一处复式公寓，这两处都是孔家的房产。孔令仪对宋美龄的照顾也可谓无微不至，为了随时照顾宋美龄，孔令仪多年来一直没有离开过纽约，还经常在下午陪宋美龄到户外散步，宋美龄能活到 106 岁高龄，与她的悉心照顾是分不开的。孔令仪另一件值得称道的事，则是在 2006 年向斯坦福大学胡佛研究所捐出孔祥熙 200 多盒档案，这批档案涵盖了辛亥革命、北洋政府、民国政府时期近半个世纪的中国历史。2008 年，孔令仪病逝于曼哈顿，终年 93 岁。

孔祥熙的长子孔令侃 1916 年生于上海。孔令侃早年就读于上海圣约翰大学。毕业后进入中央信托局工作。1937 年日军占领上海后，中央信托局撤往香港，孔令侃任常务理事，主持业务。1939 年，港英当局查获其秘密设立的电台，将其逐出香港。于是孔令侃前往美国哈佛大学留学，途中在马尼拉与盛升颐前妻结婚。1943 年，在他准备博士论文考试时，正赶上宋美龄为了争取美国政府援助，作为蒋介石的私人代表到美国奔走演讲。而孔令侃应宋美龄之请，担任中国访美代表团秘书长。为此，孔令侃牺牲了即将到手的博士学位，与妹妹孔令伟陪同宋美龄访问美国政府、国会。抗战胜利后，孔令侃回到上海，于 1946 年创办扬子建业股份有限公司。1948 年，蒋经国在上海“打虎”，下令搜查扬子公司，蒋经国一度还想逮捕孔令侃，在孔家斡旋之下，“打虎”不了了之。此后，孔令侃将资金转移到海外并定居美国。宋美龄到美国后，住在孔令侃在曼哈顿上东城为她购买的公寓内。1992 年，76 岁的孔令侃在纽约去世。

孔二小姐孔令伟（原名孔令俊）在 4 个孩子中最为特别，坊间关于她的传言也最多。她从小喜欢男装，喜欢枪。蒋家失势后，孔令伟随父母一起移居国外，后来去台湾陪同宋美龄。在台湾的岁月里，她渐渐收敛放浪形骸的作风，归于循规蹈矩的生活。孔令伟终身未婚，1994 年在美国病逝。当时宋美龄全程参加了孔令伟在曼哈顿举行的追思会，可见感情之深。

孔令杰是孔家 4 个孩子中最有钱的一位。他年轻时曾在英国留学，为台湾做了 10 年“外交官”之后，他赴美经商。他在得克萨斯州休斯敦成立了西方石油开发公司，以便宜的价格购置了大片土地，获得石油开发权。除此之外，他还兼做地产生意。据说他在休斯敦郊区设计修建的地下堡垒，奢侈豪华、防范严密、坚固异常，甚至比希特勒在柏林的地下室还要大。1997 年，77 岁的孔令杰病逝。孔令杰一生神秘低调，他和好莱坞影星狄波那·贝姬（Debra Paget）所生的一个混血儿，叫孔德基（Gregory Kung；一说叫孔德麒），成了孔家唯一的后人。

1924年，陈立夫在匹兹堡大学获得硕士学位时留影

1947年5月26日，陈立夫登上美国《时代》周刊封面

1926年时的陈立夫

1948年，陈立夫摄于南京

1948年国民大会期间，陈立夫与李宗仁夫妇合影

1961年，陈立夫夫妇返回台湾

1979年，蒋经国（后排右二）与陈立夫（左二）的家属及友人合影

陈立夫任教育部长时检阅童子军

陈立夫与夫人孙禄卿及子女合影

林颖曾

陈果夫

陈立夫与三子陈泽宠合影

陈立夫晚年摄于士林寓所庭院

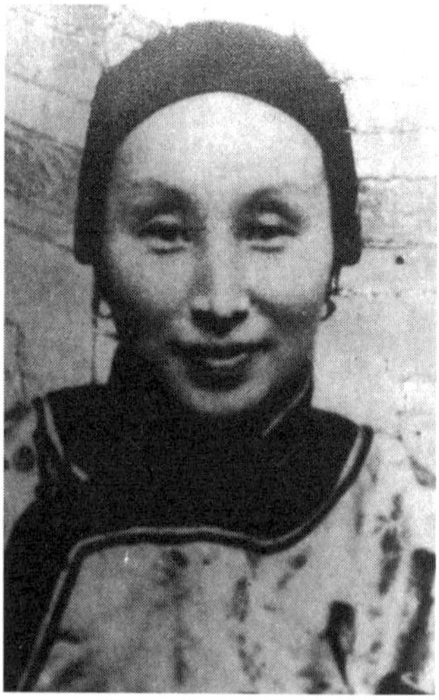

陈立夫母亲何氏

陈立夫父亲陈其业

我的公公：陈立夫

在中国近代史上，陈立夫是一位不可忽略的人物。他 28 岁出任国民党中央党部秘书长，以后历任组织部部长、教育部部长、立法院副院长等一系列高职，可谓权倾一时。他与长兄陈果夫进入国民党权力中枢，掌握人事和组织，成为民国时期最有名的一对兄弟，素有“蒋家天下陈家党”的说法。

走进陈家

我与陈家结缘是在 1973 年，那一年，我父亲陪同陈伯伯——那时我还喊他“伯伯”——去西班牙接受马德里大学的荣誉博士学位，正好我在西班牙留学。他觉得我很开朗，另外，虽然我在国外长大，但还比较符合中国人的礼数，于是收我做干女儿。

我父亲林尹，是章太炎、黄季刚的学生，研究传统国学。到台湾后，蒋介石本想请他给蒋经国做国学辅导，但父亲希望能普及国学基础，他在台湾师范大学开了一门课，叫“小学”——小众的学问，中国文字、声韵、训诂学，是很偏门的一个学科，对台湾的文字、文化教育有卓越的贡献。父亲在台师大教了 40 多年书，学生众多。小时候上学，老师一听说我们是林尹的儿女，就会说：“噢，那是我们的老师或太老师。”然后我们就比较“惨”，老师就要我们背唐诗三百首，因为大家觉得林尹的儿女是一定要会这些的。回到家，我们问：“爸爸你是谁啊，为什么人家都认识你？”

其实我娘家和陈家很早就认识。我的父亲早年曾在汉口的国民党中央党部工作过，两家一直非常熟悉。我小时候读书时就知道陈立夫，知道他早年追随蒋介石先生，是他身边的幕僚，但书本给人的印象是僵硬的，会觉得他是很严肃的政治人物。近距离接触，感觉他很和蔼，没什么架子。

不过不论那时的“陈伯伯”还是我，都没想到日后我们会成为一家人。

1976 年初我从西班牙放假回台湾，恰好陈家三儿子陈泽宠也从美国回台湾度假——那时候他从普渡大学毕业后已经工作，我们在一个餐会上认识。起初也没什么特别印象，但聊天时发现彼此很投机，他像陈家其他成员一样很温和，也很懂礼貌。我回西班牙后，他经常写信或打电话来，彼此印象也不错。我母亲起初有点疑虑，因为他比我大 12 岁。但我觉得我们很谈得来，恋爱一年我们就结婚了，所以最后走到一起是我们自己的缘分，并不是别人想象由两家撮合而成的。

我公公和婆婆都是浙江湖州人，是指腹为婚的。13 岁那年订婚，直到 23 岁公公出国前才第一次见过面。虽然是老式婚姻，但他们感情很好，共同生活了 65 年，公公自己总结的婚姻经验是“爱其所同，敬其所异”。婆婆孙禄卿早年毕业于上海美专，公公虽然位高权重，却很注重家庭生活。我先生还记得童年时，他父亲有一次托朋友从美国带回一双溜冰鞋，他们父子俩各穿一只，溜滑起来，滑倒了他们相拥而抱的情景。

公公、婆婆养育了 3 男 1 女。陈家的第二代基本上都从事文化、学术的工作，公公并没说过反对我们从政之类的话，他只是让每个人自由发展喜好。大哥陈泽安毕业于台湾大学农学系，赴美深造毕业于普林斯顿大学，是植物病理学家。二哥陈泽宁毕业于麻省理工学院，姐姐陈泽容 16 岁时就赴美学音乐，他们都在国外定居。我先生陈泽宠是家里最小的儿子，是普渡大学航空工程系和工业设计系的双科硕士。1982 年，我们回台湾定居，和公公婆婆共同生活了二十几载，我也得以近距离了解我的公公、了解陈家。

陈氏兄弟

在大陆历史教科书中，蒋、宋、孔、陈被定义为“四大家族”，蒋、宋、孔是有姻亲关系的，而陈家能“忝列”其中，我想大概源于陈家与蒋家的关系。

蒋、陈两家的渊源，始于陈其美与蒋介石的关系。蒋介石年轻时在日本留学认识了比他大 9 岁的陈其美，两人结拜为兄弟。陈其美，字英士，早年追随孙中山，正是陈其美介绍蒋介石认识孙中山的。1916 年，陈其美被袁世凯派人暗杀，当时没人敢去处理，只有蒋介石来为他收尸，在祭词里自称“盟弟”，由此可见两人交情匪浅。陈家的下一辈也习惯称蒋介石为“蒋三叔”（注：当年陈其美与蒋介石、黄郛结拜，按年龄，陈其美为老大，黄郛为老二，蒋介石为老三）。

陈果夫、陈立夫的父亲叫陈其业，字勤士，是陈其美的大哥。陈家以前经商，在湖州也算是地方士绅。公公早年接受传统的中国私塾教育，1911 年，陈其美任革命军沪军都督，受他邀请，全家都搬到了上海。在这里，公公有机会接触到新式教育。

1917 年，公公在上海以第 5 名的成绩考入天津北洋大学学工矿，毕业后又赴美留学。1924 年，他取得美国匹兹堡大学冶矿硕士，在史克兰敦当了 8 个月的实习矿工后回国。就在他准备接受中兴煤矿公司聘请、任采矿工程师时，大哥陈果夫转来了蒋介石的两份电报，蒋介石表示希望他能到广州协助自己。公公的志向本不在政治，但因哥哥劝说以及与蒋介石的叔辈关系，还是去了广州。他后来在回忆录里讲，原以为帮忙一段时间，马上再回去投身采矿。但蒋先生先是客气地挽留，后来干脆要求他留在身边，公公从此踏入政坛。没成为一名工程师，公公引为终生憾事。

公公最初身份是黄埔军校校长办公厅机要秘书，实际是在蒋介石官邸里，处理他的私人重要机密文件。任命状中，蒋介石用他的号“立夫”为正式称号，此前，公公一直用“陈祖燕”这个名字，从此他便以“陈立夫”

这外名字行世，正如原名陈祖焘的哥哥被称为“陈果夫”一样。公公知道蒋先生的脾气，他在蒋公馆工作时也常见蒋介石骂人。所以在接这个职务前，他就对蒋先生说：“我没有别的要求，就是不能骂我。校长如果对我发大脾气，第二天我便辞职不干。”在他为蒋介石服务的25年里，蒋介石也果然没有骂过他。

陈家兄弟姐妹共5人，陈果夫和陈立夫最为有名。陈果夫是家里长子，很早就出去工作养家，把希望都寄托在弟弟立夫身上，他的全部学识全靠自修。我们至今还保留他当年写给自己父亲或弟弟的一些东西，一张纸写完翻过来再写，十分节俭。陈果夫比弟弟大8岁，他们兄弟俩的感情非常好，陈果夫膝下无子，公公把大儿子陈泽安过继给陈果夫。

很多历史资料在提到陈果夫、陈立夫兄弟时，将他们称为“CC派”。南京国民政府时候，立法院旁边有一个中央俱乐部叫Central Club，“C.C”本是这个俱乐部的缩写，但碰巧“陈”的英文缩写也是“C”，久而久之，它不知怎么演化成了“二陈”的缩写，给大家印象似乎有一个CC派，并且势力磅礴，但公公从来没有承认过有这样一个CC派。

不可否认的是，在中国近代史上，陈果夫、陈立夫的确是一对比较特殊的兄弟，陈果夫曾任国民政府监察院副院长、江苏省省长等职；弟弟陈立夫则任国民党中央党部秘书长、中组部部长等职。诚然，他们在政治上有一定的地位，但兄弟两人在经济上却并非如外界想象的那样积下万贯家财。公公后来远赴美国，转行靠办养鸡场谋生，晚年回台湾住的房子，是4个子女凑钱为他买的。而终身受肺病困扰的陈果夫，在生命的最后几年，连医药费都无力支付，还是蒋介石特批了一笔钱办了丧事。

政治巅峰

最近《色·戒》的热映，中统那段历史又引起很多人兴趣，这里面也有公公和丁默邨的一段故事。

1927年，公公奉命成立国民党中央组织部调查科，下面有三个组：

第一组组长是徐恩曾，第二组组长是戴笠，第三组组长为丁默邨。后来一组、二组分别发展壮大成中统局和军统局，丁默邨的三组被撤销。丁默邨交友甚广，和周佛海很熟，最终被拉进汪精卫的伪政府，成立76号秘密工作室，倒过来对付军统和中统，戴笠的不少人都被他害了，所以军统的人特别恨他。

但丁默邨跟了汪精卫数年以后，很快发现汪精卫也坚持不住，他托关系找到我公公。公公说你回来可以，但要将功折罪。他列了三件事——坦白说，都是为了避免新四军地盘扩大——让丁默邨帮助完成。丁默邨当时在汪精卫政府里任"浙江省主席"，能量很大，也完成了任务，其实他也算被我公公"策反"了。公公兑现诺言，答应保他的命。

这段时间如果丁沉寂的话，他完全可以保住命。他后来保外就医，但不甘寂寞。有一天游山玩水，被中央社记者认出来了，写了篇文章《丁默邨逍遥玄武湖》，结果被蒋介石看到了，这让他颜面过不去。他很生气地说"丁默邨应该枪毙"。我公公写了封信给丁，大意是这次你触犯得实在太大了，我无法帮你了，是你自己不好。丁默邨在被处决前也写了封信给公公："我很感激你，我也知道你很帮我的忙，我自己不当心，都怪我自己铸成了大错……"

公公在世时，和我们聊天时偶尔会说："人啊，要守本分。我过去有一个姓丁的手下……"我们那时就当故事听，也不知道这"姓丁的"是谁。最近这部电影出来，我才知道原来就是丁默邨。公公的一生经历了无数政治事件，他随口说出一个故事往往就是一段历史。他晚年写了本《成败之鉴》，也对很多历史事件有所提及。

很多正史或野史，往往花大量笔墨记述陈立夫与中统的故事，但他在抗战期间做过7年教育部部长的经历似乎并不像那段历史，被外界所熟知。

抗战爆发不久，公公就被任命为教育部部长，算是受命于危难之际。他任部长后的首要工作，便是主持了大学内迁，迁得最远的便是北京大学、清华大学以及南开大学，初迁长沙，合设长沙临时大学，再迁蒙自和昆明，改称西南联大，西南联大后来创造了中国教育史的一个奇迹。此外，大学全国统一招生制度、全国各级教育和师范教育培训制度等，也都是他在任教育部部长时创立的。

公公晚年在《成败之鉴》里，花了大量篇幅回忆他出任教育部长时所做的工作，很显然他非常看重自己这段经历。其中他认为也是最值得一提的，是战时为贫困学生创设的“贷金制度”。因为考虑后方的年轻人，都是国家的未来栋梁，兵荒马乱年代，很多学生无力继续学业，像杨振宁、李政道都靠贷金完成了学业。他后来到美国开会遇到一位大陆学者，对方还充满感激地告诉公公，他当年就是拿着这笔贷金完成了学业。

那时任财政部长的不是孔祥熙就是宋子文，他跟这两人要钱，他们说战争时期需要钱的地方多着呢，哪里还有钱给学生？公公说，那我以自己的私人名义借钱，成立了贷金，就是现在的助学贷款。当然贷给这些学生的钱至今没有还过一分，但是债务人是陈立夫——所以如果今天要查账，陈立夫还因为这些学生的贷金借款而欠国家许多钱呢！我想他能借到钱，也说明他清廉、有信用，不会贪污。

从踏入政坛第一天起，公公的仕途便一帆风顺。他 29 岁任国民党秘书长，是国民党历史上最年轻的秘书长；31 岁任国民党中组部部长，38 岁任教育部部长。1947 年，他还成了《时代》周刊某一期的封面人物。

远离台湾

1950 年 8 月 4 日，在国民党改造会议的前一天，公公被要求在 24 小时内离开台湾。这可能是他一生中最痛苦的一天。我先生后来回忆，他那时还在上小学，连跟同学打招呼告别的时间都没有。

现在很多文章在提到这一段时，往往形容是蒋介石将陈立夫“赶走了”。但其实真正的问题在于公公与陈诚的矛盾，而“24 小时离开台湾”这道命令就是陈诚通过蒋介石下的。当然，为了让大家互相有个面子，还要有一个很好的理由，蒋介石跟张道藩（他跟公公也比较熟）商量，这时刚好在美国有一个“道德重整大会”，于是顺水推舟地以这个名义让他去参加，“顺便”长住。

陈诚和陈立夫在大陆时期就有矛盾，个中原因一言难尽，但已很公开化。国共的第一仗是陈诚打的，溃败后又被派到台湾。陈诚在台湾有一段时间非常弱势，当时甚至有“杀陈诚以谢国人”的说法。但谁也没想到，国民党最后也会败得一塌糊涂，退到台湾，而这时在台湾经营数年的陈诚已经打下一定基础。

公公到台湾后，要求成立一个改造委员会，来检讨失去大陆的原因。但别人认为他想邀功或作秀，再者大家都是刚从大陆败退，人心不稳，说任何人有罪无罪都不好，还是先安定下来再说。后来我公公主动提出兄弟两人退出改造委员会，免得人家再纷纷扰扰，他们也想暂时离开，让蒋介石先安定下来。所以 1950 年成立的“中央党务改造委员会”并没有陈果夫和陈立夫的名字。

此时的国民党与美国也经历了一段微妙而复杂的关系。我相信这里还有很多秘密有待时间来发掘和验证。美国原本支持孙立人未果，转而支持陈诚，而退守到台湾的蒋介石因为急需稳定住局面，不得不屈就陈诚。陈诚后来成了“副总统”兼“行政院长”，形成“一人之下，万人之上”之势，从客观上讲，此时的陈诚也有了足够控制蒋介石的能力。在那个阶段，局面连蒋家人自己也支配不了。陈诚一直认为陈立夫与他是对立的，虽然他们一是武官一是文官。在陈诚与陈立夫之间，蒋介石不得不选择前者，而委屈了陈立夫。

后来有人说，公公离开台湾前拒绝与蒋介石辞行，也有人说他去蒋介石那里辞行的时候，蒋不见他，总之都在说两人结了怨。实际上公公一生充满了中国传统礼数，不管对方如何，他都要坚持作为一个部属的礼貌。而蒋介石不见他，他完全能体谅——见了面，蒋介石该对他说什么？说什么都不合适，所以公公说蒋介石不见他也是对的。

公公那时人气比较旺，如果他硬着不走的话，很可能翻盘，但他最终采取了回避矛盾的方式。我想蒋介石心底是清楚这个状况的。

1951 年，陈果夫在台湾去世。当时蒋先生给公公来了封信，告之已处理陈果夫的丧事，暗示他不要回台湾。1961 年，公公第一次获准回来探望他病重的父亲，他回台湾的时候来机场接他的人爆满。为了避免猜忌，公公并未久留就回了美国。

在他身边的这么多年，我从没有听公公说过一个“怨”字。我记得有一个美国记者后来到台湾采访他时问：“你有没有过怨言？”他回答说：“‘有’或‘没有’，是时间过程里的想法，人总是有不开心的时候，但归结到结论里，是‘没有’，我可以说无怨无恨。我尽自己的本能去帮助他，他接受与否是他的事情。你不能觉得他没有做到你希望他做的事情而有怨言，因为你只是替他做事的。”

美国 20 载

1950 年，公公、婆婆带着女儿和只有 8 岁的小儿子到了美国，经朋友介绍，在新泽西州开起了养鸡场。我们后来也问过他：“你为什么要养鸡？这又不是你的专业。”他幽默地说：“鸡不会像人那么复杂，鸡比人听话，鸡比人好管。”

我先生后来回忆，他们那时候的生活非常规律，天亮即起，晚上很早就休息。工作都有一定流程，除了喂饲料、孵鸡、捡蛋、大小分类、洗蛋、秤蛋、包装和运送外，还得请专家打针。鸡场很大，养了 5000 只鸡，生活清苦，一家人却也其乐融融。公公出力最多，100 磅的饲料，他一弯腰就扛起来，每天重复很多次这样的动作，久而久之，反而把腰痛的毛病治好了。有时他会邀请客人到鸡场里参观或跟他一起去捡鸡蛋，但那些客人一到鸡房里就被满地的鸡屎熏得受不了。那时的生活，跟他们在南京时期的生活，简直有天壤之别。但公公也能坦然放弃官宦身份，过这种俭朴的生活。

那时候很多人去看公公，包括宋子文等，有人看到公公打着领带在鸡场工作的照片，怀疑他养鸡只是“作秀”。李敖后来有一次跟我先生一起吃饭，他说：“陈先生我冒昧问一句，你父亲打领带养鸡是不是在作秀？”我先生说：“你太不了解我父亲了，他非常尊重中国传统礼仪。他觉得见客人不穿正装很不礼貌，所以平时他就打个领带，再带上围兜，如果有客人来，他赶紧摘掉围兜，不然还要进去换衣服。在他的想法里，衣服不见得要华丽，但一定要整洁。”

但他没想到，鸡有鸡的麻烦。美国地广人稀，有时会燃起一股无名火，把鸡场烧了。有时又来了群黄鼠狼，把鸡都给吃了，或是一场鸡瘟，鸡也死了一大半。台湾那时有不少转型的大地主，政府资助他们转型投资别的产业，他们跑到美国：“陈老，你养鸡，一定赚了很多钱！”公公说：“你们千万不要养鸡，我们不是这个行业的，根本不懂，你们要把钱投在别的事业上。”人家起初还不相信，还以为自己赚钱了还不让别人加入，后来才明白。有人说他真是一个君子，换作别人，可能会说：“好啊，你们拿钱投资来吧！”然后拿了钱扩大自己的鸡场。

我曾经问我先生：“你和父亲养了那么多年鸡，是不是看到鸡肉会怕？”奇怪的是，他还是照样喜欢吃鸡肉，鸡蛋他也照样吃。他说小时候在鸡场，鸡蛋一破就破掉上百个，怎么办？婆婆就做蛋糕，做煎蛋、卤蛋，什么花样都做。我婆婆手很巧，我先生的姐姐订婚的时候，所有蛋糕都是我婆婆自己做的。

当年，在纽约唐人街，“陈立夫辣椒酱”一度非常有名。因为我公婆都是湖州人，在美国很多朋友来陈家聚会，婆婆很会做菜，大家都觉得她做的辣椒酱非常好吃，先是有人来要一罐两罐，后来三五罐，越来越多，直到有人开始定购。婆婆后来说，她是盛情难却。因为是真材实料，所以人家的定金还不够她的材料钱。最有趣的是他们后来研究怎么做皮蛋，还做成功了。他们做的湖州粽子也很受欢迎，唯一没“研发”成功的是臭豆腐，因为美国不允许，不然还会出现“陈立夫臭豆腐”。

陈家的这段经历，被很多人评价为“陈立夫在美国很潦倒”。但这只是外人的看法，他们自己过得坦坦荡荡。我的感觉是，公公在那里的几十年虽然辛苦，但过得踏实。我先生曾回忆，他虽然小小年纪，但也自己学着赶鸡、养鸡，扛饲料。在美国，孩子跟着父母到别人家做客，饭后也一样要帮人家洗碗，所以他是洗碗专家，从来都把碗洗得干干净净的。他在普渡上大学时，也是半工半读的，会有人想象得到，“四大家族”的孩子是这样的吗？

我先生一生最美好的回忆，便是他与父亲一起在农场的时光。美国那个环境很辛苦，他从小就拿着枪跑来跑去防鬣狗或是打黄鼠狼。他说：“父亲离开了政坛，而我找到了父亲。”对这个家庭来说，是一个丈夫的回归，一位父亲的回归。

其实私下里，蒋介石还是很关心陈家的生活的。在鸡场起火或出鸡瘟时候，他暗地里通过俞国华——相当于他官邸里一个很重要的管账先生，寄钱过来，帮助陈家渡过难关。所以那段时间，蒋介石与陈立夫的关系维系得很好，并不像外界传说的不合。

重返台湾

1965年，陈诚得癌症去世。不久，蒋介石立即发电报到美国，让公公回台湾。当时蒋介石许了他很多职位：全世界巡回“大使”“考试院院长”、西班牙“大使”等，但都被公公拒绝，他唯一愿意接受的是“文化复兴委员会”副主任委员一职，因为他做过教育部部长。公公是被请回来的，如果真如许多人而言，是被蒋介石赶出去的，那他怎么会被请回来而且又做“资政”呢？

1975年，蒋介石去世。公公在第一时间前往吊唁，蒋经国见到他，跪下来哭着说：“立夫哥，父亲去世了，你现在是我唯一的亲人了。”蒋经国当政后，很多事情他还是请教公公。

公公与蒋经国的交情由来已久。他在上海念书的时候，生活费都是从陈果夫那里取的。也正是由于公公背着蒋介石“偷偷”运作，蒋经国才得以顺利由苏联回中国。

蒋经国当年在苏联时，曾写过一封公开信，表示与蒋介石公开决裂。公公写了封信给蒋经国，告诉他："你不能长期在那边，你该回国了。"蒋经国说，我把父亲骂成这样子，他怎么可能还会让我回来呢？公公告诉他："你把信写好，我来处理。"我们后来问公公："那你是怎么就让蒋经国回来的呢？"公公说，他事先估计，如果蒋介石看了信，把信撕掉，大骂几声，再气得把椅子拿起来砸掉的话，这件事就彻底没指望了。但是那天，他把蒋经国的悔过信放在蒋介石桌子上后，蒋介石看了一眼，把信扔在桌子上说："他还知道认错吗？"然后哼了一声，骂了句"这个孽子"之类的。公公就知道还有机会，他赶紧通知蒋经国说：赶快回来吧！

公公对于蒋夫人宋美龄一直很尊重。外界都传宋美龄好权，跟蒋经国争权夺利。但公公说："如果蒋夫人真的是那种好权好利的女人，那么历史也许还会改写了。"他说，当年在南京开国民大会时，李宗仁穿一身军服出席，蒋介石则穿长袍马褂，大家都觉得很尴尬，因为觉得李宗仁像蒋先生的侍卫官一样。宋美龄因为长年习惯了给蒋介石做翻译，什么场合她都会出现。蒋先生问她："你去干什么？"她说："我们不是要去开国民大会吗？"蒋先生说："你又不是代表，你为什么要去？"她才恍然大悟："噢，原来我不是啊。"公公说其实很多人都误解了宋美龄，她跟宋庆龄不一样，宋庆龄因为长期跟随孙中山，处理了很多政务，而宋美龄更像是一个公关加"超级巨星"的角色。

走过世纪

回到台湾的公公，开始专心于中国传统文化研究。他觉得政治是短暂的，但文化是永久的一个根，所以他对中国文化的推广一直不遗余力，晚年他写了不少研究孔孟的书，还主持翻译了李约瑟的《中国之科技与文明》。他也喝过洋墨水，他也可以很洋派，但他反而更提倡中国的文化。

公公对中医也很重视，他说中国的医学是生活医学——生活里就含有医学的教育，比如如何滋补、养生、保健等，现代医学成了一门独立的行业，反倒和生活的关系剥离开了。汪精卫当年要废除中医，就是公公等人在呼吁，把中医保留下来。他在台湾也说，中医西医不要打架，一个是体，一个是用。他说中西医应该像男女一样，要让他们“谈情又说爱”，最终受益的是病人。重返台湾后，他着手改制台湾第一所中医学校，同时他还带头编纂了历史上第一本《中西医病名对照大辞典》。台湾的中国医药大学是他 30 年来募资及写墨宝捐款重新建造起来的，另外他又成立了财团法人立夫医药研究文教基金会，目的都是为了振兴中国传统医药和文化。

到了晚年，当年政治的恩恩怨怨已经慢慢淡化，他真心期待看到两岸和谐。1975 年，公公以“总统府资政”的名义，通过秘密渠道，曾向中共方面发出邀请，欢迎毛泽东访问台湾。遗憾的是，大陆正进行“文化大革命”，他的举动，并没有得到北京的回应。

1988 年，公公联合其他一些国民党元老，提出“用中国文化统一中国”。《人民日报》还发表评论，称赞它是“谋求祖国统一的积极态度，令人感佩”。公公曾提出用外汇储备 100 亿美元的利息用作两岸交流，可惜没通过，否则今天的两岸情形肯定有所不同。1994 年，公公赠送海协会会长汪道涵一幅字，云：“求统一不谈小节，为和平先天至诚。”再次表达了求祖国统一的急切心情。

对于大陆把陈立夫、陈果夫列为“四大家族”的一员，公公当然知道。我先生还曾半开玩笑地说：“我们是‘四大寇’里最穷的一‘寇’，但社会的估价好像很高！”公公觉得从另外一个角度讲也很正常。他常讲，中国敌对的时候常常有，但打归打，毕竟还是一家人嘛。

其实他跟毛泽东、周恩来早年就认识。“五四”运动发生时，公公还在天津北洋大学读书，便知南开有个很活跃的学生叫周恩来。当年国共谈判时，他与毛泽东、周恩来打交道甚多。毛、周跟蒋介石谈判时，指名要陈果夫、陈立夫两兄弟背书，他们说只有两兄弟背书的话，才算话，不然食言怎么办？家里至今还保存着周恩来在国共谈判时写给公公的一封信，上面说：“你们两兄弟对蒋先生最有影响力，也是我们觉得最可以沟通的。”

大陆第一个记者团1992年赴台湾采访时，就采访过公公。双方对彼此可能都很好奇，公公觉得以前对他有不少负面报道，他也希望让外界来看看。他很风趣地说：“你看我可以活那么久，就是等你们来看我。”他更想传达一个信息：我们不在大陆的领土上，但我们都是中国人。那次采访后他很愉快，他觉得大家对他的疑惑他可以当面解释。大陆记者对他也很好奇，他们对陈立夫养鸡、陈立夫辣椒酱、陈立夫湖州粽子更感兴趣。

我近期整理很多公公的资料，发现了1992年的一份文件，上面有公公的批示，他写道：最不愿意看到两岸和平统一的人是李“总统”。经国先生对我公公很尊敬，凡事都找他商量，而唯一一件他自己决定后再通知公公的事情就是挑选了李登辉。他说：“立夫哥，我已经挑好了‘副总统’。”公公也无话可讲。1992年，还没有几个人能看清李登辉的真实意图，他已经有先见了，那时宋楚瑜、连战还都帮着李登辉呢！

公公晚年生活简单而有规律：早晨5点起床，然后写毛笔字、看书。他很注意养生保健，每天坚持按摩、坚持三餐后散步按摩45分钟，这或许是他长寿的原因。其实他早年身体并不好，中年时又患上糖尿病，能活到百岁全靠后来的锻炼和修养。我很少见他发脾气，他自己也说，每次遇到困难，他只怪自己，而不责怪别人，所以也不会发脾气。

公公、婆婆并未留下多少财产。公公总是教导子女们要自食其力，陈家的生活方式跟台湾的普通民众并无两样。公公在台湾天母曾有座房子，买地和造房子的钱均由4个子女通过每月分期付款支付，婆婆过世后，公公将房子卖掉，并把卖房的钱归还给孩子们。

婆婆是90岁那年去世的，她的去世对公公影响很大，作为晚辈，我们对公公的照料自然更加细心。但有一件事我印象很深：有一次，他要出远门，我头一天替他收拾好所有行李。晚上我偶然发现，他把箱子的东西全部拿出来，自己重新收拾。我很不理解，问他为什么。他温和地笑笑说：我自己能做的，我还是想自己做。原来他担心直接拒绝我的帮助，会让我不高兴，于是只好自己“偷偷”收拾。我明白了一个道理：对于老年人，并不要以为替他处理一切事情，便是为他好。

公公重返台湾后，一住就是30年。台湾的政治环境让他一天天无奈，那些旧相识也一个个地离去。公公组织了一个“老人会”，原本80岁的老人才能入会，后来老人都走得差不多了，公公就将入会标准降低到60岁。只要有走的老人，公公都亲自到殡仪馆去送行。

1997年3月是蒋夫人宋美龄的百岁大寿，因为很多人都想到美国去看她，蒋夫人希望由公公出面组个“祝寿团”去美国参加她的百岁寿宴，但公公决定自己单独去探望她，不去抢那个风头。他说：“我这一生看得太多了，还是让喜欢做这事的人去做吧！我去看望朋友，我亲自去就代表我的诚意了。”那一年是我陪公公去美国，在蒋夫人纽约长岛的房子里，坐下后，大家忽然发现公公左边耳朵重听，蒋夫人正好右边耳朵重听，于是赶紧给两位老人调换了个座位。看着两位世纪老人用上海话亲热地交谈，我感慨万千。两个人共同的朋友、有着共同回忆的人基本上都去世了！

2001年2月8日，公公在台中去世。他的一生，为后人留下了不尽的话题……

（林颖曾　口述）